釋繼程——著

禪觀修學指引

漢傳禪修次第表解

〔自序〕 禪觀修學指引

禪無念無相而無住生心不立文字明心見性
觀無常無我並止觀雙運循序漸進證得智慧
修禪修止觀乃系統完整次第分明世出世間
學習佛正法需具足正見三學增上依六度行
指月為見月 放善巧方便契機契理方能成就
引無邊衆生來學習佛法無量法門向於佛道

序 禪觀修學指引
漢傳禪修次第表解

庚子臘月初十
太平繼程并題

目錄

卷二 修行的條件

卷三 禪修的方法

拉頁

卷一

禪修基本功

前言

此次的禪修課程長達四十九天，這也是我第一次帶這樣長期的禪修課程，大部分的同學可能也是第一次打禪四十九。

我希望諸位明瞭，凝聚這樣的因緣是很不容易的事，我們無法得知將來是否還有這樣的因緣，但想必短時間內不可能再促成。因此，大家參加這個課程要好好珍惜機會，尤其是能夠全程打完四十九天的同學們，你們有相當長的時間可以專心用功，務必好好珍惜此難得因緣。

在這四十九天裡，我們每天會上一堂課，所以合計會有四十幾堂課，我把課程的授課內容畫成兩張表格（參見附錄一：〈禪觀修學次第簡表〉、附錄二：〈具足正見〉），以此為講課藍本。課程的開始，為了方便初學的同學理解內容，會先介紹基礎的方法，接著就依表格介紹的禪修次第和觀念做解說。

以禪修次第表建立漢傳禪觀系統

這次的禪四十九開示與以往不同，以往多是根據某部經典，例如講解《六祖壇經》或《永嘉證道歌》時，會隨順因緣來談。之所以隨緣而談，是因為每位學生的程度不同，既要讓初學者掌握方法與基本觀念，同時也要讓老同學能順著進度用功，所以開示時要盡量同時照顧新參和老參，讓大家除了實修上有所受用、進步，在理論和學習上也能更好地把握，以便在各自用功的過程，皆能有一個明確的程序，可以次第地學習。

也因此，一般的禪修開示多是隨緣開示，或是設定一、兩個主題來談，不像這次針對禪修次第的圖表來講解。我雖早已完成〈禪觀修學次第簡表〉，卻沒有充裕時間好好地分析它，所以趁這次難得的因緣，就把它拿出來和大家分享。

其實大部分的內容在以往的開示中都談過了，只是沒有因緣把這些系統性的內容完整貫穿起來，從基礎的次第，循序漸進談到進階的深入內容。藉著這回殊勝的因緣，我們有機會整體性地將禪修的修行次第、思想內容與方法運作，做一詳細解說，希望大家能在這四十九天禪期，用心學習並實際運用。

其實〈禪觀修學次第簡表〉不能算是我的創作，也不是我自己設計出來的。我參考了多方面的資料彙整而成簡表，尤其是天台宗止觀法門，包括天台《小止觀》的主要內容，以及《六妙法門》的整體方法，都是重要的參考依據。這些禪修典籍內容都是古人的智慧，是歷代祖師通過自己的修行實踐，得到很好的受用後，為了接引更多禪眾，根據自己開悟的體驗，設計出完整的禪修方法，並建立佛法的理論系統。

這樣的修行傳統始自佛陀，之後有許多印度論師通過對經典理解與修行體驗，整理出多部重要論典，隨佛教發展流傳到各地。在傳入中國後，中國的祖師們吸收了之後，依自己本身修持的經驗，乃至開悟的體驗，用所理解的佛法與禪法，對禪修做出了系統性的整理。其實這樣的禪修系統，不僅見於中國，也見諸於佛教現存的不同體系。漢傳、南傳與藏傳佛教，都發展出各自不同的禪修系統。

而我們是以漢傳佛教的系統為主，漢傳系統的禪修方法，最主要的包含：1.天台止觀法門；2.話頭與默照；3.念佛的方法。此次禪期中，我會盡量把這些方法都涵攝在一個系統，以幫助大家完整了解漢傳佛教的禪修體系。

所謂的完整了解，並不意味著全部都要實際運作，當然在基礎的部分，會是我們必須具足的條件，至於方法，尤其是進階的方法，則有其對治性與應機性，所以在整體理解修行系統和基本禪修觀念後，大家還是要選擇相應的方法來運作，如此才能以整體的理解為基礎，在實際的運作過程，清楚知道自己的修行次第與進度。透過這樣系統化的學習，相信對於各位完成修行的目標，會有很大的幫助。

具備正知見

我將〈禪觀修學次第簡表〉分為兩部分，一是「方便」，二是「正修」。所謂的方便，是指在進入正修前，所需具備的各種條件，這些條件有的與實際用功直接相關，有的則涉及日常生活層面。後者乍看和修行用功沒什麼關聯，但其實非常重要，因為如果日常生活沒有具足修行的先行條件，進了禪堂就會發現很多工夫都用不上去，而且妄念特別多，這是大部分初學禪法的同學會遇到的問題。

而在進入方便與正修前，還有一個更重要的條件，即是禪修所依的原理，也就是諸位所具備的知見究竟屬不屬於佛法。我把正見視為禪修最重要的首要條件，所以我根據印順導師的《佛法概論》，製作了一個〈具足正見〉的表格。

具足正見的重要性，在於提醒修行必須依佛法而修。假如不是依佛法的正見而修，則所修的禪法未必能引導你趨向佛法的終極目標。

佛法的終極目標是什麼呢？解脫生死。佛陀覺悟真理後，認為佛法的主要作用和學佛的目的，就是為了解脫生死，所以在傳授佛法時，便是以解脫生死為學習的終極目標。假如不具備這個正見，很可能修到最後，你會不知道自己為什麼要修行，或是為什麼要解脫生死。

很多學禪的人，由於忽略且缺乏正見的引導，即使很用功，卻容易迷失修行方向，被一些身心變化和神祕體驗所誤導，產生修行的障礙，甚至走入偏差的道路。這種現象不只出現在非佛法的禪修裡，有些打著佛教名義的禪修課程，也有類似的問題，問題的癥結都在於沒有建立正見，導致修行目標不明確，由此可知，具足正見有多麼重要了。

坊間有不少禪修課程，由於忽略具足正見的重要性，只把重點放在談方法、談體驗上，這些方法和體驗是共世間的禪法，也就是共外道法，修行方向很容易偏差。如何避免走入偏差？關鍵在於建立正見。因此，我在製作〈禪觀修學次第簡表〉時，就把「具足正見」放在首要第一條，以強調重要性。

天台止觀法門的學習，總是先以相當大的篇幅談論理論，即先建立正見，接著再談發願、發心，也就是如何建立正確的目標。我曾在禪修課程向同學談及此，很多同學後來反映，因為有此理論的引導，他們禪修確實比較有明確的方向和目標，修行過程也獲得了明顯的受用。所以這一次課程的開示，我希望也能就這個部分，有充分的時間好好地分析、講解。

修前方便與正修方便

我們先介紹修行的「方便」。方便可分為「修前方便」與「正修方便」，前者包括日常生活須具備的條件，所謂的「日常生活」有兩種意思，一種是指未起修前的每日生活，就要具備這些條件，另一種是指起修後的每日生活，也要具備這些條件，這才是「修前方便」的完整意義。

- 方便
  - 修前方便（日常生活）
    - ⑴具足正見
    - ⑵安住正念
    - ⑶持戒清淨
    - ⑷守護根門
    - ⑸調和生活
  - 正修方便（打七課程）
    - ⑴閒居靜處
    - ⑵衣食具足
    - ⑶息諸緣務
    - ⑷近善知識
    - ⑸具足五法

第一部分的「修前方便」：具足正見、安住正念、持戒清淨、守護根門、調和生活，這些都是日常生活須具備的禪修條件。雖然在剛開始學佛時，很多老師都會

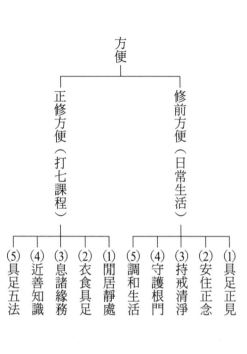

特別提醒這些修行條件，可是有些人在禪修久了之後，就以為不重要了，認為這些是還沒禪修以前才需要的，而不知道一旦忽略了它們，會對禪修造成很大的障礙。

有些「修前方便」的內容，在天台《小止觀》的二十五方便中已提及，可是我的歸納方式，和《小止觀》所說略有不同，希望通過這樣的方式，可以把這個系統整理得更完整一些。

至於第二部分的「正修方便」，則是我們在禪修時所須具備的條件，簡表中條列的五點：閒居靜處、衣食具足、息諸緣務、近善知識、具足五法，也是我們在這期禪修課程所須具備的條件，此五點為《小止觀》的二十五方便裡，很重要的五個部分，我們之後都會逐條地詳細分析。

先略說修前和正修這兩個方便，是為了讓諸位了解，其內容實際上皆已涵蓋在天台止觀的「二十五方便」：具五緣、訶五欲、棄五蓋、調和五事、行五法。至於我特別提到的「具足正見」，它雖不在二十五方便裡，但在天台止觀法門的修學中，它甚至更早於二十五方便前就已提到了。此外，正修方法的運作，也有幾項是屬於二十五方便的內容。

〈禪觀修學次第簡表〉十方便和《小止觀》二十五方便對照表

	〈禪觀修學次第簡表〉十方便	《小止觀》二十五方便
修前方便 （日常生活）	具足正見	
	安住正念	
	持戒清淨	**第一具五緣**：持戒清淨
	守護根門（訶欲、棄蓋）	**第二訶五欲**：訶色欲、訶聲欲、訶香欲、訶味欲、訶觸欲 **第三棄五蓋**：棄貪欲蓋、棄瞋恚蓋、棄睡眠蓋、棄掉悔蓋、棄疑蓋
	調和生活（飲食、睡眠）	**第四調和五事**：調食、調睡眠、調身、調息、調心
正修方便 （打七課程）	閒居靜處	**第一具五緣**：閒居靜處
	衣食具足	**第一具五緣**：衣食具足
	息諸緣務	**第一具五緣**：息諸緣務
	近善知識	**第一具五緣**：近善知識
	具足五法	**第五行五法**：欲、精進、念、巧慧、一心

由此可知，二十五方便對於漢傳佛教的修行，是非常重要的組成部分，歷代禪師對此皆有教導。到了智者大師，則綜合歷代禪師的教導、自身的經驗，以及擷取佛教經典的內容，做出系統性的整理，以為他的教學內容。

漢傳禪法次第分明

許多人都對漢傳佛教的禪法有一極大的誤解，認為漢傳禪法沒有系統；然而實際情況並非如此，甚至恰恰相反。漢傳禪法的系統其實是最完整的，單單看天台宗的二十五方便，或是《小止觀》、《六妙法門》述及的修行次第與方法，即可窺見這個完整系統的雛型，至於更深廣的《禪波羅蜜》、《摩訶止觀》，所呈現的則是更加完備的系統了。

直至禪宗出現後，才將如此繁瑣而豐富精彩的內容簡化，所以在六祖惠能大師的《六祖壇經》裡，他提出的是非常簡單的禪修理論，而且他不單是在理論上化繁為簡，在修行的方法上亦如是。但化繁為簡的前提，是以上述豐富深廣的內容為基礎，若非如此，簡化就有可能產生偏差的現象，或將修行導入誤區。這就是為什麼我們必須很有系統地學習漢傳佛法的止觀法門，爾後奠基在這個完整系統之上，再將中國佛教開發出的禪法與之貫通，如此一來，才是漢傳佛教完整的禪法。

漢傳禪法的系統不但完整且次第分明，卻還有不少人在修行中誤入了歧途，這就是只看到它「簡」的部分，而忽略了「繁」的基礎，所以藉著這次機會，我們就把繁簡貫通，將完整的系統重新建立起來。雖然我製作的這張簡表，仍無法涵蓋整體，不過已足以將漢傳佛教禪法的重要觀念及系統，做一簡單介紹。

總括來說，「方便」就是修行應具備的善巧條件，當中有一部分雖屬比較外圍的條件，但它們能確保我們的修行，是循著正修的方向而去。只要完整具足這些條件，待我們進入「正修」後，就能對修行產生很大的幫助。

貫通靜中修與動中修

簡單介紹了「方便」，我們接下來進入到第二個部分：正修。《小止觀》第六章就是談正修，是我主要的參考內容。正修可簡分為「靜中修」與「動中修」，唯有將兩者貫通，禪修體驗才算完整。

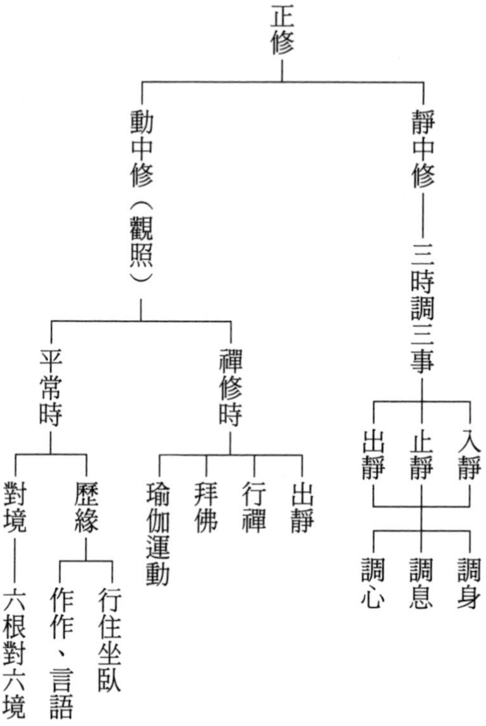

所謂的「靜中修」，就是我們現在用功的禪坐方式，即以靜態、坐的方式為主的修行；「動中修」則是進入動態的用功。人的身體狀態非靜即動，不過實際上是

以動態為多，靜態則較少，觀察我們的日常生活，有些人可能甚至沒有靜態，幾乎大部分都在動態。在動態中，我們雖可覺察到自己的問題，卻也知道在動態中無法直接處理這些問題，所以必須以靜態的方法用功。

靜態用功必須有適當的方法和善巧，並搭配時間與空間的因緣，也就是進入禪修課程的運作。在此禪修期間，我們會盡量把靜態用功時間放長，讓大家實際練習靜態用功的方法。於此同時，我們還是要面對動態的必然性，所以課程也會安排一些動態用功的方法，但動態用功最重要的，還是要能運用在日常生活，所以我們把動、靜兩部分，全都涵攝在整體的禪法修學裡，希望諸位能善用這兩方面的技巧，並以止靜的方法強化內在的收攝，達到安定與清明的狀態，如此一來，諸位的動態用功，就能夠用得更好，進一步延伸，也能夠在日常生活繼續用功。

靜中修與動中修雖是修行的兩種狀態，但是要相互貫通，方能稱為完整的修行。一般人常誤以為要來參加禪修，在靜中靜坐才叫修行，在動中活動就不能修行，像這樣的修行態度，工夫是無法成片的。換言之，只要動、靜兩種用功無法完全貫通，即使在靜中修行有多大的受用，都不能真正得到禪的受用。因為禪的受用，必須貫通到動中修，在動中也能讓身心專注覺照與安定清明，也就是所謂「定慧一體」的狀態，唯有將工夫用到如此程度，此際獲得的體驗，才是真正的禪的境界，也才是禪修所能獲致的最完整的受用。

「正修」的課程，主要援引《六妙法門》的修行次第，以「數、隨、止」進行靜態的用功，之後有關禪觀方法的部分，則涵攝傳統禪法與中國禪宗的禪法，希望藉此更完整呈現中國的漢傳禪法，讓禪眾們能有清楚認識。這個認識之所以很重要，是因為如此方可稱為「具足正見」，才能理解為何靜態用功必須與動態用功貫通，在動中如何運用方法，以達到動靜的統一。循著條理分明的修行次第用功，才能從中得到禪法最大的受用，直至達成禪修的終極目標，解脫煩惱。

我希望透過〈禪觀修學次第簡表〉，能將上述的內容，予以適當說明。我們接下來就進入直接用功的部分，也就是「調身、調息、調心」調三事。我將調三事歸納在「靜中修」的基本工夫裡，三者裡的「調心」，可說是最基礎、也是最重要的中心部分。調心工夫用得好，然後連貫到動態的用功，如此就能在修行的過程，逐漸讓動靜工夫達到一體的運作。

調身

每一次的禪修課程，不論課程長短，我都會先幫大家複習基礎的調身、調息、調心的方法。

這些基礎功課呈現在這張〈禪觀修學次第簡表〉後，會發現這部分的學習意義不同了。會發現為什麼每次參加課程，都需要一段時間重新調整狀態，甚至會遇到停滯，只要看簡表就可以知道，原來在日常生活忽略了正修前的方便，甚至根本不具備這些必要條件，所以進入正修調三事時，進度就提不起來了。簡表所呈現的連貫性修學次第，能讓你了解正修要得力，先前準備的工夫與具備的條件很重要，這些方便都是修行能否持續進步的重要因素。

然而，我們常常忽略了這些因素，當老師直接教導調身、調息、調心的方法，同學則跟著練習，沒有做好修行的準備。簡表呈現了修學的整體性與連貫性，所有的禪修工夫都必須建立在基礎的階段之上。很多同學因為不了解修學的連貫性與整體性，常常想要跳過基礎階段，直接進到禪觀的階段用功，看到這張簡表就會明白，想跳過初階直接進階用功，是不可能有所成就的。也因為有了這張簡表，回頭看我們所複習的基礎功課，就能看到它的重要性，以及所處的中心位置，所以練習基礎功課時，就會更加用心，並更加堅定用功的信念。

調身、調息、調心是禪修基礎

靜中修的「三時調三事」，是最重要的禪修基礎，三時是入靜、止靜、出靜，三事是調身、調息、調心，這是每一回課程都要複習的。有些同學可能有新的學習和領會，有些同學也可能一直停滯在調身、調息、調心的基礎工夫上，雖然用功了很長時間，卻未見進步。有停滯不前問題的同學，可以對照簡表檢視自己正修時，調身、調息、調心的基礎工夫為什麼用不上力，從而確認簡表所提的方便，也就是必須具備的條件，包括日常生活與正修時的條件，自己有哪些點沒有做好。假如發現缺乏很多應該具備的條件，靜中修的工夫自然就無法進步。

我將簡表中的「方便」，分為日常生活的「修前方便」與打七課程的「正修方便」，各條列五點，以便檢視自己的情況。此處所列的每一項條件，其實都有更細微的內容，在此謹簡略提及。

靜中修——三時調三事
- 入靜
- 止靜
- 出靜
- 調身
- 調息
- 調心

我把「靜中修」放在簡表的中心位置，也就是調身、調息、調心這一部分，主要是以計數的方法用功。有些同學這部分工夫用不好，就想乾脆直接跳去做觀想，或是用默照、話頭，以為只要在此下工夫，就能有所受用，其結果就是這些進階工夫都用不上，或只是用妄念在用功。

為什麼很多同學靜中修的工夫用不好，就想要跳過呢？因為調身、調息、調心的修止工夫，可說是整體工夫最容易出現問題的部分，例如身體不舒服、妄念干擾等。有人想要跳過這部分，希望直接透過觀想獲得更好的體驗，甚至開悟，但事實上，這樣的次第是有問題的，無法成就後續工夫。我們現在所複習的靜中修，是整體用功修行很中心的部分，它必須連貫到上面的「方便」，才能讓靜中修的工夫得力，並貫通到下面的工夫。

從簡表的整體性來看，可以了解到現在基礎工夫的重要性，以及如何讓工夫得力，以便能用更進階的方法，得到佛法修行最終極的目標與受用。各位複習時，可以往自己的身心做更深入、更完整的反省，假如能做到這一點，每次回來打七，或是回到各自的日常生活中用功，就能把這部分的工夫用得更好。

由於靜中修屬於禪修的中心位置，所以一般的禪修課程，大多會把所有工夫集中於此，包括這回的禪四十九也是如此。這部分雖是中心，卻非全部，必須要貫通到前面的條件，才能夠往下貫通到進階的方法。一再強調這點是因為，有的禪修過度強調這一部分，而忽略了日常生活所需具備的條件，殊不知缺乏了這些條件，靜中修的工夫很難達到一心的安定效果，更遑論進入更深層的修行。我們在用方法時，一定要知道現在所用工夫的所處位置及其重要性，透過這張簡表，練習方法時，就能更好地把握禪修的整體性與個別方法的相對位置。

七支坐法安定身心

日常生活所須具備的修行條件，幾乎都是在動態中用方法，問題是動態中並不容易覺察自己的狀態，或是雖覺察到，但在日常生活中，無法對治內心深層的問題，以及長期累積的煩惱與慣性。

很多同學之所以來參加悟道禪修，就是因為發現身心一直向外追逐或抗拒，過程累積了許多問題與煩惱，慢慢顯現為一些干擾身心的日常慣性。我們必須讓自己靜下來，通過適當的時間與空間，以靜態的方法讓心通往更深、更細的層次，才能對治平日較為粗散、雜亂的身心狀態，並循序達成禪修的終極目標。

靜中修的方法，首先要讓身體止靜，正確的姿勢很重要。姿勢包含身體各個部位的調整，當我們安住在姿勢上時，身體一定是完全放鬆且安定的，如此才能內攝，並進入更深細的調心層次。我們採用的靜坐姿勢稱為「七支坐法」，共有七個步驟：1.結跏趺坐；2.挺腰含胸；3.雙肩平垂；4.手結法界定印；5.下巴內收；6.眼瞼下垂；7.舌抵上顎。

首先要從下盤開始，兩個膝蓋和臀部形成一個三角形，以支撐上半身。下盤的安定、安穩，是讓上半身能放鬆的基本工夫，所以需先學習盤腿。最完整的下盤姿勢稱為雙盤，能讓兩膝和臀部形成一穩定的等邊三角形，將上半身調正。如果下盤穩定、上身調正，全身的骨頭都處在最適當的位置上，身體就能完全放鬆。

下盤坐好後，上身要挺腰含胸。胸部不是挺出去，而是往內縮，稱為「含胸」；肩膀平放，自然垂下；手放在盤起的兩腿上，結好手印，然後下巴內收。身體是由脊椎向上連著頸椎，頸椎則頂著一個大頭顱，頸椎要讓這顆大頭顱重心穩固，不會歪斜偏移，就必須將下巴往內收。可是很多人在下巴內收的同時，視線就會往下掉，頭也跟著愈來愈低，反而把頸椎拉緊了。因此，下巴內收時，眼睛要平視，以讓頭顱能穩穩地放在頸椎上面。

接著，將眼睛輕輕閉上。眼睛所緣的外塵最多，也最活躍，向外攀緣的部分就要盡量地隔絕、減少，所以把眼睛輕輕地閉上，先隔絕它的外緣，讓它好好地放鬆休息，這樣心才容易往內攝。隔絕了眼根的外緣後，身根的觸覺作用會更敏銳，意根的作用也會更清楚，有助於我們發現根身的問題所在，以及意識裡的種種妄念。

然後，再把舌頭抵在上顎。舌頭平常的慣性是抵在下顎，但其實舌頭比下顎更長，所以正常來說，舌頭應該是要伸出來的，但是為了把它收束在口腔裡，舌頭常常受到壓制，所以現在放鬆它，把整個口腔的空間都留給舌頭，這樣它會舒服許多。同時舌抵上顎的動作，口水更容易分泌，有助於濕潤口腔與喉嚨。

以上就是七支坐法的概要介紹，調身工夫的目的是讓心安定，而以身體的安定、放鬆為基礎。做七支坐法的同時，整個姿勢呈現的是一種往內收攝的狀態，內攝的肢體語言，能幫助我們從身體的調和，進入心的調和。

此外，我們還要再加上第八個步驟：臉部肌肉放鬆，嘴角稍微上揚。之所以要補充這個步驟，是因為我發現大部分同學打坐時，都板著一張臉，甚至連閉著眼睛時，表情都繃得緊緊。請諸位審查一下自己，如果覺得打坐時很緊繃用力，那就是因為臉部沒有放鬆。其實除了打坐時，很多人在日常生活也忽略了這點，我們走在路上可以看到很多人的臉都是繃緊著，沒有笑容，因而提醒大家臉部要盡量保持放鬆，只要臉部肌肉放鬆了，自然就會保持微笑。

很多人不太敢來參加禪修，是因為他們看到來禪修的人都板著一張撲克臉，一點笑容也沒有，好像別人欠他們錢似的。有這種表情，就是工夫用得不好。工夫用不好的人，臉是苦的、板著的；工夫用得好的人，心裡會有輕安、喜樂的感受，自然就會流露笑容。所以假如你打坐用上工夫，就會自然微笑；延伸到日常生活，時常保持臉部肌肉放鬆，你也會自然微笑。

請同學們要經常保持放鬆、保持笑容。若能常保這種狀態，就能讓與你一起用功的同學也提起笑容，或是讓從沒打坐過的同學感到打坐是放鬆的。同時，也讓外界人士不產生「來禪修的人都板著臉」的刻板印象。除了讓他們感覺我們是放鬆的，也透過面帶笑容向他們傳達一個訊息：禪修是喜樂的。否則我們一直告訴人家禪修好，卻老是板著臉孔、繃著身體禪修，如何教人信服禪修有多好呢？諸位一定要讓自己、讓旁人，也讓更多的人覺得禪修是好的。怎麼做呢？最簡單的方法就是禪修時，記得要保持放鬆，並且面帶笑容。

調身的要領

讓身體先止靜下來，安定用功，這是最基本的禪修工夫。關於調身姿勢的重要性，有兩點提醒：

（一）不逃避調身苦功

調身的一大重點是，讓身體持續保持安定、放鬆的姿勢。然而，身體的慣性是不安定、不放鬆與不內攝，持續保持一個姿勢時，會引發許多不舒服的觸覺。這些不舒服的覺受，一方面讓心無法安定，另一方面則讓身體感到非常辛苦，身體的痠痛、麻痺等不舒服覺受，往往令人難受到不想用功了。

調身工夫的運作過程確實非常辛苦，不少人都想要跳過，但是調和身心的過程，是通往開悟的必經過程，根本逃避不了。若不調身，身體將無法安定、放鬆、內攝，也就無法進一步幫助我們的心達到安定、放鬆、內攝的效果，修行便絕無可能繼續深入。

（二）不沉迷喜樂或無記狀態

開悟不是在打坐裡，所以用功用得安定、放鬆之時，不要沉迷在這種狀態。有些人認為既然調和身心很重要，就把整個身心投於此，所以他們可以坐很久，甚至好幾天不出靜，以為只要克服此階段，大概離開悟也不遠了，於是就沉浸在這種克服難關後的止靜、安定狀態裡，結果反倒讓修行停滯在此，這還屬於比較正面的狀況。另一種狀況是，在度過難關中，心理逐漸昏昧、麻木，陷入「無記」的狀態，藉以逃避種種不舒服的覺受，而不去面對過程顯現的問題。

遇到禪眾耽於昏昧或喜樂的狀態時，禪師就要提醒人「開悟不是在打坐裡」。這是針對打坐已掉入無記，以及沉迷在喜樂的深定裡，不願意出來的人而說。以「磨磚成鏡」這則著名的禪門公案為例，馬祖道一禪師原本是一個整天打坐的年輕人，南嶽懷讓禪師見他整天打坐，不懂得要更進一步用功，為了提點他，故意在他面前磨磚。懷讓禪師此舉引起了道一好奇，問他為何要磨磚，懷讓禪師回道：「我要把這塊磚磨成鏡。」道一覺得這個老和尚真奇怪，怎麼連磚無法磨成鏡都不知道，便好意提醒他，懷讓禪師卻反問道一：「既然磨磚難以成鏡，坐禪難道就能成佛？」古代的鏡子是用銅打磨而成，銅磨久了，會愈來愈亮，最後就會成為鏡子，但磚是石頭，石頭無論怎麼磨，都無法打亮成鏡。懷讓禪師引此為喻，說明修行要開悟，條件就要相應，而成天打坐是不能成佛的。他接著告訴道一，遇上馬車停住不走時，要鞭打的是馬，不是車，而他現在整天打坐，沉浸在禪定裡，就好比用力鞭車，無論再怎麼鞭打，馬都不會向前走。換句話說，打坐時，即使坐得再好，都不可耽於其中停滯不前，要讓心活起來，如果心沉浸在喜樂裡，而非處在智慧敏銳的狀態中，這樣無論坐得再好、再久，都不能開悟解脫。

以上的兩點提醒，前者是針對過程面對問題時，想以逃避或取巧跳過問題的禪眾而言；後者是度過了艱難過程後，心即沉浸在較深的定境裡，不知如何讓心活起來的禪眾而說。當持續性地用方法，在面對諸多問題起現行時，必須要堅持，不逃避地度過它；度過了後，當用功用得身心安定、放鬆、內攝時，不能沉迷在喜樂裡，也不能掉入無記，必須讓心活起來。調身工夫處於整體修行最重要的核心位置，請謹記不逃避、不沉迷的兩大重點。

大部分人都不是後者，所以我不會告訴大家「打坐不能成佛」，而是要說「成佛一定要打坐」，不只成佛要打坐，身心統一也是靠打坐。回到打坐工夫的務實態度很重要，很多不了解自身實際狀況的人，還取巧著以為懷讓禪師既然說過「打坐不能成佛」，那麼自己也可以不要打坐，卻不知這句話是針對道一當時的狀態與問題而說，根本不適用在他人身上。因此，必須回到最現實的自身條件上，好好處理調身工夫運作時，顯現的各種問題。

調身過程中，如果身體問題不斷起現行，處理方法就是回到我們的心。首先，在心態上接受當下狀態的事實，這就是「安忍」。所謂的「忍」，即是「認同」的意思，認同自己身體現在就是這樣的條件，所以打坐時會出現痠痛、麻痺等現象，當這些現象出現了，我們就接受、安忍它。

再者，要從心上用方法。當不舒服的覺受出現時，我們的心態雖然接受，但在現實的生理上並不容易面對，因為隨著疼痛而來的就是苦。痛是觸，苦是受，我們常常把痛和苦混為一談，感受痛的同時，也感受到苦，我們可以練習讓痛歸痛，知道痛是一種觸覺，在心態上接受它，卻不受它的干擾。方法是把心安住在一個境上，當心收攝、集中在一個境，就能避開身體不舒服的觸覺。比如腿痛了，不要把注意力放在腿，改放在呼吸，當心集中在呼吸時，腿痛的感覺就會減輕。

這個方法的重點就是避開，也是常見的處理心理問題方式。現實生活中，有時遇到讓我們非常難受的問題，此時可以先避開，把注意力轉移到它處，不要一直放在難受的事上。有的人遇到傷心事，就會去旅遊散心，至於方法有沒有效，要看是否能轉移注意力。同樣地，打坐時如果面對的是暫時無法處理的身體問題，也可以先把注意力從不舒服的部位移轉到它處。

然而，禪修最主要在訓練我們的心，藉由攝心於方法上，讓心持續地集中、凝聚，到了攝心一處、心能作主時，再回到先前避開的問題，會發現自己不但能面對，甚至不覺得是問題了。

禪修訓練處在放鬆身體、調正姿勢的階段時，身體問題要以調心工夫，讓心不受干擾。透過制心一處的方法，讓心持續凝聚、愈來愈有力量，會漸漸感到身體困擾不成問題，心理的各種煩惱，對修行的干擾也會逐漸淡化。當我們能制心一處時，會發現身心的各種問題，都不再是問題了。

調息

「靜中修」的次第是「調身、調息、調心」，這也是用功的次序，其中，調息即是調和呼吸的方法，通過對呼吸的觀察與理解，覺察身心的狀態，同時還能以此方法，更深入調心。

在調身、調息、調心的用功過程，身體最粗，呼吸居中，最細的是心，當身體調好後，會發現呼吸也變得調和、放鬆，接著進一步向內用功，可以呼吸為調心的方法。因此，不論佛教或非佛教的禪修教導，都很重視調和呼吸，因為藉由呼吸的調和與放鬆，可以更深一層調心。當呼吸放鬆、調和了，便可以接著觀呼吸，把注意力放在呼吸上，再更進一步用方法，比如數呼吸，這整個過程其實就是在幫助我們調心。

由此可知，身、息、心三者間應是連貫的，只是身體較粗，心則較細，身心的狀態和問題，我們不一定能夠覺察得到，反而是呼吸，可以藉由呼吸的狀態，發現身體與心理的問題。舉例來說，當身體繃緊，或是在激烈運動過後，呼吸就會變得很粗，甚至出現喘的現象；與此相反，呼吸最調和的狀態，稱之為「息」。

呼吸四相

呼吸有四相：息、氣、喘、風。第一種是「息相」，為最調和的相。另三者皆為不調和相；第二種是「氣相」，呼吸現象最輕，打坐時隱約可聽見自己的呼吸聲，表示身體狀態比較粗，或是工夫沒用上力，或是控制呼吸造成身體緊繃；第三種是「喘相」，當身體繃得很緊，或心有較大波動，呼吸會變粗，甚至發出明顯的聲音；第四種是「風相」，通常出現在激烈運動過後，或是情緒激動，使得呼吸像狂風般粗重有力。

上述呼吸四相，諸位應該都曾經歷過。當呼吸呈現狂暴的「風相」，此時要透過打坐來調息，幾乎不可能，也不適宜；呈現「喘相」時，也不容易在打坐中找到呼吸；「氣相」稍微好一點，但此時的呼吸還是隱約有聲，表示呼吸仍不調和。由此可知，「風、喘、氣」都顯現出當下的身心狀態，仍是繃緊未放鬆。

有一些用呼吸法的同學，因為不懂得放鬆身體，又想要覺察呼吸，就會控制呼吸。一旦有控制呼吸的情形，那就不是在用功，因為此時的呼吸會處在「氣相」，甚至是呈現「喘相」，而無法放鬆身體，心會更用力地想要抓住呼吸，進入一種緊抓不放的狀態。

請記得，息、氣、喘、風的呼吸四相，我們要的是「息相」，即調和的呼吸。平時若無特殊狀況，或身體上沒什麼特殊毛病，一般來說呼吸都會配合著身體，呈現出一種安定、細微、均勻的狀態，以至於氣息的進出，雖然我們不一定感覺得到，但會知道自己在呼吸。所以調和呼吸時，不用刻意去調它，只要放鬆身體，然後放鬆心，呼吸就會自然調和。

在調身與調心之間，再加上調和呼吸的用意，是提醒大家在進入調心的方法前，呼吸一定要處在調和的狀態，假如呼吸不調和，則不可能藉由呼吸進一步調心。諸位觀呼吸時，不要控制呼吸，或為抓住呼吸而用力呼吸，維持自然呼吸即可。

調和呼吸　自然放鬆

我們要如何調和呼吸呢?方法很簡單，當我們進入調身狀態，先把身體姿勢調好，全身放鬆，不要去找呼吸。因為人一定會呼吸，如果刻意把注意力放在呼吸上，人就會用力，呼吸就會不自然，變成是在控制呼吸，身體也會更加緊繃。

假如坐好後，心還不能覺察到呼吸，不需要用力，也不需要刻意把呼吸變粗，讓呼吸現出一種類似喘的相，好讓自己感覺到呼吸。要知道是因為心還很粗，才覺察不到呼吸，若想藉著控制呼吸，把呼吸變粗，好感覺到它，這樣不但無法把心調細，反倒讓身體愈繃愈緊。這樣控制出來的呼吸，就算覺察到了，實際上心仍是粗的，身體也緊繃，在這種情況下是無法用功的。所以坐好後，先放鬆自己，不要刻意找呼吸，讓身心都處在放鬆的過程中，只要心不刻意去找呼吸，自然就會放鬆。

不論佛教或非佛教的很多禪法，都會用觀呼吸的方法。而在佛教的眾多法門裡，觀呼吸的方法也有許多技巧，所謂各師各法，每位老師都有他不同的教法。我們現在所教的是簡化過的方法，簡化到只要觀呼吸進出的部位，也就是把注意力放在鼻孔，從這裡覺察呼吸的進出即可。呼吸是氣的流動，當它經過鼻腔，此處身根會有微微的觸覺，我們就把注意力放在這裡。

這個方法之所以簡單，在於它不用觀呼吸長短、冷熱，或是吸到哪裡、呼到哪去了，這些都不加上去，也就是說不去分別，只要注意呼吸的進和出就好。這樣的好處是，由於沒有加上任何的分別心，只要知道呼吸的進出，就更易於在覺察呼吸進出的同時，把心收攝在呼吸上；但也因為方法如此簡單，有時反倒讓注意力不容易集中。當人的注意力集中在一個點時，常會有一些習慣性的分別，例如想要分辨呼吸的長短、冷熱狀態等，加上這些東西，會讓人覺得比較容易覺察到呼吸，所以在練習觀呼吸時，請先把這些想加上去的分別心放下。

除了放下分別心，觀呼吸時，也不要先設定一個境界或標準。方法的作用是幫助我們調心，假如加進一個境界，等於是加進了分別心，會讓人在用功的同時，還想像著用功得力後會得到什麼體驗，或是帶來什麼好處。

總之，所有外加的東西都要放下，只須注意呼吸進出，不去分別它的狀態，也不要想像會達致什麼境界。既然我們已將方法簡化了，就把這些都放下，只要專心注意呼吸，在鼻孔一進、一出、一進、一出……，對此有所覺察即可。所以身體要放鬆，把注意力放在身體上，當覺察到身根起伏的觸覺後，再把注意力轉到對呼吸進出的專注、覺照，此時所覺照到的呼吸，就是自然調和的。

觀呼吸的方法雖簡單，但是程序有點複雜，因為先要能放鬆身體，繼而覺察到身體，發現呼吸的起伏，然後再把注意力放在鼻息的進出上。不論方法運作到了哪個程序，都要處在放鬆的狀態，而且不加分別心，不去追逐目標，這樣在覺察到呼吸時，就會發現呼吸是放鬆的，心是放鬆的，身體也會很放鬆。

數息讓心專注

如何持續保持覺察呼吸呢？只要加進一個方法，就能幫助我們在方法快中斷時很快醒覺，這個方法即是《六妙法門》所說的「數」。每一次呼吸都加上一個數目字，以此提醒我們把心放在呼吸上。吸氣時，身體會稍微緊繃，呼氣時，身體則會放鬆，把數目字放在比較放鬆的呼氣上。吸氣、呼氣，數一；吸氣、呼氣，數二……，在吸氣、呼氣的中間有個轉折，不要在轉折處上數，而是待氣呼出來了，再把數目字輕輕地放上去。

需要在呼吸上加上數目字，那是因為我們的心不夠簡單、不夠細，需要比較粗的方法，幫助持續保持覺察；但加上方法的同時，也不要讓方法複雜化，所以數數目字，數到一個數量就要停。一般是從一數到十，這是最普遍的用法，假如你認為數到十很容易就跳到十一，那麼你可以數到十之後，再倒回來數到一，然後再從一數到十。原則就是要有一個數數的循環，如果從一到十是一個循環，循環結束後，就要從頭開始，再從一數到十；從一到十再回頭數到一亦然。

加上數目字的方法雖說稍微複雜，但其實仍是簡單，因為數數目字本身就很簡單。這個簡單的方法能加強我們的警覺心與覺照心，因為注意呼吸進出的同時，再加上一個數目字，等於是加上了覺照的作用，如果覺照作用鬆懈了，就會忘記數到哪裡，這時心會生起一種醒覺，知道自己專注呼吸的心已經鬆散，處理的方法就是不管數到哪個數字，都把它放下，只要繼續覺察呼吸進出，再從一開始數起。

數息是很基礎的工夫，假如連這個工夫都做不好，不可能再用更進階的工夫用功。理想的狀況是，當我們專注覺照於呼吸時，心也能在此過程逐漸凝聚、安住；然而現實狀況是，在用方法的過程，常常發現心一直收不回來，無法安住在方法，因為調身階段產生的許多觸覺會干擾心，生起更多妄念。

心一直以來就有許多「念」的作用，念有善有惡、有好有壞，這些都是心理的功能，當這些功能運作時，它會擾亂我們的心，讓心無法安定，甚至呈現散亂的狀態。以這樣的心對應所接觸到的外境，只會製造更多的問題，而這就是我們每天都在發生的事，形成一種循環，累積出許多煩惱，成為一種堅固的慣性，並且長期不斷地重複循環，這正是一種輪迴的現象。

輪迴的現象表示人正處於無明的狀態，必須把無明調為明，把不清楚、不明白，調為清楚、明白。如何做呢？先讓心靜下來。心安定時，覺照的作用會變得敏銳，才能清楚照見外在的種種現象與因緣，也才能做出準確的判斷與回應；然而反觀現實，心其實很難產生這樣的作用，所以必須用方法對治，這個方法就是靜坐，以靜坐的止靜狀態調心。

調心時，為了讓心不斷凝聚，以讓專注與覺照的工夫持續運作，所以在呼吸的方法上加上數目字。當諸位用別的方法用得很不錯時，其實也可以再回到數息法測驗一下，假如呼吸不清楚，無法專注於呼吸，乃至數得不太好，就表示心仍不安定、不清楚，不是處在收攝、專注、覺照的狀態，那就要從基礎的工夫做起；假如很容易覺察到呼吸，也數得不錯，即便數了一段時間後，數目字都還保持得很好，這時你可能會覺得專注呼吸、數呼吸的方法有點粗了，那就可以放下它，進入先前所用的方法。

呼吸法雖然很基礎，初學者要用得好卻不容易，因為心早已習慣打妄念，一時間很難拉回來。剛開始方法用得不好很正常；如果用得上，表示你的心已開始在凝聚，慢慢處在一種安定與清明的狀態；如果一直用不好，表示你的心仍很粗、很散，必須耐心地持續放鬆身心，放鬆到妄念比較沉寂，身體也較先前放鬆了，自然會覺察到呼吸，這時再把注意力，即專注與覺照的作用移到呼吸，然後再把數目字加上去，如此一來，工夫就用上了。

一再告訴各位呼吸法的重要，是因為若沒有通過這個基礎的訓練，心真的很難安定下來，也很難收攝回來，所以大家務必多加重視這個基礎工夫。

呼吸法善巧方便

呼吸法實際上是運用身根的觸覺。呼吸於鼻孔進出時的微細氣流，會在鼻孔產生微微的觸覺，心若能安住於此，並覺察到呼吸的進出，就表示心是比較凝聚的。用方法的重點在於調心，讓心逐漸安定、清明、凝聚，然而心沒有形象，只能通過身體，藉著眼、耳、鼻、舌、身前五根接觸外境，察覺心的運作。雖然心是比較內在的作用，屬於意識的功能，但事實上，心也涵攝了前五根五識的作用，只是心的作用比較內在，若沒有通過外在較為具體的根塵作用，並不容易察覺。

心究竟是如何運作？如何收攝我們的心？這些問題若沒有通過五根五塵，根本無從覺察，所以必須借用五根的某一根來凝聚心的作用。在此，我們只選擇身根的「觸覺」，不是整個身根，而是集中在某個點。這是一種方式，當然也可以借用眼根或耳根，它們對外攀緣所觸的外塵較多也較廣，而身根就更廣了，至於鼻根與舌根則較少用，因其所觸的範圍較其他根小很多，初學者很難覺察。不論借用哪一根來運作，都必須有其相應的方法。

鼓勵用呼吸法，是因為它的範圍比較小，同時能用很簡單的方式來處理，加上呼吸是身根本能性的作用，它一直都在身體上運作著，我們稱呼吸是「隨身帶」，因為人隨時隨身都在呼吸。呼吸法對於心的凝聚有許多的善巧，也是比較容易的方法，因為呼吸的境不是外境，而是身體本能的作用，可以直接反映身心當下的狀態。如果方法運作時，你無法數好呼吸，會很快醒覺到當下的身心還處在很粗散狀態，而再用呼吸法重新放鬆、收攝、凝聚身心。

由於呼吸法貫通了調身、調息、調心的工夫運作與整體作用，被認為比許多方法都來得更善巧，所以在禪修的基礎階段，我們會集中練習這個方法。呼吸法是藉由身根的觸覺來用功，而我們隨時都能從身上感覺呼吸產生的觸覺，也就是說，不論何時要用功，都能以呼吸為方法。簡言之，呼吸法的優勢有二，一是可隨身帶著走，二是隨時都可用方法，所以我們才會這麼重視，各位只要把握呼吸法的運作技巧，相信都能獲得很好的受用。

調心

無論修行用的是眼根、耳根、鼻根、舌根、身根或意根，凡是修止的工夫，都必須借助六根中的任何一根，讓這一根去緣一個設定好的境，藉此根緣境的作用，讓心專注與覺照的功能逐漸顯發，從收攝、凝聚，逐步達致心的統一。

讓心作主

雖然前五根都有其相對應的用功方法與技巧，但在事實上，意根（識）的作用，才是心整體功能的中心點，包括前五根在內的所有功能，基本上都是心從內而外運作的。以身根觸境為例，身體觸到外境，人會接收訊息並將訊息傳進意識，意識會根據已養成的慣性或累積而成的經驗，對所觸的境做出判斷並予以回應。我們可以從中發現，整個過程的「接收」與「回應」的中樞，就是意根。意識的作用顯現於內，即是念（想）、情緒與思考的功能，此作用顯發於外，則成為身體的各種運作與行動，整個過程不斷地由外而內、由內而外重複循環，在接收資訊與採取行動的同時，也逐漸在心中累積並形成力量，用佛教的說法，就是在「造業」。「業」即是一種造作、一種行為，造作行為之後，會留下力量，也就是「業力」，這個過程不斷重複循環，一如輪迴的運作。

其實心的這種重複循環作用，平時就能覺察到，心中的各種念想、情緒與思考在運作過程，不斷地接收訊息、給予回應，逐漸在心上累積愈來愈多，有些就變成了習慣。假如意根作用偏向於惡，在累積過程生成的種種妄念，就會對心形成干擾，讓心處在波動的狀態，這些都屬於慣性煩惱；與此相反，假如我們覺察到的意根作用偏向於善，那麼在造作的同時，就會留下好的力量，並隨著重複造作，變得愈來愈有力量。每個人的成長過程，包括諸位的學佛歷程，都會得到很多訊息，漸漸知道要為善不要行惡，因為每一個造作都會留下業力，業力會慢慢累積，當力量大到足以顯現的時候，就會形成果報。假如造作的是不好的業，招感的一定是不好的果報，所以要多造善業，不要造惡，假如造惡已形成了慣性，知道它的嚴重後果，就一定要設法盡量地減輕。

意根作用運作時，常常是善惡交錯在一起，明明想行善，卻感到有股惡的力量在阻擋；明明不想造惡，卻發現惡的力量很強，善的力量幾乎阻擋不了它，心就在善惡交錯的作用下不斷運作、造業和招感果報，形成了累積循環不止的輪迴。上述情形很容易在我們的日常生活覺察，而讓人覺得很困擾。如果不希望如此煩惱，就得清除不好的念頭。該如何止息惡念呢？就要靠方法讓心凝聚，讓心的力量漸漸強大，當心的力量強大了，就能在想行善的時候行善，想止惡的時候止惡，換句話說，此時的心，已經作得了主了。

諸位在此修行，其實就是為了讓心作得了主。只是我們還有一些煩惱習氣，即使有善的力量，但善惡常常混雜，導致心的力量不夠，不能做主，反倒讓妄念影響了我們的行為而不斷地輪迴。我們既知內心有諸多善惡交雜的妄念，假如在妄念中能有正念為心的主流，心就能自在作主。因此要向各位介紹一個很簡單、很實用的法門，幫助大家持續性地保持正念，這個方法就是念佛。

持名念佛的調心方法

早在佛陀時代就已有念佛的方法，不過當時是以觀想的方式，也就是意念佛，之後還發展出觀像、觀想等類似的方法與技巧。早期佛教有些法門的禪眾以此做為主要的修持方式，也都能獲得很好的受用，不過這些我們暫且不談，在此只介紹最簡單的一種念佛法，即「持名念佛」。

持名念佛指的是提一尊佛的名號，然後把心的力量集中在佛的名號上。方法運作時，是直接在意識裡，將佛號這一「念」提起，藉著將心集中於佛號上，達到凝聚與統一的狀態。

持名念佛的殊勝之處在於實用又簡單，但在弘揚的過程卻漸漸被淺化了。這個法門其實可以用得很深入，因為依照經典教導，執持名號念佛要念到制心一處、一心不亂，也就是統一心狀態，這時心就和佛統一了。所以發願往生的淨土行者能在臨終的時刻，憑藉這一念佛的心，有力量又自主的心，往生西方極樂世界。

持名念佛的方法在中國普及後，不只修學淨土法門的祖師會念佛，許多祖師大德都是念佛的。他們以「佛」這個念做為正念，甚至可以念佛念到一天裡無一其他妄念，只有佛號這一正念，這就是念佛念到一心不亂了。除了在靜坐達到一心不亂，最究竟的工夫則是把念佛帶入日常生活，在平日的行住坐臥中，也能做到一心不亂。這種心與佛達到一致的狀態，屬於一種定，欲往生西方淨土者，只要達到這種定，在臨終的一剎那，讓佛號繼續保持，即可直接往生，這是定的工夫。定能幫助我們達到一念，讓心與佛統一。往生仰靠的是自力，雖然經典提到阿彌陀佛會來接引，但假如發願往生者還得要阿彌陀佛來接引的話，大概很難去得成了；一定要靠自己去。靠什麼去呢？靠念佛念到不亂的一心。

有些念佛者，只念到這個程度，有把握往生即可，但從佛法修行的角度來看，一心不亂還有個「一心」，佛法的開悟，則是「無心」。所以修持念佛法門，念佛念到一心不亂後，還要更深入到無心，也就是實相念佛，實相無相，能達到無相念佛者，即是開悟。

也有不少禪宗祖師，平時用功也念佛；有些人已經開悟，證得無心，但在日常生活仍是時時用心。所謂日常生活的用心，即是保持念佛的心，也就是以一心不亂的工夫過日常的生活。事實上，開悟的人隨時都能保持正念，用什麼方式保持正念呢？有些人就是用念佛的方法，念佛不僅可以幫助調心，調到一心不亂，也可以讓人在開悟後，於日常生活保持不亂的一心。

念佛是一個可以通達不同法門的重要方法，之所以特別強調這一點，是因為這個法門在中國非常普及，普及到包括禪宗及各宗祖師也都念佛，然而他們念佛卻未必皆是發願往生。有些開悟的禪宗祖師念佛是將佛號做為他的正念，但究其實，他們可能已經達到了實相念佛的工夫，也就是達到開悟無心的狀態。祖師開悟之後，他們的心本然性的清淨功能顯發，所以呈現「唯心淨土」，他們的心本身就是在淨土，即學佛人常謂的「心淨國土淨」。他們活在淨土裡，不論外在環境如何變化，他們的心都是清淨的，因為他們已將心本然性「自性清淨」的功能完全顯發出來，安住在唯心淨土裡，所以這些開悟的禪師，以念佛來維持這個正念。

念佛法門的殊勝即在於，它一方面是這麼簡單、這麼好用，就像數呼吸一樣，是很基礎的方法，另一方面它又是如此深入，藉著這個方法，即可深入到不亂的一心，達到修止成就的境界。修止成就之後，接下來不論要往哪個方向用功修行皆可，這就是所謂「制心一處，無事不辦」了。

開悟後的禪師，後續都還能藉著念佛或呼吸法，保持他們在日常生活的用心，亦即一種很安定、一心的狀態。這些法門雖是最基礎的工夫，但在修行達致終極目標後，還是可以回到這些方法繼續用功，這時的用方法，作用在於保持一種安定的狀態。之所以要保持安定，是因為開悟後智慧顯發，而智慧的作用包括了能應對各種事物的思惟，也可說是一種「照見」，開悟者的照見作用很敏銳，而這種敏銳則是以安定為基礎。

這就是何以許多開悟的祖師們，還是會持續用各種安定的方法，以保持在「定慧一體」、「定慧均等」的狀態。許多開悟者會繼續在深山裡用功，用的方法往往是最基礎的，如念佛或呼吸的法門；也有用話頭的方法，聖嚴師父就曾指導禪眾們「看話頭」。其實「看話頭」和「念話頭」的方法是一樣的，既然開悟後仍有許多日常事務必須應對，就繼續用話頭保持身心安定。同理，念佛和呼吸法亦能於開悟後收到安定之效。這也是為什麼念佛法門普及後，各宗派的開悟祖師們，即使沒有發願往生，仍會用念佛方法的原故了。

假如諸位的心願是通過念佛法門往生淨土，基於這個願心持續用功，當然可說是一個很重要的修行方向；也有人認為即使沒有發願往生，也可以藉著修念佛法門，幫助自己達到一心不亂、制心一處的定境，爾後就能轉化以觀想的法門開發智慧，讓本然性的智慧得以自然地完整顯現。換句話說，通過學習念佛法門，可以幫助我們奠定修慧的基礎，當修慧工夫有所成就，乃至有了開悟的體驗，如此不論在信心上和修行工夫上，便都能進入不退轉的境界。話雖如此，但在日常生活要持續保持工夫，必須繼續用方法好好修行，修念佛法門者當然要繼續好好念佛。

其實所有的止觀法門，運作到止觀並行，修觀的工夫有了體驗時，就會發現止的工夫還是必須在日常生活落實，或是通過打坐繼續用功。就像世人皆知佛陀已開悟解脫，但他每天的生活仍然包括禪修，都有固定的時間打坐，佛陀打坐時，可以從未到地定入初禪、二禪、三禪、四禪，接著又進入四空定，或是又回到四禪定，然後安住在四禪定裡，佛陀每天都是如此用功。許多慧解脫的阿羅漢雖在智慧方面已得解脫，但在定的工夫上尚未究竟深入，所以也會持續地用功。很多開悟的禪師，悟後反而要在深山更加用功，因此中國禪宗有此一說「不開悟不住山，不參破不閉關」，也就是說住山和閉關這種更深入的工夫，反而是要在修行有了體驗之後繼續運作，說明即使修行有很好的體驗，甚至已解脫生死，但在日常生活還是要持續修定、修慧。有些大修行者非常重視定的修行，因為開悟解脫後的修定，能讓整個身心面對生活的種種運作，更安定、更有力量。

因此，許多修念佛法門的中國祖師們，即使有了很好的體驗，仍會持續用方法，不論是每天固定時間打坐念佛，或是日常生活通過念佛來安住，方法都能很容易地用上去。同理，數呼吸的方法亦然，它很基礎，但很多已解脫的開悟者，仍是每天用數息法打坐，藉此安住在定境。基礎的方法，一開始是為了幫助我們完成開悟解脫的修行目標，而做到之後，並不表示就此停頓，像佛陀和許多解脫聖者、祖師大德，都是悟後更重視修行，尤其是繼續修定的工夫，所以又回到最基礎的方法，因為方法很簡單，隨時都能用得上。

念佛法門的殊勝，在於它可以「從一而終」，從修行的起始到完成，乃至完成之後，都可以繼續用功。不論念佛或觀呼吸，法門都能從一而終地保持著，短則一期的生命，長則發願盡未來際，方法都能持續地用下去。

念佛要保持覺照的心

所謂的念佛法門，即是執持佛號，行者選定一尊佛或菩薩名號做為正念，用方法時，讓心持續保持專注於佛號，讓正念攝住心，直至成為心唯一的正念。和呼吸法一樣，念佛法門運作時，也有其要把握的技巧，呼吸是用身根的觸覺，念佛則是用意根緣念，讓心收攝、安住在所執持的名號上，用方法時要清楚自己是用什麼根識在用功，如此才能將方法正確地提起來。所謂「提起來」，是指用方法時必須用心，也就是「作意」的功能，將心專注、集中的力量放在方法。

要注意的是，我們也看到有些修行人很精進地念佛，但日積月累後卻逐漸變成了一種慣性，拿著念珠轉呀轉呀，轉到後來反倒沒有用心在佛號。為什麼會這樣呢？因為生活很忙碌，抽不出固定時間念佛，只好邊做事邊念佛，在動態中念佛，結果變成散心念佛，轉念珠念佛成為一種慣性，念佛失去了用心。

當念佛成為一種慣性行為，最大的問題即是讓人失去覺照的心，也就失去智慧的功能。用功時如果沒有覺照的心，沒有「作意」的作用，妄念就會強過正念。諸位可以自我檢視，假如你慣性裡感覺自己念佛時，好像有念，又好像沒念，但手轉念珠的慣性依然持續運作，久而久之，你以為自己一直在念佛，但其實所念的佛號這一正念，早已變成一種妄念，念佛變成只是一種慣性的行為、慣性的心理作用，你所謂的用功，實際上已失去了覺照的心，那就不是真的在用功。

觀呼吸的方法也是如此。用功時，觀到呼吸了，知道呼吸的進出，然後在吐氣時加上數字，數了一段時間後，發現數字一直沒有中斷，可是數字是數字，呼吸是呼吸，因為你沒有把注意力放在呼吸，那就不是數息觀，而是數字觀了。數數字而沒有專注在呼吸，那只是回到慣性罷了。同樣地，念佛念到心中好像有佛號又好像沒有，即使不是很注意地在念，但佛號依然持續流動著，那也只是一種慣性而已。有的人將這種慣性，誤以為自己已經念佛念到工夫很深，深到了「念而無念，無念而念」的程度，佛號時時刻刻都在自己的心裡。但究其實，我們每天的妄念，才真的是「念而無念，無念而念」，有些事你不想它，它自己跑出來，有些事你要想它，它就跑掉了，這不就是念而無念嗎？所以念佛念到念而無念，那就是把正念念成了妄念，那可要多注意了。

「用心」也就是「作意」，對於修學任何法門都很重要。說到「作意」，印度唯識學派的禪定論典代表作《六門教授習定論》，提到作意的過程，修行一開始，用功時的作意會比較粗、比較用力，像是剛開始注意呼吸時，要有一點用力，待找到呼吸了，心漸漸安放在呼吸，此時的作意仍在，但會變得比較細且放鬆，整個過程的重點是心持續專注在呼吸，把握好這點很重要。

當我們說「我在用功」時，最主要要把握的，就是專注和覺照的作用在不在，假如這兩個作用沒有放在方法，就表示沒有用心在方法，那就不是在用功了。所以念佛時，當心放鬆了，內心比較深層的意根作用，也就是一種作意，一定要清楚知道是否有將佛號提起來。念的當下，要很清楚地知道自己的心就在佛號上。剛開始用功時，你可能會覺得自己有些用力，沒有問題，因為那就是一種作意，幫助你將佛號提起來，把心放在佛號這一正念，這時你會發現你是真正地在念佛，真正地在提起正念。

諸位在用念佛這個法門時，請把握好上述的方法、技巧和原則，否則，很可能念佛念到最後會掉回到妄念，變成一種慣性的散心念佛，這樣念佛是不會有力量的，當然更不可能念到一心不亂。

有一句福建諺語「番薯一布袋，不值人蔘一塊」，意指一大袋的番薯，價值還比不上一小塊人蔘，把這句話套用在念佛上，主要是要提醒大家，念佛要有品質地念。為什麼我們要用念佛禪？就是要用禪修的方法來念佛，要念到每一聲佛號提起來，心都是凝聚、專注且覺照的，這樣即使念的數量不多，但因為每一聲佛號都是用心念，妄念沒有太多干擾，念佛就不會念成一種慣性。慣性念佛就好似一布袋的番薯，你會覺得它沒什麼，隨便亂丟也不覺得有什麼關係，可是拿出來的若是一塊人蔘，你就不敢亂丟了，因為它很珍貴。我用這個比喻是要提醒各位，念佛時未必求多，但務必用心，如此才能讓念佛的品質慢慢提昇，直到一心不亂的程度。

用方法時，先放鬆身心，再把佛號提起來。不必急著念很多遍，而是要在佛號提起來時，保持專注、覺照，念完了再放下，然後再提起，一直保持專注、覺照。這樣子用工夫，才能讓佛號在每一次提起來時，更加凝聚專注、覺照的作用。用方法注重的是品質，如果散心念佛只求念的數量多就好，這樣念到最後，可能只能收獲一布袋的番薯，這樣的念佛品質絕對不足以通達念佛法門的終極目標。

諸位念佛時，一定要明瞭念佛的善巧，把握念佛的原則，知道用心念佛是每一句佛號提起來都清清楚楚，讓心專注、覺照的作用不斷凝聚。如此念佛，即使念的數量不多，但每一聲佛號都是用心地念，念到後來會發現任何妄念都干擾不了你。念到這樣的程度，表示你的念佛工夫有了很大的提昇與進步。

持名念佛是一個既簡單又實用的方法，但也因為太簡單，很容易忽略用方法時的「用心」，結果就把這個方法用淺了，沒有更深入地把方法用好。諸位來此禪修，既然現在用的方法是念佛，就要把方法用得深一點。

所謂的「深入」，是指用方法的品質。一般之所以會把方法用淺，是因為太過重視數量，以為數量多就是工夫好，甚至以為念得多功德就大。以這個角度在動態中用功，念佛時就會急著把數量湊足，以致用心的深度往往不夠。因此，為讓工夫用得更深入，必須先以靜態方法用功。

以靜態方法念佛，是往內攝心地念佛，而非依賴外在的提醒用功，像這樣的工夫就能隨時運用它。內攝用功先用的是止靜的方法，讓身體安定下來，採用的坐姿能讓人安定放鬆，而後內攝。保持這樣的姿勢，讓心往內攝，這時的心對意識的種種念，會更加清楚覺照。平時我們有很多妄念，卻不一定能看得清楚，但當心靜下來，隔絕外緣之後，心就比較能夠向內收攝，此時除了身根的觸覺會變得敏感，其他諸如眼根、耳根的作用，也會自然減少甚至隔絕，而內在的意識作用，則會更加清楚。

我們現在即是以這樣的方法用功：放鬆，讓心往內攝，清楚知道自己的妄念總是不斷在動。接著，在妄念之中，將「持名念佛」這一正念提起，把心完全放在佛號，如此方能確保，每一次的佛號都是很用心地念。當方法愈用愈安定，便會發現整個心都可以放在佛號，這樣的工夫才是深入的工夫。諸位一定要循著這樣的方法和次第用功，如此才能提昇念佛的品質，並發揮出它的深度。

運用數、隨、止

「念佛念到一心不亂」，就這麼簡單一句話，就把念佛的方法說完了，但正在用功的人，就知道要念到這句話的程度很不簡單，因為佛號這一正念，必須在一堆的妄念中提起來，而正念的力量夠不夠大，它在許多妄念中是否可以堅持著、保持著，我想大部分同學在練習時都已發現，要做到很不容易。

「把一個佛號提起」，說來很簡單，可是這個簡單的念，提起後要讓它一直保持著，這就很不簡單了。換句話說，這個方法操作簡單，卻不易保持，因為工夫要能夠持續，這點難度就挺高了。難在哪呢？難在人的妄念太多。尤其有些人的妄念，真的是很粗、很散，甚至是很亂，之所以稱為「亂」，在於這些妄念一點系統都沒有。平時我們想一件事會有一個思考的系統或程序，又如做佛法觀想會有理論基礎以供循序思考，而那些妄念雜亂的人，他們的心則是一下跳這邊，一下跳那邊，這樣散亂的心，其實很不容易用功。念佛時是因為心的內攝，讓你發現妄念特別多，在提起佛號的同時，這些妄念便很容易把心拉走，讓工夫變得斷斷續續。要讓工夫續而不斷，就必須回到用功的善巧。

天台止觀的《六妙法門》，其中修止的方法為「數、隨、止」，這個方法也見於傳統的禪修法門。可以說「數、隨、止」這個禪修次第，一直以來都是既基礎且重要的方便法。

「數」在呼吸法的運作裡，是用於加強覺照、警覺的心。因為心在很粗散之時，會比較不敏銳，此時若要把心收攝於方法，心對方法的專注覺照力度一定不夠，而我們對此又不容易覺察，這就是個大問題了。假如心雖還不夠安定、覺照，但我們對此可以很快警覺，知道自己的心散了，如此一來，心就能在比較短的時間內收攝回來，斷的時間就會逐漸減少，續的時間逐漸增長。

用呼吸法時，如果覺照（警覺）心不夠，心可能已不知散到哪裡去了，但心仍會有一種感覺，以為自己還在用功。念佛也是如此，這就是為什麼有些人念佛念到成了慣性，讓佛號變得像是妄念一般，在有意無意間，覺得佛號好像一直都在。類似這樣的感覺，導致我們失去覺照心而不自知，因為它已成了一種慣性，假如對此無法覺察，工夫就無法持續。而「數」的善巧就在於「加強」，也就是在所念的佛號上，加上數字，觀呼吸亦然。由於這個數字是附加上去的，這個念雖然稍微粗了些，但它帶有一種警覺性，當你順著數字念佛或數息，假如這時心被帶往別的地方，數字就會不見，即使佛號或呼吸感覺好像還在，但因為數字不見了，你就會知道心已經散掉，而能趕緊將警覺心拉回來。

所以念佛時，可以用「數」這個善巧的方法，把佛號提起來後，再加一個數字。比如念阿彌陀佛，一句念完了，再念下一句阿彌陀佛，兩句佛號間就是妄念最容易跑進來的時候，這時就加上一個數字，加強覺照心，這就是數數念佛：阿彌陀佛一、阿彌陀佛二……，數到阿彌陀佛十，然後再從阿彌陀佛一開始數起。當從一數到十都數得很清楚，並能持續性地保持，甚至一支香下來，其間沒有絲毫中斷，如此數數念佛的工夫，才算是用上去了。

在《六妙法門》中，每一門皆有「修」及「證」二法。所謂的「修」，即是用方法，「修數」時，剛開始工夫可能斷斷續續，直到把方法用到持續不斷，這就是「證」。也就是說，一支香下來，從一到十的數字不再中斷，甚至一整天都能工夫不輟，才算是「證數」，表示工夫用上去了。這時要持續用方法，不要趕著換新的方法，因為「證數」後再進一步，就要捨掉這個數，把數目字放下來，然後進入「修隨」的階段。

諸位在此念佛，即是以這樣的技巧運作，都是先修數，而後證數。假如整個過程中，甚至長達一、兩天的時間，數目字都沒有中斷，那就可以把數字捨掉，進入修隨。假如念佛念到佛號與佛號間都能連貫起來，其間沒有一個妄念打得進來，即是證隨。觀呼吸用的也是同樣的技巧，從一到十每個數字都數得很清楚，就可以把數字放下，進入隨息。隨著呼吸一進一出，全心地專注於呼吸，這是修隨，待心完全與呼吸一致，即是證隨。由此可知，「修數、證數、修隨、證隨」，是念佛法門與呼吸法共通的用功次第。

日常生活中許多重複的慣性，我們常會將之延伸到修行用功，以為自己念佛念得很多、很用功，但其實只是一再重複念「阿彌陀佛」，到最後「阿彌陀佛」就變成一個妄念、一個慣性。當「阿彌陀佛」重複成了慣性，最大的問題是我們會失去了覺照心。為什麼開關門會發出聲響？因為沒有覺照心。假如你是以清楚的覺照心開關門，把每一次開關門當作是全新的一次，你的動作一定是慢慢地、輕柔地。

修行用功一定要抱持這種心理，知道自己是在練習方法，而非重複，每一次提起佛號，很清楚地念「阿彌陀佛一、阿彌陀佛二……」，不要趕時間。我們處理日常事務，如果重複成了慣性，心理上就會有一種急躁，想要趕時間趕快做好它，而如果你是清清楚楚地做事，雖然可能會多花一些時間，但整個過程，你都很清楚自己在做什麼，如此就能隨時保持對身心的覺照。

覺照心是用功很重要的品質，覺照而後清明，智慧便能顯發；若是沒有覺照，用功皆隨著慣性而為，就變成無明了。為何有人用功到最後變成無記、昏昧，就是因為失了覺照心。覺照的重要性在於，它是開發智慧的樞紐。所以要保持專注、覺照，覺照而後得以觀想，發展下去，即是智慧。

請諸位謹記用方法時，智慧的作用一定要在，我們是在「明」的狀態中用功，不要變成「無明」的狀態。每一次練習方法，都是「明」的，清楚知道自己在做什麼，這個觀念一定要把握好，在每一回用方法時，都讓覺照心、警覺心一直保持，這才是正確的修智慧之道。

呼吸和念佛兩種方法

呼吸是用身根緣觸塵，念佛則是回到心內在的作用，以意根緣法塵。說明這點主要是讓各位知道，用功時要把心放在設定好的所緣境裡，而呼吸與念佛兩個方法，因所用的根、所緣的塵不同，所以用方法時不可將兩者混為一用。

有些人會將兩個方法合在一起，一面呼吸、一面念佛，也確實有老師在教這樣的方法，我曾學過也用過。這個方法在初學階段可能還感覺不到它的問題，但當工夫慢慢用得深了，問題就來了。當身心調得比較放鬆之時，呼吸也會變輕，甚至輕到不太容易觸覺到呼吸，也就無法再藉用呼吸來念佛，此時是要捨念佛繼續用呼吸，還是捨呼吸繼續念佛呢？另外，有時為了把佛號念清楚，我們會把念佛速度放慢，但假如此時你的呼吸又稍微快一點，那麼到底是要呼吸來配合念佛，還是佛號去配合呼吸呢？遇到這些情形，你很可能就不知道該怎麼處理了。

這兩個方法要分開用，否則就不是「一心」用方法，而是同時在用兩個心，一個心在呼吸，一個心在念佛。把兩個方法合在一起，初學時會有一點作用，但方法用到數乃至隨的階段，就要專一，念佛的人，就要把呼吸與觸覺放下，不要去注意你的呼吸，只要念佛就好；專注呼吸的人，就不要在呼吸裡再加上佛號。

呼吸與念佛都是基礎的方法，且各有優勢，故可擇一做為主修，但因人的身心狀況常常在改變，有時我們太疲累，或是方法用得疲乏，例如數呼吸數久了，可能慣性就會跑出來，本來觀呼吸也好、數念佛也好，都是一次一次地練習，但若是用成了慣性，就會陷入疲乏的狀態，也就是所謂的「疲勞轟炸」。一旦方法用得疲乏，可以先把主修的方法放下，改用一個副修的方法。

所謂副修的方法，是指這個方法我們偶爾會練習，所以在主修方法用得疲乏時，就能把副修方法提起。比如說數呼吸數到感覺有點緊了，鬆不下來，但又不願意直接把方法放下，那就可以暫時先放下呼吸，將佛號提起，提到方才有些緊的感覺鬆了下來，就再把副修的方法放下，回到主修的方法。由此可知，主副兩種方法可交替使用，但一定只能有一個為主要，不要將兩種方法混在一起。

六妙門調心

我們現在只講到呼吸與念佛兩種基礎方法，至於《小止觀》與《六妙法門》裡所教導的「隨便宜用」的方法，就不只有兩種，還包括「數、隨、止、觀、還、淨」六妙門，當我們知道這些方法如何運作，就能順著當下身心的狀態做練習，這就是「隨便宜用」。但在這個過程中，還是要有一個主要的方法，隨便宜用不是讓人混著用，而是當主要方法用得有點緊了，即可提起副修方法來輔助它，所以副修方法是為了輔助我們把主修方法用得更好，而不是把好幾種方法混在一起，一下用這個，一下用那個，如果把方法混著用，到頭來恐怕連一個方法也用不上。

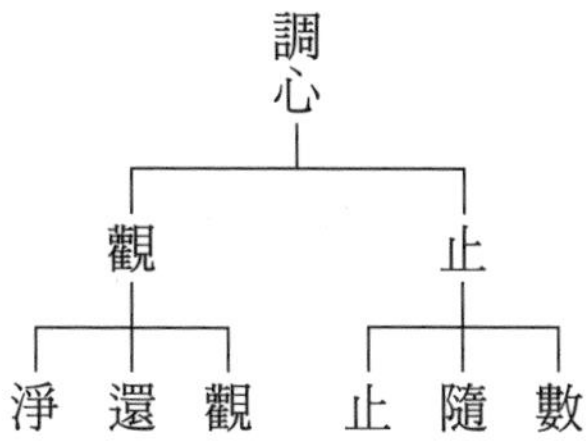

方法運作的善巧，即「數、隨、止」，這是一個從修到證的過程，修到一個程度，就能夠證。此處的「證」，並非證悟的意思，而是指方法把握得很好，這時就不會停留在所用的方法上。比如說數呼吸，從一數到十，當證到數的技巧，方法把握得很好了，就不會停留在這個地方，而會轉入隨，這時就要把數放下。

我們都是在身體完全安定時，才來練習這些方法。方法能否用得好，隨每個人的狀態與進度而異，不過有一點大家都相同，那就是方法的運作，一定都是在身體安定時進行。在此會面對一個很現實的問題，即止靜下來的時間能夠維持多久？也就是說，我們的身心是否足夠放鬆，讓自己處在一段較長時間的靜態。

「數、隨、止」的方法運作，有幾個步驟。首先，把方法提起來，用到能把握得很好了，就把方法捨掉。例如數數字數得很清楚，也跟呼吸配合得很好時，會發現方法所緣的數字粗了些，就要把它放下、捨掉，進入隨呼吸。

剛開始進入隨呼吸，妄念可能很快就來了，或是感到要持續保持「隨」不太容易，甚至不清楚自己到底有沒有保持在隨的狀態，如果有這些情形，要先回到「數」。如果「隨」保持得很好，心與呼吸能夠一致地運作，這時會發現呼吸雖然在動，但此時心已整個凝聚不想動，想安靜下來，也就是進入「止」。

當心處於此種狀態，就要把呼吸時的觸覺與動態都放下，這時不會感覺心被放在什麼位置，因為它本身已是凝聚、安定的，而在安定的同時又能保持清明。換言之，專注與覺照的作用，已逐漸凝聚、顯發，並持續保持。這時的心，不須再靠外在或身根的觸覺，即可以達到凝聚，所以不需要刻意找一個點，我們就會感到心安定下來了；但若此時，你覺得心少了著力點，而想著要找個地方讓它安定下來，那就表示「止」的工夫尚不穩定，那麼可以先找回呼吸。假如找回呼吸後，還是覺得心有點散，可以再把數字提起來。

用功不是達到一個狀態後，就停留在那裡，可能會繼續向前進，這時就要把前面的工夫先捨掉，方能往更深一層的方法運作；若是在向前進的過程，發現往前的力度不夠，那就先回到前面的步驟，把工夫用得更好些。可能要經歷好幾遍來來回回的過程，工夫方能慢慢地穩定下來，達到「安止」。

安止後有兩個方向可運作，一個是繼續保持「止」，也就是〈禪觀修學次第簡表〉所列的「四禪八定」入定工夫；另一個是捨掉「止」，進入「觀」。這是很重要的關鍵轉折點，當「數、隨、止」的次第工夫用到了一心不亂，之後的修行有很多方向可以走，主要分為兩大項，一是繼續深入禪定的工夫，再者是轉入修觀。

轉入「觀」後，我在簡表裡將「觀、還、淨」三者化為平行，而不同於《六妙法門》將「觀、還、淨」視為層層深入的次第工夫，這是為了表達，只要工夫用到了止境，制心一處後，就能無事不辦，但為了成辦其他的事，必須把「止」捨掉，因為止在此階段還不是很深的定，以程度論，它相當於人在欲界所能達到最深的安定狀態，爾後必須在「止」上持續用功，才能進入更深的禪定。但我們在此不做討論，因為入深定是傳統以及早期禪法比較偏重的部分，佛法傳入中國後，特別是大乘禪法興盛時，禪宗法門已不強調禪定，甚至還把深定放下，轉往修觀的方向，也因此，禪宗的一些頓悟方法，其實可歸納在「觀」的法門。

不論《六妙法門》或中國禪法的運作，都特別強調定慧一體。當修行者處在制心一處、統一心的定境，心保持安定的同時，清明的功能也能持續顯發，這個清明的功能，就是由止入觀的關鍵作用，也是心本然性的功能。當止的工夫用到相當程度，心比較做得了主時，就順其發揮轉入「觀」，繼續前進用功。

由於同學們的工夫，實際上還未轉入「觀」，也沒有深入到禪定，所以我們先回到前面實修的功課，談談這個階段該留意之處。

三時調三事

用功的過程，我們是在止靜中用方法，也就是先把自己的身心靜下來，再來練習方法。練習時，可能出現各種狀況，方法的運作也會上上下下，不過整個過程都是在止靜中進行。像諸位來參加密集禪修，透過時間和空間上的安排，讓自己有比較長的時間，處在安定的狀態裡用功，這就是在止靜中用功。

諸位在禪期中打坐，我們會分出一段段時間供大家練習。在中國的禪堂裡，打坐的時間單位稱為「香」，一個分段的打坐時間，稱為「一支香」，一支香可能是一到兩小時不等，在禪堂中職司計時者，稱為「監香」，監香的工作就是看著香，一支香點完了就敲引磬，讓大家從靜態出來，回到動態。這整個過程是順著大家的身心狀態做安排，因為大部分的人靜下來的時間有限度，諸位這幾天打坐下來，就能很實際地感受到，只要打坐的時間稍長一些，身體各種不舒服的覺受就跑出來了，尤其一些身心狀態比較粗的同學，這種情形就會特別明顯，假如這時心也很粗，就會出現很煩躁的現象，各種負面的妄念與情緒都會突然湧現。

面對動態中累積的粗、散、亂，我們要用止靜的方法來對治，也因此，練習方法必須在止靜中進行。然而，我們無法保持長時間的止靜，因此止靜一段時間後，就必須再回到動態，經過一段動態的時間後，然後再入靜。

禪修用方法的整個過程，可分為三個階段，稱為「三時」：入靜、止靜、出靜。在用方法前，要先入靜；用方法時，是止靜；止靜一段時間，感覺無法繼續維持了，就必須出靜。把握好這三個階段的循環很重要，假如沒有把握好，工夫就無法保持在一個穩定的狀態裡。

設想如果你在止靜時感覺很難過，一直想著要出靜，一旦出靜了，你的心就會很快地散掉，因為你在止靜時並沒有好好地用功，當你的心一散，加上動態時有諸多外緣的干擾，等到下一支香又要回到止靜的狀態，你會發現很不容易進入，也不知道該如何調整，如果你在止靜中的身心很散亂，這樣的用功就會形成一個不好的循環，甚至會讓你用功不下去了。

在座同學敢來參加這麼長期的課程，想必都有些基礎，如果真有完全沒有用功底子就來的同學，恐怕來了一天就想翻牆走人了。因為入靜、止靜、出靜的循環沒有調好，會讓人度日如年，坐不下去！但是無論有沒有禪修底子，只要能堅持到底，直到禪期圓滿，你會慶幸自己還好沒有翻牆，因為慢慢地學會如何入靜、止靜、出靜，也把調身、調息、調心的三事調好了，除此之外，還學會了不只在靜態用功，慢慢地也懂得如何在動態用功。

由此可知，把握「三時」的循環很重要。如何入靜、如何止靜、如何出靜，《小止觀》對這部分特別強調，二十五方便也把「三時調三事」視為一個非常重要的教學，所以我特別將其提出。諸位除了要知道如何在止靜中用功，也要清楚止靜外的狀態如何連貫回止靜來，把握好「三時」，才能調好「三事」。

依序調和身、息、心

在入、止、出的「三時」裡，都要觀察身、息、心「三事」。之所以在身心之間加上息，是因為即使各位修行用的方法並非數息法，但凡身心的調和，一定都與呼吸相關。禪修時，能讓我們很明顯感覺到的就是身體，所以身體是最粗的，至於心則是最細的，而在身心之間，還有呼吸的作用，它是生理本能的功能，可隨時反映我們生理的狀態。換言之，人當下的生理狀態，可透過呼吸呈現，而呼吸狀態的呈現，也可反映心理的狀態。假如心理不安定，例如情緒波動之時，身體就會緊繃。因為心不調，身體就會不調，一旦身體不調，這個問題就會顯現在呼吸上，即使生理上未發現，但呼吸一定會告訴我們，發生問題了。

呼吸有「息、氣、喘、風」四種相，情緒波動時會發現呼吸變喘了，感到有明顯的氣息進出，這就是不調和的現象。這個現象緣於生理與心理的問題，而透過呼吸顯現，所以調和身心，中間一定要加上處於兩者間的呼吸，也就是調息。假如身體比較粗，呼吸就要從粗重慢慢調細。

三事的調和，大抵是依「身、息、心」的順序處理。入靜階段，因為身體最粗，所以要先把身體靜下來。調身的方法之前都談過了，會先做說明，是為了方便大家可以直接用功，現在再做複習，則是讓各位清楚「三事」調和的順序，是配合著身、息、心三者由粗到細的次第。此外，各位還要清楚三者間的關係，讓它們彼此間能夠貫通，這些都把握好了，方法才能用得好。

入靜先調身

處理調身、調息、調心這三事，要先知道當下是處於入靜、止靜、出靜這三時的哪個時段。入靜是一開始要用功了，這時一定要先把身體調正，讓身體安定下來，用「七支坐法」一個部位、一個部位地放鬆、內攝，最後再放鬆臉部。這就是調身。

調身後，身體靜下來了，這時會發現呼吸也跟著靜下來了；但如果你的呼吸還是喘的，或是氣息的進出會發出聲音，那就表示呼吸尚未調和好，也就無法再進一步調心。呼吸之所以沒有調和，有可能是因為身體有些毛病，可能你本來就有氣喘的問題，或是身體剛好不太舒服，也可能是你的心受情緒影響在波動，這都可能導致呼吸出現不調的相，一旦呼吸不調，你就知道沒辦法再用方法了，這時就要回頭讓身體靜下來，也要讓心情放鬆，因為身心可相互調和，所以只要身體調好了，呼吸也會處於調和的狀態。

要提醒各位，調呼吸並非是刻意地調。有的人一聽到調呼吸，就開始生妄想，想到自己好像聽說過，呼吸調得好的人，他們的呼吸都很輕、很細，我現在的呼吸那麼粗，那我就讓它細一點，憋住它試試看，這就變成控制呼吸了，結果沒消幾分鐘，呼吸非但沒調細，還開始氣喘，因為當身體尚粗，吸入的氧氣又不足，身體一定受不了，反映出來的就是喘。所以不能控制呼吸，只要讓身體放鬆，心情也放鬆，慢慢地呼吸就會自然調和。

由於呼吸是身體持續不輟的本能性作用，所以呼吸調和後，就能透過呼吸幫助我們調心。但因為呼吸比較細，不像身體那麼粗，假如心還不夠細、妄念還很多的話，就不一定能察覺到呼吸，所以要放鬆這些妄念，讓身體安定下來，等到心能覺察到身體，呼吸也很自然地調和，這時你也能覺察到呼吸了，就把心放在呼吸的部位上。此時的呼吸，變得均勻、細微，而在調和的過程，你會發現呼吸是放鬆的，把心放在這樣的呼吸，才能夠藉由呼吸來調心。假如身體很粗、呼吸也很粗，把心放在這樣的呼吸，可能只會一直喘，而無法用功；至於方才提到的控制呼吸，也會讓呼吸變得粗喘，這樣心也無法安定下來用功；另外，如果妄念很多的話，心會覺察不到呼吸，如此也無法用功。

由此可以看出身、息、心三者間的連貫性，了解這點很重要。因此，在用功之初的首要任務，就是先讓身體安定下來，放鬆呼吸，在整個放鬆的過程漸漸覺察到呼吸，將心放在呼吸上用功。這就是調身、調息、調心的次第，從粗調到細，也是我們每天在此打坐，從入靜開始的一連串靜心的過程。把握好這個過程，清楚它的運作程序，這就是用好方法的基礎。

止靜中用功，重點在於調心工夫，即是把所有專注、覺照的作用集中在一個點，或是一個所緣境上，其作用是為了幫助我們將心收攝、凝聚，讓心能夠安定下來，同時在安定的狀態裡，繼續保持心的清明，這就是調心工夫。

止靜中重新調身

調心的過程，大部分的人都會經歷各種生理的狀況反應，初學者以痠、痛、麻痺的觸覺為主，包括腿痛、腰痠、背痛等，皆屬於比較外在、表層的觸覺，也比較明顯，以至於當這些觸覺出現時，心很容易受干擾，乃至情緒會變得比較躁動，無法安定下來。有的人疼痛或不舒服的觸覺很強烈，例如初學的同學由於平時的身體太緊繃，當打坐感受到腿痛時，漸漸地包括膝蓋、胯部、腳板、腳踝等各個關節部位也會很不舒服，如果不舒服的觸覺強烈到受不了，就會想動動身體調整。不過，我們還是鼓勵大家繼續保持姿勢，因為調身是最基本的工夫，如果坐不好，接下來的調息、調心工夫，就不容易進入。

當產生不舒服的觸覺，就必須暫時放下專注念佛或呼吸的方法，回來調身，把注意力放在身體不舒服的部位。常見的需要調身有三種狀況，第一種狀況是，腿痛不舒服，比如說想放腿的同學，就把注意力放在腿上，慢慢地把腳放下來，整個過程盡量保持心不躁、不散，讓它保持在比較柔和、比較細的狀態，這是在靜坐中不得已要調身時的處理方法。

第二種狀況是，有的人一挺腰含胸，就會感覺腰部在用力，這是因為他不懂得這樣的姿勢才是真正地放鬆。很多人以為腰彎下來會比較放鬆、舒服，其實腰彎下來時，整個背都是緊的，之所以覺得彎腰才舒服，是因為我們平時都習慣彎腰坐著，以至於挺腰一段時間後，就會覺得腰部滿用力的，而開始漸漸地把腰給彎了下來，以為這樣比較舒服些，事實上，彎腰是我們的慣性使然，它不是真正地放鬆、舒服。覺察到這點後，我們一定要把身體不調和的狀態調正，先把調息或念佛的方法放下，把注意力放在身體的部位，挺起腰坐著。

第三種狀況是，有的人坐了一段時間後，會感到自己的身體向左或向右傾，一旦有這種感覺，就要先把方法放下，先回來調正身體。因為身體如果傾向一側，坐久了身體就會繃緊，這時先把眼睛微微張開，看看自己的身體是否有傾向一側的狀況，如果有，就把身體調正回來；如果張開眼睛後發現，自己其實坐得很正，但還是有一種傾斜的感覺，這時就不用調正身體。不過這說明你平時的坐姿，會慣性地向一側傾斜，例如習慣向左傾的人，就會覺得左傾的姿勢是正的，以至於打坐時把身體調正，反倒會覺得這時的身體是向右傾斜。有這種現象的人，請繼續維持當下的坐姿，將身體調正回來，日後回到生活中，也請多留意自己的姿勢，是否習慣往左邊靠，靠久了變成一種慣性，讓你感覺向左傾時身體才是正的，而端正時則感覺身體向右傾。靜中知道自己有這樣的問題，就繼續保持端坐，不需調正身體，而是回到日常生活後，要多留意自己身體的姿勢，把傾斜的慣性導正回來。

這些都是些比較外在的、身體上的狀況，一旦起現行，就要先把調心的工夫放下，將注意力放在身體，把身體調正回來。腿痛到要放腿的同學，請練習在放腿的時候，心不急不躁，清清楚楚整個放腿的過程，放下來休息一會後，再將腿盤回來，繼續保持端坐的姿勢練習方法。這就是止靜中需要調身時的處理程序。以上舉例止靜時身體可能出現的一些狀況，事實上依每個人的條件與程度，還有很多不同的狀況，凡有狀況出現，都要順著個別狀況做調整。

止靜中的調息問題

此外，打坐過程還會出現呼吸不調和的幾種情形，其中一種情況可從呼吸狀態直接覺察。有些人用呼吸法時，為了注意呼吸，而有意無意地控制呼吸，這是因為當把心的注意力放在呼吸，此時若心的專注力不夠，就會用到身體的力量，幫助留意呼吸，如此過了一段時間後，就會出現一些生理的問題，像是呼吸變緊、胸口發悶等情形。之所以會胸悶，是因為控制呼吸時，胸部起伏受到影響使然。

另一種情況是在數息的時候，忽然間需要比較大口的呼吸。有的人以為調呼吸，就是要把呼吸調細，但因為當下的身體是粗的，把呼吸調細會導致吸入氧氣不足，於是就出現突然大口呼吸的情形；還有人因為用腦在想像，所謂的專注呼吸應該是什麼情形，結果導致頭部發脹；另外，有的人可能眉間會發緊，因為他將這個部位的注意力放在鼻端。

調息時可能遭遇的狀況，會反應在外顯的身體，會發生上述情形，皆緣於呼吸沒有調和，一經覺察，就要注意自己的呼吸是否放鬆。假如發現有控制呼吸的情形，先把方法放下，包括把呼吸的注意力放下，接著把注意力放在身體的各個部位，先放鬆自己，把身體的各個部位省察、放鬆、調和之後，再回到呼吸。

有的人則是覺得自己方法已經用得不錯，可以專注地數息，可是數了一段時間後發現，還是沒有辦法把數目字放下，這往往是因為太用力在呼吸。你確實是在用方法沒錯，但其實更像是抓住方法。所謂抓住，表示你已經用力在呼吸，這時的呼吸就會是緊的。所以先把方法放下，讓自己先放鬆下來，不要再用力地呼吸，直到感覺整個人比較放鬆了，再把方法放回到呼吸。

處理氣動的方法

接著再來談比較內在的「氣」。諸位現在可能還不容易覺察氣和呼吸的關係，但呼吸的方法一定和氣有關。就物理而言，人體是一個能量運行的空間，在中國，則把這個觀念稱之為「氣」。事實上，氣確實和呼吸直接相關，例如中國武術與印度瑜珈，兩者的運作皆與氣有密切關聯。具體來說，武術和瑜珈都很重視調呼吸，也有其調呼吸的方法，調的過程中，身體內部的能量便會與呼吸產生聯繫，因為身體原本就是一個氣場，也可稱為能量場或磁場，能量在體內不斷地運行，運行的過程如果處在放鬆的狀態，同時又注意到呼吸的調和，氣場的運行會更加順暢且凝聚。但由於我們體內的氣場，在每日的動作中，往往是粗散的，不太能夠凝聚，也無法以走遍全身的方式運作，所以藉由調和呼吸，把身體安定下來，就能將氣場的能量凝聚。例如我們現在是以注意呼吸為方法，至於練氣功以及瑜珈的人，則是非常注意呼吸的運轉過程，甚至可以意念引導氣的循環，若是能讓氣的循環通暢，全身的能量就能夠集中。

這就是為什麼有的人練了氣功或瑜珈後，氣場會變得很強大，甚至身體能發出遠超過他自身本有的力量，因為他透過方法和技巧，引動體內的氣，能使其運行得更有力量、更凝聚。總地來說，氣功和瑜珈的工夫，主要著眼於調身與調氣，故而能把氣轉成一個力量很強大的作用，甚至產生特異功能的現象。

不過，佛教的禪修並不注重這一點，而是以調心為主。雖然佛法後期的教派，也有談到氣輪一類的修法，但主要的正統修法，包括禪宗法門在內，都不強調氣的修練；然而，即使我們不在氣上修練，但當我們把身心放鬆、呼吸調和，很自然地氣場就會更凝聚、更有力量地循環。這部分是比較內在的覺受，打坐一段時間後，外在身體的各種感覺，漸漸不再干擾我們，比較粗的觸覺也調得更細了，同時呼吸也變得更均勻，甚至有些人的呼吸，已進入到非常細微、不太感覺得到的狀態，這表示工夫已逐漸往內攝，此時內在的氣場運行也會更加凝聚、有力量。

但上述是一個理想狀態，現實上，大多數人面對的是一個不完美的身體。氣的循環需要管道供其運行，中國人把這樣的管道稱為「氣脈」，人體內有很多部位，就是做為氣循環時的管道，如果這些部位曾經受傷、不舒服，或是有一些潛伏性的毛病，即使外在的治療讓問題看似消除，但病根仍在，這時當氣的循環通過這個部位，原先的毛病就會變成通道上的一個阻塞點，導致氣不通。

由於氣不通是比較內在的問題，顯現出來的就不會是外在的瘦、痛、麻痺，而是透過身體的氣動來呈現。氣如果無法通過身體某個部位，它會設法衝過去，這時就會感到這個部位有股力量，導致身體開始擺動起來。所以有些人打坐一段時間後，就會出現氣動的現象，既然能從外相上觀察到，表示它還是比較粗的，所以一經覺察，同樣地先把方法放下，先讓身體靜下來。

如何讓身體靜下來呢？首先，氣動有其一定的程序，要先把握這個程序，知道身體是怎麼動的，當氣回到身體的正中部位時，可以吸一口氣，讓它安定下來，讓身體放鬆，待身體靜下來後，再回到方法上。可能不久後氣動的現象再度出現，出現時，或許是和先前一樣的情形，也或許會以不同的狀態呈現，這是因為身體內的阻塞仍未完全打通。其實氣的循環並非一定要完全打通，各位試想一道水渠，流經一處淤積了許多樹葉和石頭的地方，渠道內的水會愈積愈多，不斷地沖擊此處，而且沖擊力會愈來愈強，直到沖掉了一些障礙物，水流得以繼續向前為止。不過，正如同渠道內被沖掉的淤積物，可能在別處再度淤積，打坐一段時間後，可能會在原先氣動的部位或是別處產生阻塞，這種現象在打坐時其實滿常見的，所以各位在心理上就要接受它，如果身體有些不暢通的地方，就設法調好，然後再繼續止靜打坐，過程若是再產生氣動，就再重複同樣的程序處理。

處理氣動的基本重點，凡是外顯的氣動，需要先放下方法調整它。因為氣動現象的產生，與呼吸有直接關聯，所以調整時，除了調身體，有時也要調呼吸，請記得一個原則是，只要有狀況出現，就要在止靜中處理好問題，不一定非把問題全部處理掉，如果處理了一部分後，它不再干擾了，那就可以把問題放下，回到方法來。要知道我們用方法的重心，還是在調心工夫。

基本的健康對禪修很有幫助。不過上述的調身工夫需時頗長，因為調和的過程裡，遭遇到的都是身體長期累積的問題，當這些問題顯現，我們就是繼續地調身、調息，調和了之後，身體回到正常、健康、安定的狀態，這時就把身體和呼吸放下，更深入地去調心。

有些同學在調和的過程，覺察身體從阻塞、滯重狀態，變得愈來愈輕鬆，彷彿全身都打通了，甚至感覺身體不存在了，這就是身體的阻塞都清除了，不再構成用功的干擾。一旦有這種感覺，知道就好，回到方法，讓身體持續保持這種安定狀態繼續用功。在止靜中調心，才是我們現階段修行的重點。要調心，就需要先調身與調息，而身、息、心的調和，都是在止靜中進行。

止靜時，雖然調和的重點在於心，身體卻常有各種不同的問題於此時顯現，必須先處理這些問題。其次，呼吸以氣的形式在身體內部能量運行，一旦在某些部位不通暢，造成阻塞，這個問題也必須適當處理。當這些問題都處理好了，就可以回到調心工夫。整個止靜的過程，以調心為重點，同時須適當地調和身體與呼吸，讓身心與呼吸皆放鬆、調和，如此方能進入更深細的調心工夫。

止靜中的調和，重點在於止的工夫。能達到一心不亂、制心一處的狀態，之後就能進入不同的轉化階段，可繼續深入禪定，也可轉成修慧的觀想法門，視各人所學的法門而定。

修定能讓我們有了智慧後，保持安定的狀態，並消除煩惱習氣，但修行的重點還是在於智慧。唯有開發並證得本然性的智慧，才能解決生命最大的問題，也就是生死的問題。了生脫死後，各種煩惱也隨之解脫，這才是學佛習禪的終極目的。

避免突然出靜

止靜用功雖然各階段程度皆有別，但不論處在哪個階段，可能多少都會遇到身體與呼吸方面的問題。如果身、息不調的狀況出現了，這時心也不容易調和，那就要用分段的方式用功。所謂的分段，是以固定時間安住在止靜的狀態。身心調好了，就能安住得比較久，也比較耐坐，在調和工夫繼續深入；但如果身體不耐久坐，還是必須從止靜回到平常的動態，這個過程稱為「出靜」。

很多人學會了止靜用功的方法，但實際用功時，可能只坐了一段時間，就發現坐不下去，必須出靜。這種狀況在家自修時更明顯，常常只坐很短的時間，就因不耐坐而出靜；不過諸位在此參加密集課程，可就不能隨意出靜，因為有時間規定，時間到了，才能出靜，有時甚至是不出靜都不行，比如說用餐或睡眠的時間到了，這時就算你想多坐一陣子，還是必須遵守時間的規定出靜。

有同學出靜後心就變散了，其實出靜後的整個過程還是要留意，尤其初學的同學因為身心的狀態還很粗，當他們在止靜中，往往巴不得趕快出靜，以至於一有機會出靜，引磬響了，尾音都還沒結束，就已經跑出來了，各位可以省察自己有沒有這樣的慣性。

並非所有禪修法門，都會在出靜的程式上有所著墨，有的甚至沒有教導這部分，不過，在中國禪法裡，尤其是智者大師的天台止觀法門，便將這部分做了非常詳細的說明，大師還非常慎重地告訴學人這個過程很重要。雖然在初學階段，因為整個人的身心俱粗，即使在打坐中，也是妄念紛飛，以致感覺止靜和出靜時的狀態差別不大，所以出靜的過程草草了事，這時還不會覺得有太大問題，但對於想深入用功的同學而言，若是養成了草草出靜的慣性，工夫就不容易繼續深入。

同學們如果有過打坐得很好的體驗，就會知道此時身體會非常放鬆，呼吸也很調和，甚至心會進到非常細乃至一心專注的狀態。當身心處在這樣一種靜態，它和我們日常生活的動態，可說是截然不同的兩個層次。用功用到一定程度，要從很靜定的狀態出來，必須通過一定的程式，方能回到平日生活的狀態。

在這回的禪期，我們特別重視這部分，因為希望每一位來此學習的同學，日後都能夠進入很好的狀態。當你們要從很靜定的狀態回到日常，必須懂得怎麼出來。假如能把這部分的工夫學好，未來因緣具足便得以把身心調得非常細，甚至能進入到禪定的狀態。我們必須懂得如何從禪定中很順暢地出靜，否則的話，這兩個截然不同的狀態，就會產生相牴觸的現象。

其實經典中也記載著，佛陀打坐時，一樣要通過入靜與出靜的程式。入定之前，佛陀也是要把雙腿盤好，一樣要調身心、調呼吸。包括祖師們和阿羅漢等解脫的聖者，即使他們對禪定工夫已非常熟悉，但依然會順著程式進行，一定是先進入未到地定，接著初禪、二禪、三禪、四禪次第深入；出靜亦然，也是從三禪、二禪、初禪，然後到未到地定後再出靜。

雖然經典中記載，佛陀因為對禪定太熟悉，所以他可以跳躍式進入禪定境界，這滿有趣的，《釋禪波羅蜜次第法門》中約略提及此。對禪定工夫很深的人來說，他們或可跳躍式進入更深的層次，但大體說來，即使是他們，大多還是以順序進入為主，出靜也是如此，絕不會草草了事。

上述的程式，就人的身心狀態結構而言很重要。因為身心通過不同階段的調和方法，其所呈現的狀態，便會隨深入的程度而有所不同。入深定的人，他們的生理作用，包括色法的結構，皆有別於身心粗散時的狀態。諸位通過這段時間的學習，學會如何好好地坐，放鬆自己、調和呼吸，乃至用方法調心，即使現在還無法進入很好的狀態，但多少都會發現，現階段較諸平時，身心的狀態是比較細的。

止靜時的身心狀態，與平時的狀態有所不同，因此需要通過出靜的程式，讓差異得以連貫。止靜用功的中心點在於調心，止靜時，心是安住在比較細且集中的狀態，所以要從止靜中出靜，首先就要把心調好。

所謂把心調好，就是你知道你要出靜了，那就把正在用功的方法放下，不論當下是專注地數呼吸、隨呼吸，甚至是已凝聚到一心專注的狀態，都先放下。接著，慢慢把心的注意力移到身體。止靜時所用的方法，是將注意力集中在一個點上，出靜時，則是把心轉移到整個身體，覺察身體的存在，然後做深呼吸。假如方法用得很好，此時呼吸會變得比較細，所以需要透過深呼吸，將它調回到平常的狀態。要注意的是，此時的深呼吸，不是粗的，而是細的。把注意力放在呼吸，接著深深、細細地吸氣，再吐氣，可以重覆個兩、三次，當然要多幾次也可，這時會發現，呼吸已慢慢回復到平常的狀態，下一步，就要把心放在身體，開始調身體。

由於此時已止靜了一段時間，有些同學止靜的時間還滿長的，一下子要做很大的動作，其實不容易，可以先從比較小的動作開始。例如先做一些簡單的動作，像是合掌，或是直接坐在位置上，前後左右擺動身體，一開始的動作要小，再慢慢地加大，這個過程會讓人感到身體一些比較粗的觸覺漸漸回來了，接著就可以轉動頸部，鬆一鬆肩膀和手，然後開始摩擦雙手，做按摩運動。

按摩運動很重要，所以每一次出靜，都要做按摩運動。止靜時，氣會在體內運作，如果運作到某些部位阻塞不暢通，就會產生氣結，導致痠痛、麻痺現象的出現，有這種情形的部位，按摩運動就要做得更透徹。打坐時會氣動的同學要更注重按摩，因為氣動的原因就是氣在體內阻塞，按摩則能讓卡在體內的氣散掉，不讓它停滯在某一些部位，否則下一支香，這些滯塞未散的氣就可能會構成干擾。

若是時間比較充裕，例如晚上最後一支香之後的按摩運動，我們可以做得稍微久一點，也做得深一些。因為一整天止靜下來，可能有幾支香的狀況不是很理想，造成某些部位的痠痛、麻痺，可以透過按摩把身體舒活，尤其不適的部位可以多下點工夫按摩，整個按摩運動做確實後，再起身回房休息。

有些同學因為按摩沒做好，導致晚上睡不好，因為整天打坐下來，卡在體內的氣沒有散掉，成了睡眠的障礙，總覺得身體哪裡不對勁，整晚翻來覆去睡不著，第二天不但精神不好，前一天未通的氣也還塞住而影響用功。所以諸位按摩一定要做確實，才能讓身體完全疏通，身體疏通了，整個人就放鬆舒服。

依順序出靜的方法，首先是調心，接著調呼吸，然後調身體；這個程式正好和入靜相反，入靜首先是將身體安定下來，然後調呼吸，接著調心。出靜至完成調身的程式後，請記得一定要按摩，將身體一些緊繃、氣阻塞滯留的部位，令其舒活，如此一來，我們會更放鬆，每一支香的運作會更順暢，晚上也睡得更好。

出靜後的動態用功

出靜後的狀況，要多加留心。相較於止靜，我們會知道自己正在用功，出靜之後，則會處在比較粗散的狀態。例如我們在此練習經行，雖然動作上會比日常生活的動作要收攝些，但較之止靜時的狀態仍是比較粗的。出靜過後，其實是最難調的。如果出靜後調得不是很好，那麼下一支香入靜時，你會發現需要用更多的時間、更多的調和工夫來調身體；反之，如果出靜後身心仍保持在調和的狀態，下一支香入靜時，就能較快收攝回來，也比較能夠安住。

出靜後的調和，還是要用方法，這些方法是在動態中調。每天出靜後，法師會帶領大家做運動，包括站式與坐式的運動，還有經行、拜佛。透過這些方法讓大家練習出靜後持續保持身心調和，運作時一樣回到方法的技巧與原則的把握。

止靜用功時，收攝心的方法是將其集中在一個所緣境上，以觀呼吸為例，是將注意力集中於呼吸。但是出靜後，所設定的所緣境就無法繼續保持。很多同學出靜後便無法注意呼吸和念佛，這是很正常的。日常生活中，當然可以專注呼吸或提起佛號，但前提是沒有很多的外緣干擾，或是身體不需做大動作，然而實際上，出靜後的大部分活動，即使動作不大，還是會分散我們的心。

因此，動態中用功的方法，例如課程練習的運動都是比較簡單的動作。拜佛有一定的儀規，該怎麼拜都有固定的流程；經行也是如此，動作既不複雜，幅度也不大。做這些運動的過程，也是在幫助我們調和身心，舒活身體。因為這些動作都很簡單，心在覺照身體動作時，不需要過多注意動作，如果動作太複雜，心在留意動作時，會產生很多妄念，所以課程中的動作，一概將之簡化。

動態中仍要保持心的收攝，要將注意力放在身體的動作。由於身體在動態的過程，無法設定一個固定的所緣境，讓心專注在一個點上，這時要注意的是整個身體的動作。身體處於動態時，觸覺的作用也會比較明顯，我們就直接覺照整個動作的過程，清楚知道自己的每一個動作，而為了讓覺照的作用繼續保持，同時也要加強專注力。動態用功的方法，仍要保持專注與覺照作用的一體運作。

不論動態或靜態用功，用方法的原則基本上是一樣的，只是技巧的運作有所不同。靜態用功是把方法集中在一個點，加強專注力，接著再以覺照作用護持專注力，使之不散；至於動態用功，則是覺照作用很明顯，同時把心專注在動作上，讓心不會散掉，清楚知道自己在做什麼。例如有些人拜佛拜到感覺自己的心和動作成為一體，他們拜佛拜到哪裡，心就在那裡，這就是統一的狀態。用功到了這個程度，更要留意出靜後繼續保持動態用功，讓工夫持續連貫。

諸位現在都了解用方法的基本原則，也就是專注與覺照作用必須一體運作。而動中修的運作技巧，覺照作用要更敏銳，專注力要清楚放在所覺照的動作，如此就能幫助我們達到身心統一的工夫，這就是出靜後動態用功的程序與方法。

出靜後有幾個動態用功的運動，例如拜佛和經行，大部分是在禪堂進行，不過隨順此處的空間設計，有時也會帶領大家做戶外經行。中國佛教的禪堂，將經行稱為「跑香」，因為它是快步的，並且是在禪堂進行，用以配合將止靜累積的工夫，於出靜後持續保持，這些方法不論靜態或動態，都屬禪堂內的禪修方法。

然而，我們並非所有時間都在禪堂內，喝水、洗手或上廁所，還是得離開禪堂。有的同學很快就回到禪堂用功，但也有的同學會拖到最後才姍姍遲回。如果工夫用得好，你的心會一直想要回到禪堂裡用功；如果方法用不上，你的心就會一直在外頭亂晃，希望藉著休息時間在外頭多逗留。即使是短暫離開禪堂處理生理需求，在這樣簡單的過程，我們的工夫有沒有繼續保持，也能略知一二。

離開禪堂後，還有些比較大的動作，例如吃飯、睡覺或勞動。吃飯是集體行動，過程也有些比較大的動作，包括吃飯時的一些慣性，例如搬動椅子、使用餐具等，我們對整個用餐過程的動作，是否有所警覺？是否保持專注、覺照？是否清楚自己的動作、知道自己正在吃飯？從吃飯的動作，就能反映出我們的狀態。

動態用功即是保持對身體動作的覺照，覺照的同時，也要留心我們是否專注在動作上，清楚知道自己在做什麼。如果這些工夫用得好，漸漸地會發現吃飯時的一些慣性行為減少了，不論是拉椅子或使用餐具都會比較專心，同時在吃飯的過程，也能逐漸體會到所謂的禪味。

動中修可從最簡單的、禪堂內的動態用功開始練習，接著是出禪堂，簡單處理生理需求，然後是吃飯、休息勞作，這些動作比較大，時間也較長，而且是自己安排，從事禪修生活中的動態活動時，更要留心省察自己的調和工夫還在不在。

調和飲食與睡眠

再回來談飲食和睡眠。《小止觀》把調和飲食和睡眠，放在二十五方便裡，做為禪修前必須處理好的前方便，我則是把這部分放在「正修」階段來處理。

飲食和睡眠的調和很重要。各位在禪修期間，睡眠和飲食呈現的是什麼樣的狀態？吃得下嗎？睡得著嗎？如果吃得下也睡得著，表示基本上調和得不錯。調和的狀況也反映出各位的身心，是否跟整個課程相應。有些同學可能吃不太下；至於睡不好、甚至失眠的同學，我想應該更多。這些都反映出禪修時的調和狀態，還不是很好，其影響就會擴及至日常生活層面。

禪修期間的飲食與睡眠狀態，會讓我們知道自己和課程是否相應。如果你發現自己因身心的準備尚不足夠，以至於坐得不是很好，有很多不舒服的觸覺，但同時你也知道自己就是要來好好用功修行，如果心態是正確的，就比較能夠把遇到的問題放下，不會有不必要的情緒波動，而沒有情緒波動，就可以正常處理飲食和睡眠，該吃的時候吃，該睡的時候睡，就能把飲食和睡眠調和得很好。

飲食與睡眠調和與否，可做為禪修工夫是否順暢運作的徵兆，換個角度看，先把飲食和睡眠調和好，也有助於調身、調息與調心。有些人聽別人說禪修工夫用得好，就會愈吃愈少，而且晚上可以不用睡覺，所以就刻意吃少一點、睡少一點，表示自己的工夫用得好，真實情況卻是勉強餓肚子和不斷瞌睡。像這樣的心態是有問題的，我不希望有人在禪堂裡餓到昏倒了，請大家千萬不要勉強自己。

來禪修不是來減肥。禪修的過程，不應該故意減少食量，而是用功後發現自己不需要吃太多東西，順著身體的需要而自動減少食量。還有一種狀況是，有人禪修時反而吃得比平常多，因為用功時會消耗能量，尤其初學者消耗特別多，所以胃口變好，吃得比平常還多。其實只要順著你的身體需要吃，吃多、吃少都不是問題，所以重點在於你的身體需要的是多、是少，這就需要諸位自我審察了。

如果你雖然吃得少，卻不會肚子餓，身體甚至有感到飽和感，那你的飲食就沒有問題了。睡眠也是如此。禪修的過程，若是發現睡眠可以減輕些，那就順其自然減輕它，但不要故意減輕。不要故意晚上遲遲去睡，清晨早早就起，然後自以為睡眠變少了，表示自己修行得很好，沒有這回事。有時候睡得少，那是因為你修得不好，導致失眠睡不著，而非睡夠了自然醒來。如果誤把失眠睡得少，當作是自己修得很好的徵兆，那就麻煩了。

有人聽說禪修可以晚上不睡覺，坐著就能休息，於是就想效仿，這就不正常了。假如你在禪修的初階段感到非常疲累，一進到禪堂就特別想睡覺，那是因為你在禪堂裡練習放鬆，所以釋放出長期累積的疲累。也有的人禪堂裡睡得好，白天睡夠了，晚上反而睡不好，這表示睡眠還需要做調和。

因此，睡眠一定要調和。調和的第一個條件，就是睡眠要充足。所謂的充足，一是時間的充足；二是質量的充足，由於睡眠品質很好，每次睡眠都能進入很深的狀態，即使時間不長，依然能消除疲累，補充能量。請各位不要故意晚上不睡覺，直直坐著休息，坐到後來其實根本就已經睡著了。我們不要用一些不正常的方法想像自己的禪修工夫用得很好，即使是佛陀，晚上也是需要睡覺的。

佛陀睡覺的時間，在古印度稱為中夜，以現在的時間來說，即是晚上十點到凌晨兩點之間的四個小時。佛陀的睡姿稱為吉祥臥。臥佛有兩種相，一個是涅槃相，一個是吉祥臥相，前者是將兩腳上下平行交疊，後者則是兩腳交疊後，左腳向前放一點，右腳往內收一些，兩腳不是平行的。所以各位日後看到臥佛，就要區別出是哪種相，並知道兩者各自的象徵意義。

即使是佛陀，在中夜的四個小時也是要睡覺的。我們學佛不要學一些奇奇怪怪的行為，晚上就該好好地睡，睡眠的調和很重要。調和的意思，即是不要不足也不要過量，因為不足和過量都容易陷入昏昧，造成修行的障礙。至於多少才叫充足的飲食和睡眠？這視乎每個人個別的情況而定。只有你自己才知道應該要吃多少和睡多少，順著自身的需要調和飲食和睡眠，這也是禪修很重要的一項功課。

出靜後保持用功

打坐時的身心調和，分為入靜、止靜、出靜三個階段，這是就一支香的用功時間而言。把時間放大來看，一個禪期中的課程運作，也可分為入靜、止靜、出靜三個階段，且有各階段轉換時的調和方法。再把時間放大，整個禪修期間，都可視為止靜階段，因為這是大家特別安排出來的修行時間。

例如今天有幾位同學加入了課程，他們就是從日常生活的動態進入禪修課程的止靜狀態；還有一些同學今天離開了，他們就是回到現實生活的出靜狀態。由此可知，三時的概念，有不同的分析方式，短則可從一支香的時間來分析，長則可把整個禪期都視為止靜，而在此的諸位都是處在止靜。不論各位參加課程的時間長短，都請記得要將三時的觀念貫穿於整體生活，即使回到日常生活，還是要把握出靜後的方法持續用功。

若將一支香的時間，視為止靜中用功，那麼從這支香出靜之後，到下一支香入靜之前，這段時間是比較不好調的。如果只是簡單的喝水洗手，要再回到止靜中用功，調和上相對容易；但若是出靜後，有一些處理的事務比較複雜，那麼下一支香要入靜時，就會發現心是散的，沒有那麼凝聚。

由此可發現，禪修期間每一支香的三個時段，最不好處理的就是出靜後入靜前的這個時段。常常在再次入靜的過程，必須重新調和。而我們課程的設計，就是要讓各位在出靜後，不論是做運動、吃飯、睡覺，或是從事其他活動，皆能持續保持用功的狀態，所以一直提醒各位在出靜後入靜前這一階段，仍要保持工夫。

工夫的中心點在於止靜，但用功本身則是一個整體。也就是說，出靜後到入靜前這一段時段，仍包含在整體用功裡，而其中是以止靜工夫為中心。止靜工夫用得好的同學，會發現出靜後，處理生活的各項事務時，身心仍是保持在調和的狀態，那麼下一支香在入靜時，會感到心很安定。這就表示你的止靜工夫用得不錯，以致出靜後用功的狀態還能繼續保持，也就形成了一個良性的循環，不管是在止靜、出靜，還是出靜後到入靜前，你都是在用功。

從一支香到下一支香，都會經歷入靜、止靜、出靜三個時段，它是一個循環，中心點雖是止靜工夫，但在出靜的過程，還是要繼續保持用功，如此就能形成良好的循環。諸位除了知道用功的中心點何在，更要清楚明白用功的整體為何，了解了這一點，每一支香在用功時，工夫就能用得比較好、比較安定，接下來出靜了，也會記得提醒自己要繼續保持工夫。

要讓每一天的工夫都能保持在用功的狀態，即使出靜了亦然，這一個觀念很重要。把時間放長來看，禪修期間是止靜，禪期結束即出靜，下一期的禪修諸位又來參加了，那就是入靜。請各位省察一下，自己的工夫是否總是在禪期結束後就停住了？原因很可能就出在從出靜後到下一次入靜前，中間的時間太長了。有的同學可能一年打好幾個七，甚至是每個月都來打七，即使如此，止靜的時間相較於出靜的時間，還是很短。即使我們這回禪四十九，一口氣就打了七個七，但回去後，來年再來，止靜用功的時間也是很短。

如果把一個禪期，當作止靜的工夫，它是整個禪修工夫的中心部分，但不是全部，因為更多的時間，是處在出靜後回到現實生活的各種日常中。在這段比止靜用功要長出許多的出靜時間裡，我們一方面要應對複雜生活，一方面還要繼續保持工夫安住，如何在出靜後繼續用功非常重要。假如沒有把握好，每一次來禪七都會像是丟了很多東西後，必須重新來過。要了解禪修是生活的整體，即使出靜了，還是要繼續保持用功狀態，這樣到了下一次禪期，就能像每一支香的三時各階段所形成的良好循環，很快地就能調和好身心，把工夫用得更好。

卷二

修行的條件

具足正見與調和生活

在〈禪觀修學次第簡表〉的動中修部分，我把這部分歸納在「正修——動中修——禪修時」。至於《小止觀》所講的動中修，是回到現實生活的修行，以原則性的提示與指導為主，指導禪眾調和身心的基本方法，也就是表中「正修——動中修——平常時」部分，分為「歷緣修」與「對境修」，即出靜後如何在各種經歷的因緣與對境修行，這部分同屬於原則性提示，暫且不談，我們先來談現實生活中，比較具體的處理方法，這部分請參考簡表的第一部分「方便——修前方便」。

日常生活的修前方便

「修前方便」第一個針對的是已學佛、尚未禪修，準備要來禪修的人而言，他們在日常生活中要注意哪些事；第二個是針對禪修過後的禪眾，回到平日生活後，具體上應該做哪些事，以及如何調和生活。

修前方便（日常生活）
- (1)具足正見——親近善士、多聞思惟
- (2)安住正念——念佛、念法、念僧／念戒、念施、念息
- (3)持戒清淨——不犯、懺悔
- (4)守護根門——訶欲、棄蓋
- (5)調和生活——飲食、睡眠

簡表共條列了五點事項，之所以特別強調這部分，是因為有些人來禪修，會抱持一種觀念，認為日常生活不算修行，甚至認為日常生活都是在造業。誠然，日常生活是在造業沒錯，但他們說造業時的態度是很消極的，彷彿造業造的都是惡業，而沒做過一樁好事似的。事實上，學佛人常說「諸惡莫做，眾善奉行」，諸位應該還是造善業比造惡業來得多。所以要常常提醒自己，禪修不是在禪堂用功而已，出靜以後，在日常的動態裡，還是要繼續保持用功，如此才是一個整體的禪修。

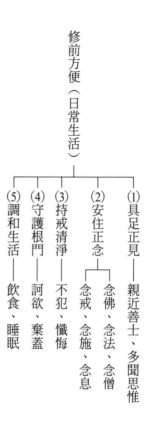

再者，我們是從佛法修行的角度，來看禪修前後的生活應該如何為之。因為禪修對我們最大的受用不是在禪堂，畢竟禪堂坐了幾天，很快就要離開，重點是回到日常生活後，先前在禪堂的工夫能否發揮作用。有的同學在禪堂打坐，幾支香坐下來，一副快開悟的樣子，可是一回到現實生活，各種生活應對問題的情緒波動樣樣都來，表示生活慣性既無調整也沒改進，可以說他的所有禪修工夫，在日常生活一點用處都沒有。

正見是最重要的禪修引導

佛教禪修本是整體生命的修行，也就是說，修行必須和整體生命產生關聯，而非只是一種生活的調劑，這個觀念很重要。坊間有些禪修課程，既沒有佛教的觀念，也沒有佛法的修行，而只是借用禪修之名，給一些有心理問題的人提供一個治療問題的管道，幫助他們在課程中安定身心。可是課程一結束，回到日常生活中，他們就恢復平時的慣性，因為他們認為只要在短時間裡治療一下心理問題即可，回到現實生活後，就可以照著平常的方式繼續生活。事實上，這樣的禪修對他們一點幫助都沒有，因為當中沒有佛法的觀念。

雖然我們不能要求對如法修行的禪眾，日常生活要做得多麼好，但這不表示就可以得過且過，以為當不當個好人，反正都是在過生活，所以偶爾挪出一點時間來打打坐就好了，甚至還覺得來打坐挺時尚，這也是錯誤的心態。

有些人希望禪修過程能獲得心理治療的功效，更有甚者則希望透過禪修得到諸如開悟、神通、特異功能等特殊體驗。他們是為了追求某些東西而來禪修，至於課程中有所得也好，無所得也罷，反正離開後，回到現實生活中，他們又會恢復往日的慣性。若是抱持這樣的心態，這當然是沒有佛法正見的禪修。

所以，「修前方便」第一項便提到「具足正見」，正見才是禪修最重要的引導。在簡表中，「具足正見」條列的內容看來簡單，但其實我還另外製作一張〈具足正見〉表專門介紹正見的內容。之所以用整張表來說明如何建立佛法的正見，是因為這對修行非常重要；然而很多名之為禪修的課程，對此都略而不談，反而常談一些追求的境界，這正是佛法禪修與之的最大不同處。不過關於正見這部分，我們現在暫且不談，之後再回頭來說明。

持續調和生活

先談簡表「修前方便」第五項的「調和生活」，內容主要是談飲食與睡眠。禪修時與日常生活中的飲食、睡眠調和，兩者既有相關聯，也有不同之處。最明顯的不同在於，禪修期間的飲食，由不得各位自行處理。基本上，在西方舉辦的禪修課程，飲食大多簡單，變化沒有東方的禪修課程多。東方禪修課程的飲食，食物通常都非常豐富，但不論食物豐富與否，飲食都需要調和，而不是打完一個七，大家都「增重再見」；當然，吃不飽也不行，主要工夫還是要調和。

至於睡眠，西方社會比較注重隱私，所以我們每個房間安排的人數不多，但是東方人對這部分就比較不講究了，有時掛單一睡就是二、三十個人一起睡一間房。根據條件與因緣的不同，在睡眠的調和上，就會有不同的方式，我們會盡量提供一些方便給禪眾，幫助大家能夠更好地調和。

假如諸位在日常生活中，已將飲食與睡眠調和得不錯，那麼來禪修的這段期間，就能更容易地適應環境。

中國佛教的飲食特色在於素食。這是一種以蔬菜瓜果為主，將食材簡單調理的飲食方法。這種飲食的調和，能為身體創造比較好的健康條件。傳統上，中國佛教都特別強調素食，此外，中國文字裡還有一個與吃有關的字——齋。「齋」字常常和吃素放在一起，尤其廣東人，他們講「食齋」時，一定是指素食。但是齋字的原意其實並非吃素，而是指「節食」，也就是在食物攝取上有所節制，例如佛教有所謂「過午不食」，也就是不吃晚餐，又稱為齋。

除佛教外，伊斯蘭教每年有一個月，白天不吃東西，稱為「齋戒月」。此處的齋，意思即是飲食要做適當節約，甚至不吃，而這都是為了幫助身體調和，有益健康。此外，還有所謂的斷食法。執行斷食前，要確定身體具備可以運作這個方法的基本條件，如此方能將身體調和得更好。

以上舉了幾個飲食調和的方法，其目的都是為了幫助我們擁有健康的身體。至於以蔬菜瓜果為主的素食，基本上已為世人公認，是一種有益健康的飲食。我們也會鼓勵大家素食，即使做不到吃長素，但可以常吃素，這樣對身體也很有益處。

飲食的調和，要注意數量上不要過量，也不要不足。素食可做為調和飲食的一種方式，同時也是一種修行的方法，而佛教的飲食，例如蔬食或齋戒，其重點在於讓身體攝入足夠的營養即可，所以量上要調和，質上也要多加留意。

良好的飲食調和，也是一種良好的生活習慣。很多人生活習慣不好，常常暴飲暴食，最後就把身體吃壞了。中國有句俗話「禍從口出，病從口入」，其實很多疾病都是緣於飲食失調所致。不論禪修期間或日常生活的飲食，大家都要用工夫調和，最基本的方式就是定時定量；睡眠的調和亦然，除了定時定量，要盡量放鬆身心。

禪修期間的睡眠，如果調和得好，表示平日生活的睡眠習慣也是比較好的，這和禪修、日常飲食的關聯性是一致的。也就是說，從禪期中的飲食與睡眠是否調和，就可看出我們是否擁有良好的生活習慣。既然修行是一個整體生命的實踐，那麼不論是在禪修的止靜階段裡，抑或是回到現實生活的出靜階段中，「調和生活」都必須是持續性的工夫，這點請諸位務必好好把握。

念佛、念法、念僧

禪修課程至今，進行了將近三分之一，我們已先行介紹進入禪堂實際用功的方法，之所以先講這部分，是因為在禪修的整體生活裡，禪堂內的止靜用功，居於中心位置，所以需要先掌握重點。然而，正修是否能得力，和是否具備現實生活的一些條件密切相關，所以我們要回到生活層面，了解出靜後的日常生活要如何保持用功的狀態，好讓我們在禪期中能把工夫用得更好。

先前已開宗明義地表明，我們的課程屬於佛法的禪修。這個認知之所以重要，是因為在佛教之外，還有許多派別與宗教，也有禪修運作的法門與方法，而佛法的禪修與它們的不同之處，就在於佛法知見的建立，也是整個課程最重要的引導，所以接下來我們要談「具足正見」，也就是回到現實生活的整體，來看正確知見應如何建立，及其所需具備的條件與因緣，有助於大家在禪修時，確定自己的修行方向與目標。

所謂的「具足正見」，就是要很完整地了解佛法。完整佛法含攝了許多系統，需要很長時間的學習，我們現在只要把握最主要的部分，我將之列在〈具足正見〉表，這是從近代的祖師大德所寫的書籍，摘要出較符合現代人需求與理解的部分整理而成。

以六念法安住正念

日常生活中，要時時保持正念，這點的重要性大家都很清楚，至於正念要如何保持呢？那就是要具足正見。

佛法的「八正道」，即是從「正見」、「正思」開始，爾後進入日常生活層面的「正語」、「正業」、「正命」，接著再進入更深層的「正勤」、「正念」、「正定」。

此外，佛法修行還有所謂的「四正念」，不少同學可能修過四念處觀，四念處就是四種正念：觀身不淨、觀受是苦、觀心無常、觀法無我。據說佛陀涅槃時，交代弟子依四念處安住，將思惟安住在這四個重要的正念。

除了四正念外，「六念法」也是佛教修行的法門，之後還發展出八念、十念，我在〈禪觀修學次第簡表〉裡，取的則是六念：念佛、念法、念僧、念戒、念施、念息，因為這六念比較符合我們修行的實際需求，前三念的「念佛、念法、念僧」是最根本的，也是最重要的。簡表中，我將六念中的「念天」，改為了「念息」，主要是因為大部分同學修的是數息觀，或是修觀呼吸的方法，所以憶念呼吸就變得非常重要，因而有了這樣的調整。

六念法
- 念佛
- 念法
- 念僧
- 念戒
- 念施
- 念息

六念法就是六個正念，是佛陀教育弟子的方便法門，所以並未講得非常深入。

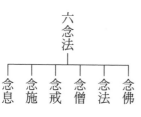

在佛陀時代，有一些初學佛弟子到深山或墳墓用功修行時，由於黑暗與孤獨，禪修時心中產生了種種恐懼與罣礙，佛陀便告訴他們此時可以念佛。此處的念佛指的是憶念、想念佛陀，因為他們親近過佛陀，而佛陀由於累積了許多修行的功德福德與慈悲智慧，所以念佛即代表一種內心的光明，可驅除因黑暗、孤獨而引發的恐懼。這是早期的念佛方法，後來逐漸發展出一套念佛法門，包括先前談到的持名念佛，也是念佛方法之一，目的都在於幫助行者保持正念。

此處，我先將「念佛、念法、念僧」三者綜合說明。佛、法、僧就是「三寶」，三寶之於佛教修行是最根本的，離開了三寶，修行就沒有依歸，所有的修行都是先皈依於三寶而後起修。整個修行的過程，所依的中心即是法寶；沒有佛就沒有法，是因為佛覺悟、弘揚了法，我們方有學習法的因緣，所以在接觸到法的同時，當然要皈依於法，才能依法修行。所謂的「具足正見」就是具足對法的理解，才能在修行上建立明確的方向與目標，並且在修行的過程，清楚自己朝往正確的方向與目標而去，所以要具足正見，也就是對法的理解，方可稱為符合佛法的修行。

至於法的來處，即是佛的覺悟。佛的覺悟並非指他發明了法，法是宇宙的真理，真理就是不管有沒有人發現它，宇宙仍舊且必定依這個真理的次序運作。一言蔽之，法即法則。我們現在能理解這個法則，是因為佛陀發現了它，並把他覺悟到的真理傳授給我們，所以我們才有這個因緣接觸到真理。

覺悟真理的佛，是我們的根本老師，然而佛住世的時間遠在好幾千年前，不論是在時間或空間上，我們都無法直接接觸到佛，但竟然還有因緣可以接觸佛法，必須感恩代佛弘法的僧團。因此，除了皈依佛與皈依法，我們還必須皈依僧。

所謂的「念三寶」，落實在實際的用功上，最基本的就是要皈依三寶。這是一種信心的建立與落實，以三寶為依歸，然後再來實踐佛法。如果缺少了三寶為根本，以及皈依的信心，禪法就變成只是技巧上的學習。當然如此仍會有不同程度的受用，透過方法的調和，讓身心趨向更加健康的狀態；但因為不是走在明確的正道，很可能走上了偏差的歧路，導致不好的後果，必須要小心。

三寶可分為四種層次：事相三寶、住持三寶、理性三寶、自性三寶。

（一）事相三寶

一般說到三寶，是指事相的三寶。事相三寶即是釋迦牟尼佛、釋迦牟尼佛所說的法，以及釋迦牟尼佛建立的僧團。當然僧團不只是曾跟隨佛陀的弟子，一般上我們所稱的賢聖僧，即有修行體驗、由出家眾組成的團體，都可稱為僧團，這樣的僧團當然是很清淨的，所以理想的三寶，也可是指覺悟者、覺悟者所說的法，以及跟隨佛陀依法修行而證悟的清淨僧眾。

（二）住持三寶

我們皆非生於佛的時代，也沒有見到佛陀本人，無法親自從佛陀處聽聞佛法，也沒有親近當時的清淨僧團，這是一個現實。所以事相的三寶，可說是歷史最初成型的三寶，而我們現在所接觸到的三寶，則是住持三寶。

在所有的三寶之中，住持三寶因為我們得以直接接觸，所以最真實。釋迦牟尼佛早已涅槃，再也無法見到，所以佛入滅後，人們以菩提葉、法輪做為佛陀的象徵，紀念佛陀在菩提樹下覺悟，感恩佛陀說法轉法輪，也有以佛陀腳印做為佛寶的象徵。直至佛像出現了，漸漸地就以佛像取代其他的物件，做為佛陀的象徵。

佛像塑造的歷史背景淵遠流長，至今約有兩千多年，除了彰顯信仰，也是高度的藝術，許多莊嚴的佛像，睹之令人心生無限歡喜。佛陀造像做為住持佛寶，時至今日，不論在任何系統的佛教之內，皆可看到量多質美的佛像雕塑，佛像做為佛的象徵，其重要性不言可喻。

法寶則是佛住世時傳下來的語言。印度文化非常重視語言，他們認為聖人的話必須以語言來傳承，所以當時的佛陀弟子許多都擁有絕佳的背誦能力，能把佛陀講過的法背記下來。當中最著名的就是阿難尊者。據說阿難出世時，正是佛陀覺悟的時刻，聽聞出家苦修的太子成佛，於此同時王族又迎來了新生的小王子，便為他取名阿難，意為喜慶或歡喜。阿難長大後，於二十歲時隨佛陀出家，當時佛已五十五歲，往後二十五年的時光，阿難除了是隨侍佛旁、照料佛生活起居的侍者，還要負責背記佛講過的法。

有些傳說與記載提到，阿難出家前的二十年，佛已經在弘法了，這段時間，跟隨在佛身邊的，則是舍利弗與目犍連等諸大弟子，後期這些弟子，便把他們曾聽聞的法，以及參與過的法會，轉述給阿難。換句話說，只要是佛的弟子，都會將聽聞的法背記下來，而負責結集法寶之責的，則以阿難為主。

佛陀為了方便弟子背記，會在說法之後，將內容結成偈頌。偈頌是一種韻文體裁，與中國文學的詩詞相近。很多人想像佛教第一次結集後，應該就有各種本子傳下來，其實並沒有，是經過一段時間後，僧團弟子發現法必須以文字記載方能流傳久遠，才開始有了以文字記載的教法結集。

文字結集之初，只有經典與律典，還沒有論典，因為論典是後來的論師，整理佛陀的教學內容之後，以自己的方式所傳達的佛法。至於經典與律典，最初是佛的親傳弟子以語言形式結集，開口一定是說「如是我聞，一時，佛在……」，告訴大家佛在什麼地方說這個法，當時聽法的人有哪些，形式類似現在的會議紀錄。相較中國很早就以文字記載，印度則稍遲些，這是印度文化較重視語言所致，不過後來他們還是改為以文字將經、律、論三藏保留下來。

說到三藏，漢傳佛教稱為經、律、論，因為漢傳佛教首重經，認為經是佛說，律是佛制，律雖然也重要，但相較於正法，佛制的律重要性仍屬次之，至於論典是後來的論師與弟子所寫，故重要性再居次之，中國佛教依此次第，逐漸集結而成今日的《大藏經》；至於南傳佛教，則首重律典，所以他們的三藏是律、經、論。他們認為戒律是最重要的，因為有了戒律，僧團方能延續，而僧團的存續，才能讓正法久住。因此，僧團的戒律最重要，佛陀教學的經典次之，第三才是論典。不論三藏的順序為何，透過文字流傳下來的經、律、論，即是住持的法寶。

我們無法親耳聽到佛陀說法，必須靠流傳下來的經典了解佛陀當時所說的法。當時能親耳聽佛說法的弟子，稱為聲聞弟子，最初三藏的結集，就是靠這群親聞佛說法而覺悟的聖者記背與口誦，爾後三藏逐漸改為文字記載，更便於後人了解當時佛所說的法，也讓正法得以長久住世。簡言之，住持法寶即是三藏經典。

至於住持僧寶，當然不是指佛陀住世時的僧團，畢竟在佛涅槃後，佛的聲聞弟子也會逐漸圓寂，但新一代的僧團也會逐漸建立。其後的僧團基本上還是相當團結，但舉凡所有的團體都會有一個現象，即年長者一般比較保守，年輕一輩則比較開放，僧團亦然，因此內部開始有不同的聲音，演變到後來就出現上座部與大眾部兩派不同的意見。不過即使兩派分流，但因為皆是以佛陀的法為根本，中心點是穩固的，所以僧團還是能在歷史的遞嬗中流傳至今。

僧團做為由出家人組織而成的團體，在佛陀時代是依住於精舍，至於中國佛教，則是以寺院叢林為中心。僧團的成立，確保了佛陀的教法得以語言及文字的形式，一代一代地流傳下來，我們現在所能接觸到的僧寶，就是由出家人組成的僧團，在我們所皈依的住持三寶中，也只有住持的僧寶，能夠和我們直接互動。

住持僧寶代表的是僧團這一個團體。至於漢傳佛教，因為在皈依時，會有出家法師引導信徒做皈依，很多人因此認為這位法師就是自己的皈依師，但其實在南傳佛教裡，沒有這種皈依師父的概念，因為他們每日的課誦一定都會念三皈依，藉由這個定課每天都在做三皈依。當然漢傳佛教也是每天念三皈依，但我們的皈依還會另行舉辦儀式，由法師引導儀式的進行，而這位法師代表的是整個僧團，也代表住持的三寶來接受我們的皈依，所以皈依三寶後，僧團裡所有的法師都是我們的老師，只要我們能從他們身上有所學習，如此在正法的學習上，就能把範圍放得更廣。這個觀念要先釐清，否則若只把引導皈依的法師當作唯一的師父，如此學習正法範圍就很狹隘，也不是真正的皈依僧寶。

僧的意思，傳統上來說，是四人以上的出家團體，至於中國佛教，有時也會把個人稱為僧。不論是個人還是團體，總之真正的皈依三寶，指的是整體的三寶，皈依僧寶是皈依整體的僧團，如此我們就會有許多的老師可以親近，僧團中的每一位善知識我們都可以就教，以這樣的心態皈依三寶，就能得到更完整的學習。

住持三寶是現世中我們所能接觸到的，同時也依住持三寶來皈依。至於修行，則是親近僧團的善知識為我們做引導。僧團成員可說是專業的修行者、學法者，雖然相較於早期，只能在寺院或大叢林裡才能讀到大藏經，現在由於資訊發達，很多管道可以獲得佛法訊息，使得佛法的學習方式有了很大的不同，但說到實際的用功修行，絕非僅靠資訊獲取即能成就，而必須實際下工夫。專業的用功和業餘的用功，一定會有很大的差別。就像諸位來參加禪四十九，跟一般人相比已經是很精進的了，但若是和禪林中的修行人相較，他們可是三百六十五天，天天在用功。

換個角度來看，皈依僧寶是很實際的考量，因為我們終究回不去佛陀住世的時代，那就必須就現有的條件來達到學習的目標。總結來說，皈依三寶就是以清淨的僧團做為皈依的對象，皈依後，我們就能跟著僧團中的善知識用功學習。

（三）理性三寶

三寶的第三個層次，即理性的三寶。相較於「事相三寶」的釋迦牟尼佛、佛在世時說的法、佛在世時的僧團，以及「住持三寶」所指的佛涅槃後使佛法得以流傳的三寶，這兩者都是比較具體、可實際接觸到的三寶。至於理性的三寶，則是從理論面去了解三寶的內涵，換言之，理性的三寶是通過法的學習而來。

第一個佛寶，指的是覺悟，所以皈依佛寶，即是皈依覺悟；第二個法寶，指的是正道，所有的經、律、論三藏，都在指導我們該怎麼走這條正道，這條正道可以幫助我們斷離煩惱，所以皈依法寶即是皈依正道；第三個僧寶，指的是清淨、和合、安樂。僧團做為一個組織，眾人要和合在一起，須具足各種和合的條件，這些條件稱為六和敬，簡單來說，就是大家共修必須以清淨的行為來修，如此方能修行成就，得到涅槃究竟的樂，所以和合、安樂與清淨，以清淨為主。因此我們皈依僧寶，即是皈依清淨。

皈依理性三寶，即是皈依覺悟、皈依正道，與皈依清淨。這是就理論而言，而理論必須與事相結合，換言之，皈依必須理事貫通，我們皈依的除了是具體的事相（住持）三寶，同時也要知道，佛即代表覺悟，法即正道、僧即清淨，有了這層理性上的了解，就會明白皈依即是歸向覺悟、正道與清淨，這會讓我們在心理上對三寶的內涵有更深層的認知與學習。

（四）自性三寶

中國禪宗提出了第四個層次的三寶，即自性三寶。皈依自性三寶，意指一切眾生本具有佛性、正道與清淨的本性；換句話說，自性三寶乃是每一個眾生自性本具。自性三寶是更高層次的皈依，凡修行得力乃至證悟的覺者，都能體會自性本來具足三寶這一真相，修行就是要將覺悟、正道與清淨的自性三寶，使其功能自然顯發，而要達到這種程度的皈依，一定要通過修行，在修行過程契入真實體驗。

從理性皈依到自性皈依，皈依的層次可逐步加深與提昇，但有時也會衍生出一個問題，就是有些人以為自己已經皈依自性三寶，以為自己開悟了。他們把理論上講得通的道理，誤認為是自己的真實體驗，因為理論聽多了也容易打妄念，妄念打多了就會不斷暗示自己，好像自己真的達到了自性皈依的程度。這是自性皈依可能出現的危險，我們也發現不少人以為自己可以直接皈依自性就好，如果是這種直升機式的皈依，這樣的皈依還是不完整的。

如何才是完整的皈依呢？必須以住持三寶的皈依為基本，跟著僧團的老師學習佛法，從理論面上了解理性三寶為何，接著再更深一層透過實際的禪修，體會什麼是自性三寶，如此一層一層進入，才能達到學佛修行的效果；反之，若跳過住持三寶的皈依，直接進入理性皈依或自性皈依，這樣的學習，到最後往往變成不上不下的半吊子。滿多學佛人，尤其知識分子，多讀了一些佛書，加上資訊取得容易，因此理論上的學習變得容易許多，反而忽略了信心的踏實才是最基本的。所以還是要先進入具體的住持皈依，接著再進入理性皈依，然後透過實際的禪修，體驗自性三寶，如此才是完整的皈依。

當體驗到自性三寶之時，基本上即已達到開悟的境界，這點我們可從理論上得知，但仍須通過實際的修行方能臻此境界。修行的基礎必須回到住持三寶的皈依，換言之，完整的皈依必須將事與理貫通方能成就。若只停在事相上的皈依會不夠深入，必須在理性上有所提昇，而理性提昇的同時，不可失去事相上的基礎，唯有兩者貫通，才是最完整的。

憶念三寶

接著再來談日常生活的用功，所需具備的條件，即憶念三寶。

憶念三寶指的是念佛、念法、念僧，皈依三寶後，以三寶做為整個生命的依止，並通過修行達到究竟解脫的終極目標。日常生活中，保持憶念三寶的方法，有各種的善巧可應用，接下來我們就針對方法，約略說明如何保持對三寶的憶念。

先前已介紹過念佛法門，當時說明的念佛方法是在靜中修，用的是數、隨、止的善巧，是比較深入的用功。但回到日常生活，很多人覺得持續持名念佛並不容易，即使如此，生活中仍然可以念佛，畢竟一天之中扣除處理各項事務之外，還有不少時間。我們所處的動態並不需要花太多心思思考，所以往往處於妄念狀態，用慣性方式處理問題，若是覺察到自己有類似的情況，就可以念佛的方法轉化行為，幫助我們保持正念。

只要發現自己的心，不需要處理太複雜、太花心思的事務，例如搭車或等待，隨時隨地都可以把佛號提起來。提起時，因為不一定是持續地用功，可以不用數數，但每次提起佛號，都一定要回到比較專注的方法，很清楚地知道自己在念佛。

這樣的方法，強調的是提起佛號時能否非常專注，而不是強調念佛的數量。當然也有人認為，堅持每天一定要念多少聲佛號，也是一個很好的方法，可以用念珠或念佛計數器計算念佛的數量，但用這個方法時，注意數量不要大到讓自己產生緊迫的感覺，或是為了要完成功課，幾乎得把一天的時間都用上。不需要把自己逼得這麼緊，用這種強迫念佛的方式往往會產生反效果，所以訂下的數量要適當，假如完成功課後，還有多出來的時間，可以再繼續念佛。

以上我們將持名念佛法門，以最簡化的方法，直接應用於日常生活。如果你在一天之中，還有安排打坐時間，運用靜中修的方法念佛，把佛號念得更深、更專注，也更清楚，那麼你的念佛工夫會更好。

持誦經典方法多元

念法，念的是住持三寶的法，也就是經書。每天誦經是大部分學佛人都有的功課，這部分也有層次的不同，比較普遍的是每日固定時間做早晚課念誦，可固定持誦一、兩部經典；還有些人對經典的學習特別有興趣，時間上也可配合，就可在念法上多下點工夫。

有時我們發現經典裡有一些很好的句子，對自己的修行特別受用，可在日常生活幫助我們保持在比較醒覺的狀態，知道自己學佛，可以用佛法來安心，那麼就可以持誦這些重要的句子。

經典裡還有許多很好的偈頌，這些偈頌是佛說法時為了幫助弟子背記所用的方便，我們也可以從一部經典中，選幾段和自己比較相應或有所啟發的偈頌或經文，時常背記它，這也可以做為一個功課。

另外還有一個持誦經典的方法。方法是選定一部經典後，每天都固定持誦。有些同學持誦比較長部的經典，例如《法華經》、《華嚴經》或是《大般若經》，當然不可能一天念完，所以要訂下目標，預計用多少時間將一部經典閱畢。例如一部《八十華嚴》，安排讀誦的時間可短則幾個月，長則數年，但無論時間長短，每天一定都要有這門功課，這也是一種念法的方式。

四種讀誦經典的方式

念誦大體上可分為下列幾種方式。第一種方式是念誦之後將之背記下來，這個方法能讓幫助我們慢慢地體會經文，但需要比較長的時間。比如你發心念《法華經》，《法華經》共七卷二十八品，你可以安排一天念一卷，念完一部剛好一個星期，然後再重頭念起。以這種固定用功的方式念誦，念著念著會愈念愈熟，也會感到經文愈念愈親切、愈念愈有感覺，那就表示你已通過念誦、背記的方式，讓你的心與經文相應了，如此持續用功下去，就會對經文產生一種很直覺的體會。

第二種方式是在念誦經文的同時，另行閱讀經文講記，以更完整地了解經文所要傳達的訊息。不過這個方法可能長部經典就比較不容易落實了，除非是閉關，或是發願要在十年或是一段時間裡專心念一部經典，並將這部經典的內容，透過閱讀歷代祖師們的講解，好好地理解它。

第三種方式是拜經，即是將念經與拜佛做結合。方式是念經文時，每念一個字就一拜。有些人將此做為用功修行的方式，特點就是將修行與經典結合。

第四種方式是鈔經。抄寫經典早期被認為有很大的功德，因為當時印刷術不發達，資源也匱乏，在此情況下，抄寫就成為佛教傳播的重要方式。中國古代印刷術的發明，和佛教的傳播有密切關係，當時的印刷物即是以佛教典籍為主。但就技術而言，要做到普及化仍有困難，畢竟佛教典籍太多了，每一部經典都要印刷，還要讓大眾都閱讀得到，並不容易做到，因此抄寫仍是重要的傳播方式。

如今印刷非常普及，資訊取得也容易，任何一部經典都可輕易找到，所以現在的手抄佛經，已經不是要抄給別人看了。現在流行的手抄經典，是把整部經文印好，只要跟著描字即可。這樣的方式對初學的同學，或是沒有讀過很多書的修行人及小朋友都滿有幫助的。所以順應時代的改變，手抄經典的方式也有了相應的變化，諸位也可以將鈔經做為念法的應用方式。

綜上所述，經典是住持三寶中的法寶，我們念法時，要用什麼樣的方式用功，那就看各自的因緣、能力與條件，除了視乎時間、空間能否配合，還要看自己的相應與興趣，如果現階段像拜經這類比較深的方式不容易做到，可以先從比較簡單的方式入手，例如每天固定念一到兩部經典，初期可以從短篇經典念起，並將念誦與背記結合，或將經文內一些很好的、對你有所啟發的句子背誦下來。

不論用何種方式用功，務必要有一個觀念：所有的經文，都是佛陀從他的覺悟、從他的心流露出來的。換句話說，這些都是佛陀的悟境，是佛陀修持正法的體驗。所以念經文時，就要跟佛的心，以及佛心流出來的正法相應，用這個法來洗滌我們的心。這個觀念很重要，有了這樣的心念，我們在念法時，信心就會非常堅定，也才能從對經典的閱讀、禮拜，乃至理解的過程，得到真正的法喜。

另外，有些人認為誦經是誦給佛菩薩聽，所以念得特別大聲，彷彿對佛菩薩說：「我現在正在念經，你們可要聽好哦！」這種心態可以用一個成語形容——班門弄斧。魯班是中國最了不起的一位木匠，如果你拿著斧頭在他面前說：「有什麼了不起，你做的東西我也會做。」像這樣在高手面前說自己有多厲害，簡直是貽笑大方。同樣的道理，佛前誦經若是抱著要念經給佛菩薩聽的心態，那就是在佛菩薩面前「班門弄斧」。

我們在此一起誦經，是大眾一起用功，至於我們所念的經，是要念給自己聽的，鈔經、拜經等所有念法的功課，都是要往內做，而不是在寫了一大堆經典後，燒給佛菩薩看，或是在誦經的同時，還要佛陀仔細聽你念的經文。經是佛講的，還需要你念給他聽嗎？

所以，不論做什麼功課，重點都是對內，不是對外。有些人抄寫經典給別人讀，這樣做很好，但這麼做的重點不在於表現自己有多了不起，而是應用了念法的方式，往內心去修。同理，佛前誦經或是隨時隨處念經，乃至鈔經、拜經，都是自己修行的功課。把握好這個觀念很重要，否則的話，修行到後來變成追求功德，或是表現自己的厲害，這都是走偏了路，心態上一定要調正。

念賢聖僧與念住持僧

念僧可分為「念賢聖僧」與「念住持僧」兩部分。

大乘佛法中，所有的菩薩與解脫的聖者，都可視為我們皈依的僧，所以念僧的方法可以和念佛的方法結合，因為有些同學持名念的並不是佛號，而是念菩薩名號，換言之，將菩薩名號做為持念的法門，也可視作一種念僧的方法。

至於念住持僧，則要先回到理性的僧寶談起。理性的僧寶即是清淨，因為僧團就是一個清淨、和合且安樂的團體，這是僧團必須具足的功德。要落實這點，僧團成員間相處的方式，除了依靠戒律，在理念上以及身、口、意三方面，還有賴六和敬。就理性而言，念僧就是念一種清淨，也可以說，修行就是要以清淨的佛法、清淨的意念來淨化我們的身心，所以「自淨其意」正是修行所要朝往的方向。

道場就是僧團的代表，諸位在日常生活中用功時，要經常親近僧團。所以念住持僧，就是經常到僧團或是寺院道場去親近法師。除了親近之外，護持僧團也是很重要的。傳統上，印度與南傳佛教都保有護持僧團的習俗。以印度來說，除了佛教的僧團，其他教派的出家眾也可稱為僧團。先前提到古印度的出家眾，包括佛陀在內，他們都專心修行，將世間的種種事業都放下，沒有靠工作來獲取酬勞維持生活，所以他們生存的基本條件，就有賴在家人的護持，以供專心辦道。

佛陀證悟後，依然維持著出家僧眾每日托缽的生活，時間到了才外出托缽，只要能維持色身的生存即可，其他的時間都用來專心修行。至今在印度與南傳佛教諸國，基本上還保持著托缽文化，即當出家人走入社會與在家人互動，出家人扮演引導在家人的角色，在家人則透過護持，滿足出家人基本生存條件，這個互動本身，便讓出家人與在家人兩造間，得以維持一個良好的關係。

至於漢傳佛教，雖然僧團不用托缽，但很多道場都會舉辦法會，讓在家信眾能夠直接到寺院做供養，如此信徒與法師之間的聯繫就能保持下去，同時對僧團的延續也起了很大的作用，因為是整個社會在護持僧團，讓住持的僧寶得以續存，與此同時，僧團也在引導整個社會趨向清淨，兩造間形成良好的互動關係。

綜觀來看，南傳佛教的國度，因僧團托缽的習俗延續至今，所以他們很容易做到念僧；至於漢傳佛教，雖無法落實得如南傳佛教般傳統、直接且具體，但還是可以到道場親近僧團，向出家僧眾學習，把這做為日常生活的修行方式之一。

為什麼南傳佛教在念僧的作法上，往往比漢傳佛教更加清淨呢？因為他們不會選擇法師。觀察南傳佛教的道場負責人，常常是過了一段時間就換人，他們的僧團具有很好的流動性，這也讓親近道場的信眾能以平等心念僧；反觀漢傳佛教就還有改善的空間，很多信眾到寺院，往往都只去固定的道場，找固定的一個師父，這就變成一種局限與執著，以這樣的方式念僧，反而會形成修行的障礙。

因此，除了念菩薩名號，親近那些和自己比較靠近、方便護持的道場，同時也要把握好一個觀念：僧團是一個整體。別的道場或僧團若有需要，我們的因緣與能力如果允許，也要去護持他們。如此一來，我們與僧團的互動就會更好，念僧也更能夠達到清淨的品質，這對各位的修行將大有裨益。

念戒、念施、念息

六念法，具備了三寶這個基本的條件後，接著就要保持正念，也就是念戒、念施與念息。其中的「念息」，我已將十念法稍做調整，因為即使是六念法，其實也不談息，我之所以做如是調整，是因為在禪期中，我們用的是數息法，順著這個因緣，就以念息做為諸位維持正念的其中一項。

持戒保護自己

首先先談念戒。念戒有一個條件，即持戒清淨。「念戒」可與修前方便的「持戒清淨」放在一起談，是因為當我們時時憶念著戒，自然就能把戒持好。

佛陀住世時，以六念法叮囑弟子念戒、持戒，主要在於提醒弟子，只要持戒清淨，或時時憶念所受持的戒，修行上就不容易受到他類眾生的干擾。尤其是惡道眾生，他們因沒有持戒而墮三途，故對持戒者非常恭敬而不敢干擾，因此，修行時如果發現自己內心有所罣礙、恐懼，就可以把自己受持的戒條提出來，憶念它們；出家僧團還有念誦戒律這樣的修行方法。任何時間、空間皆可念戒，一方面藉此消除內心恐懼，另一方面由於憶念著戒，知道自己受了戒，確定不會墮入惡道，內心就會很踏實、很有信心，清楚自己是在正道上修行，既不會被眾生干擾，也不會墮入惡道，若能抱著這樣的心念，不論處在何時何地都能安心用功修行。

我們念戒、持戒，首先要了解戒的意義與作用。許多人一聽到「戒」字就感到害怕，覺得戒像一條綁住自己的繩子，所以不願皈依成為佛教徒，擔心一旦學了佛、受了戒，很多事都不能做，而沒有注意到這些戒所規範的都是壞事，都是本來就不能做的事。念戒所戒止的都是不好的事，所以怕被戒綁住的人，可能是因為心中還有想做壞事的念頭。凡認為戒像一條綁住自己的繩子，讓自己什麼都不能做的學佛人，表示還想以一種自由身，用想做什麼就做什麼的方式來學佛。

戒的用意，是在幫助我們止惡，即所謂「諸惡莫作」；反過來說，我們如果不遵守戒律，就會做出傷害別人的事，而在傷害別人的同時，由於因果相等，我們一定也會得到惡的果報，這是任何人都逃避不了的。

以這個角度看待戒，就會知道戒最基本的作用，在於保護我們自己，這是戒律的第一層意義。要保護自己平安，首先就要懂得保護自己的行為，因為有些行為可能會傷害、侵犯別人，所以先用戒讓自己不造作這些行為，這樣就不會傷害到別人，而不傷害別人，就能同時保護了自己。

戒律的第二層意義，在於保護我們的心。當我們越過戒律的範圍造作一些壞事，此時心一定處在煩惱干擾的狀態。人常常有很多控制不了的行為，緣自於自己的煩惱太重，以至於無法保護自己不去造作。還有一種是人在愚癡、無明的狀態下，不知道有些壞事會傷害別人，於是就造作了。無論如何，只要造作惡業，一定得到苦果，生命的輪迴即是在此因果循環中招感而來。

如何息滅輪迴呢？那就要從事相上，也就是在現實生活中，於我們能力範圍內適當地調控行為。不越出戒律的範圍，就不會造作招感惡果的行為，如此一來，不僅不會自害害人，也不會讓自己在煩惱不斷的輪迴中，愈陷愈深而難以自拔。

人若只靠自己，很多事一輕忽就造作了。這就是為什麼修行需要佛理與戒法來幫助我們，在某些外境現前時，藉由這些力量保護我們，不越出安全範圍，這就是戒律的功能。了解這點，諸位就會發現學戒、念戒、持戒真的很重要，戒律對我們的整個身心與生命能發揮很大的幫助，而最根本的就是讓減少煩惱的造作，以及減少對別人與自己的傷害。

此外，在禪修的道路上，守好戒律也能讓這條路走得更順暢。佛法的三無漏學「戒、定、慧」之所以以戒為首，因為在修定的過程，很容易會有各種煩惱妄念起現行，其中干擾力量較強的，大多皆與惡法相應，如果透過戒律的規範，平日便照顧好自己的行為，不去造作這些惡法，禪修時就能省下許多清理煩惱妄念的時間，把心力用於方法的持續精進上，這對我們的禪修將有大有助益。

制戒的根本

談到戒律的內容，大乘佛教戒律最根本的只有十條，也就是《梵網經》的菩薩十重戒：殺戒、盜戒、淫戒、妄語戒、酤酒戒、說四眾過戒、自讚毀他戒、吝惜加毀戒、瞋心不受悔戒、謗三寶戒。一般人以為佛教的戒律很多，但其實所有的戒律都可說是這十條戒律的分枝，也就是從最基本的到比較細節的規範，盡量讓照顧的面向更周全。

出家人要受的戒很多，比如威儀、言語等，很多日常生活中出家人要特別注意的事，戒律皆有詳細規範，用意即在於讓和合的僧團，成員彼此間最基本要做到不互相干擾修行。佛陀建立僧團之初，是以法為中心，出家弟子大抵上都是清淨、和合、安樂地共同生活，但隨著僧團組織日益擴大，成員中不免有人會犯錯，因此佛陀便制定戒律，以確保後來加入團體的僧眾不會再犯同樣的錯誤，這就是佛陀制戒的緣起。

於各種戒律中，佛陀定下了四條根本重戒，即殺、盜、淫、妄。這四條重戒所犯的錯太嚴重，不只影響整個僧團，對個人的修行也會造成極大的障礙。至於重戒之外還有輕戒，也就是犯的過比較小，這些小過經檢討、修正後，修行就能持續精進。

後來佛陀也為在家弟子說法，令受三皈五戒。五戒中除上述提到的殺、盜、淫、妄四根本戒，第五條不飲酒戒又稱遮戒，意即它並非是一種錯誤的行為，但這項行為卻可能導致人做壞事甚至犯下重戒，因此必須遮止。

根本四重戒

四重戒說明如下。

（一）第一條重戒：殺戒

殺生有輕重之別，最嚴重的即是殺人。佛教經典中提到，犯下嚴重的殺戒會墮入無間地獄，又稱阿鼻地獄，意即沒有任何時間空間的間隙，可從受苦的狀態中喘息，可見這是極重的惡業。殺人重戒中，最嚴重又可分為：第一，殺父殺母。從人類的倫理角度乃至法律觀點，這無疑都是非常嚴重的罪行。第二，殺僧。這是從宗教的角度而言，凡殺佛（出佛身血）、殺聖者，乃至殺阿羅漢，都可視為殺僧。不過，我們已不可能殺佛，即便佛住世之時，也沒有人有力量可以殺佛，但在傷害佛陀的過程，卻可能讓佛受傷流血；殺阿羅漢則是可能的，但我們現在要犯這條戒的機會幾乎是零。具體的殺僧行為雖然幾乎不可能為之，但從其內涵延伸，則有以下相關的重戒須特別留意。

1. 從出佛身血到破壞佛像

佛陀已不在世間了，所以我們不可能殺佛或傷害佛，但是破壞佛像的行為至今仍時有所聞，做出這種事的人，造作的罪業等同殺人，亦屬重戒。

2. 破和合僧

即破壞僧團。舉例來說，僧團原本是和合的，但因有人搬弄是非，以此干擾導致僧團出現分裂，這個搬弄是非者即犯了破和合僧之重戒。所以諸位親近法師時要特別小心，不要成天說長道短，如果一個寺院因為你而出了問題，你要背負很大的責任與因果，這點請務必留意。

殺之重者為殺人，因為人的靈性較高，二來人的體積也大，故殺業較重。至於靈性低或是體積較小者，所犯的殺戒就較輕，舉例來說，打死一隻蚊子跟殺死一條牛，殺牛就比殺蚊子更重。戒的輕重有別，說明戒律是因人而設，所以必須站在人的角度，看待眾生生命的輕重程度。

也因此受戒時，凡較重的戒我們都要守好，落實它們。至於輕戒，則盡可能地做到。如果你連一個很小的生命都不忍心傷害，你的慈悲心就很容易培養，自然對更高階的眾生，就更不可能做出傷害的事。換句話說，如果你連輕戒都不違犯，那麼自然而然地，就能把重戒持守得更好。

（二）第二條重戒：偷盜

大家基本上對這條戒律都有概念，也知道這絕對是不好的行為。除了竊盜這一明顯的錯誤行為，偷盜還包括以不正確的方式轉移財物或物件的所有權，將不該屬於自己的東西納歸己有，但是很多人在日常生活往往會不經意造作這類行為。舉例來說，有人可能覺得政府課稅課得重，便設法減少自己的應繳稅額，其實這種行為就屬偷盜，因為即使你認為政府課稅太重，但它是法律所規定的，人民就負有誠實執行的責任，而你設法逃避的行為，等於是把應該屬於國家的錢放到自己的口袋裡，這就是偷盜。

在佛陀時代，當時的國家法律即針對偷盜訂下很重罰責，可能只是偷了一點點東西，就被判很重的罪；現代的法律講求比例原則，偷盜須依其犯行裁量罰責，不過針對官員貪汙，很多國家都是判予重罪，以這個角度看，貪汙就是重戒。

身處現實社會，要如何不犯偷盜？必須把握好一個原則：凡所有權的擁有或移轉，整個過程務必謹守合法化與合理化，如此就能把這條戒律守好。

（三）第三條重戒：邪淫

這個問題在現代社會又更複雜了，包括婚前性行為、同性戀等，都在這條戒律的討論範疇。所謂不邪淫，重點在於以此維繫家庭的和樂。一個和樂的家庭一定是以夫妻間的互信為基礎，如果夫妻間有人破壞了信任，家庭就遭到破壞，而一個遭破壞的家庭會對整個社會造成負擔，這個負擔之大，有時甚至超乎我們想像。觀諸社會上許多問題青少年，只要深入探究這些孩子的家庭狀況，就會發現他們大部分都來自於問題家庭，很多是父母婚姻發生問題，彼此有嚴重的信任危機，在這樣的家庭成長的孩子，日後會有比較高的風險走上極端，或是誤入歧途。

所以我們要把家庭照顧好、保護好，家庭成員間真誠地相互信任，能做到這一點，就是守好了不邪淫戒。不犯淫戒不只能守護家庭，而且邪淫會對禪修造成很大的障礙，對禪修者而言，不邪淫即能讓禪修時的妄念減少許多。

（四）第四條重戒：妄語

有人可能覺得說話騙人只是小的過錯，有嚴重到要定為重戒嗎？其實說話騙人，輕則可能只是騙點小錢，嚴重者騙財、騙色、騙光他人身家財產的新聞皆時有所聞，所以妄語這條戒律，在現代社會也可能遭到嚴重的法律制裁。而佛教的不妄語戒，其中最嚴重的，就是「非證說證」。

不可非證說證

所謂的非證說證，即還沒證到什麼果位，就告訴別人自己已證果。佛陀當時制訂這條戒，和一個故事有關。印度某年大旱的收成很差，不論在家人、出家人都要忍受飢餓辛苦度日。如此過了數月後，佛陀召集遊化四方的弟子回僧團，發現有幾個僧人變得白白胖胖，似乎一點也沒受到飢餓的影響，佛便問他們：「你們去的地區沒有旱災嗎？」「有啊！」「那怎麼還能吃得白白胖胖？」原來他們見到人們因旱災供養困難，便想出一個辦法，派人放出風聲說他們都是證到果位的出家人，信徒們一聽，當然再餓也要供養他們。佛陀一聽不得了，斥責他們怎麼可以做這種事，這樣不但是欺騙，也傷害信徒，害得他們在自己都沒飯吃的困境下，還要供養誤以為的聖人。因著此事，佛便將「未證說證」定為重戒。

結果過了一段時間，類似的狀況又再發生。旱災後，僧團再度召集時，佛陀發現那幾個弟子依然是白白胖胖，以為他們又打妄語，弟子們趕緊澄清：「我們沒有欺騙信徒，是真的證到果位了！」佛陀說這樣也不行，於是又多制定了另一條戒律，即不准向信徒說自己的體驗，也不能告訴他們自己有沒有證果。

這一條戒律雖非重戒，但從佛的制戒因緣便能理解，其用意在於保護信徒。從古至今，都有所謂的附佛外道，利用一般人對於證悟者的尊崇之心，以佛教的名義製造證果的假象，藉此吸引大批信徒。當然佛教以外的宗教師，我們對其是否可以宣稱證果表示尊重，但回到佛教的立場，佛陀早就為我們說清楚了，不論「未證說證」或「已證說證」都是犯戒，因為信徒們對於證果的出家人，一定是寧願自己辛苦度日，也要供養出家人，正是基於保護信徒之心，佛陀於是定下此戒。

此外，這條戒律還有一個作用，就是讓信徒不起分別心。這就是為何即使真有體驗也不能說的原因，因為一說了，信徒的分別心一起，就會對僧團的和合不利，很容易導致日後問題叢生。從這個角度看，佛陀是基於保護僧團而定下此戒。

了解佛陀制戒的用心，出家眾當然會守好這條戒律，但是在家眾卻有很多人不斷宣說自己開悟了，甚至發展出附佛外道的團體。像這種狀況也可能造成僧團的分裂，佛陀住世時即意識到問題的嚴重性，所以在家眾同樣必須回歸佛陀制戒當時的用心，守好這條戒。

多數人的日常生活難免會打妄語，但請記得騙人不要是為了牟利，如果是出於損人利己，那就是犯了戒。同樣地，妄語戒也有輕重之別，我們若能要求自己盡量連輕戒都不犯，當然就不會犯重戒了。戒律是一道保護大家的防衛線，幫助我們在人生的道路上走得正、走得直，也走得更安穩。因此，不論是不是佛教徒，最好都能念戒、守戒，這對每個人都大有裨益。

我們可以從兩個面向看待戒律：1.戒律與世間法律往往有一定的聯繫，所以佛陀制律時，也參考了當時的國法，直至今日，仍有不少戒律符合世間法律；2.把握戒律的原則，即認知某些行為若會傷害別人，就屬於惡業，凡造作惡業，自身也一定會造受惡報，戒律的功能即在於保護我們不造惡業，免受惡報。

人往往因為愚癡，不了解一些行為的後果而造惡業，所以佛陀便依循著正法制定戒律，讓我們清楚知道什麼樣的行為是錯誤的。我們持守這些戒律，即能有效克制煩惱的衝動，因為若不知道行為是錯誤的，就難以控制情緒，而在持戒的同時，也擁有了克制的力量，不讓自己發生錯誤的行為。而對禪修者而言，若能把戒律守好，生活、處事各方面都會比較正面，這麼一來，打坐時負面的妄念也會隨著減少許多，而能安心禪修。

理解不飲酒戒的精神

我們接著談遮戒。所謂的遮戒，即禁止飲酒這條戒律。從世間的角度看，可能連有的學佛者都認為，這條戒律似乎不用太認真受持，背後的原因有很多種。例如有的人事業做得大，難免需要應酬飲酒；或是有的人認為酒是健康飲料，每天固定、少量地飲用，可預防心臟病。我沒有醫學相關背景，不知道這樣的說法正確與否，但確實有中醫師會開藥酒給病患喝。

因著這些因素，所以讓人覺得不飲酒這條戒，既然不是根本戒，只是遮戒而已，大概可以不必太認真受持。但是我們要知道，佛陀為在家眾只制了五條戒，除四條根本戒外，就只制了不飲酒這條戒，以比例來說，它占了百分之二十的比重，我們試想，佛陀還有很多其他的戒可以制定，為何只制了這條遮戒呢？所以我們要深入了解佛陀特別重視這條戒的箇中原因。

佛教論典中，列出酒有三十多種壞處，其中最大的問題是，飲酒過量會麻醉人的理智；而且飲酒會有上癮的問題，讓人不得不喝它。到底飲酒會不會傷害人呢？

當然喜歡喝的人都覺得它沒問題，但事實上，我們看到飲酒造成層出不窮的社會問題，例如酒後家暴引發的家庭失和，或是酒駕導致的交通意外。飲酒的壞處究其根本，都在於飲酒會麻醉人的理智，而這正是佛陀制戒不可飲酒的原因。佛教是智慧的宗教，我們在不喝酒、不醉酒的時候，都已缺乏智慧了，何苦要再用酒精來麻醉理智，讓自己更加愚癡呢？了解這一點，就應該盡可能地不要飲酒。

有些人說，既然佛陀制定不飲酒戒，那我就不飲酒，改抽抽菸好了，反正佛陀也沒有制定不抽菸戒。若是如此，佛陀也沒有制定不吸毒戒，所以我們就可以吸毒嗎？由此可知，不飲酒戒首重其精神。佛陀住世的時代，既沒有菸，也沒聽說吸毒這回事，當時最能夠破壞智慧的飲品，就是酒精了，所以佛陀只制定不飲酒戒，但從制戒的精神引申來看，不論抽菸、吸毒，或是用藥上癮，不僅會傷害身體健康，更會影響理智，基於此，所以不飲酒戒也包含禁止這些行為。

同樣的道理，佛陀雖未制定不賭博戒，但從制戒的精神可引申出不賭博的行為規範。不賭博是從不偷盜與不妄語兩條根本戒綜合而來，因為賭博行為一定含有偷盜與欺騙的成分，所以雖然不賭博未列在根本戒，但將不偷盜與不妄語兩條根本戒的制戒精神加以綜合，便可得知賭博也應在戒的範圍內，既然受持了四條根本戒，就不應該賭博，以可確保生活得更健康、更正面，這是守戒很重要的作用。

財布施、法布施和無畏布施

布施在佛教裡，是一種重要的善法。所謂「諸惡莫作，眾善奉行」，「諸惡莫作」就是持守戒律，「眾善奉行」則是行布施。我們以布施涵攝大部分的善法，因為在布施的過程，能做出許多有利他人的事，同時也是和他人分享利益。

佛教的布施可分為三種：財布施、法布施和無畏布施。一般提到布施，第一個想到的就是錢，金錢的布施確實是最簡單、最容易，也是最直接的作法，同時還能發揮很大的作用。綜觀當前世界，貧富不均的現象可說是各國都有的問題，先進國家可透過政府的社會福利政策照顧弱勢民眾，但現實是社會上仍有許多政府政策照顧不到的角落，那就需要借助民間的非營利或慈善組織將之填補，我們就能透過這些單位做錢財的布施。

捐錢到這些單位做財布施看似簡單，我們只是把錢捐出去，事情就了結了，但實際上，每個組織背後的運作可能很複雜。我們布施了錢財之後，這些組織能否堅守其宗旨，發揮最佳的行政效能，將錢財的效益最大化，真正照顧到最需要幫助的族群，這些在我們捐款之前都需要多留心，一旦捐款了，就表示我們信任這個組織，相信他們會把我們布施的財物用來幫助最需要幫助的人。另一方面，我們也知道身邊隨時都會有需要幫助的對象，所以只要行有餘力，就可以盡量做財布施，這樣的善心、善行我們都可以做到，也鼓勵大家盡量去做，但同時也提醒各位，布施切勿超過自己的能力。有些人布施心切，而未周全考慮其他，例如明明還有家庭要照顧，卻布施過了頭，導致家庭經濟出現問題，甚至造成家庭的不和諧，這些也是我們布施時要多加留意的。

財布施是以財物做布施，這些財物也稱為「外財」，即是身外的財物；還有一種財布施是以「內財」做布施，也就是用我們的身體行布施。

簡單來說，身體布施就是透過我們的精神與力量幫助他人。用一個最普通的說法，就是「出錢出力」，出錢就是外財布施，出力就是內財的身體布施。器官捐贈也屬於內財布施，這種布施必須等人往生了才能做，不過像捐血這種內財布施，只要擁有健康的身體就能做到，但若是健康條件不佳，血液所應具備的條件不足，想要捐血也捐不成。由此可知，要行布施也必須福報具足，例如不但要擁有健康的身體，還要有醫院願意接受我們捐血，又或是發心捐贈器官者，如果活到高壽才往生，很可能器官都退化了，無法為他人所用。

內財施和外財施一樣，都必須量力而為，能做到的就做，做不到的也不要勉強，畢竟布施行善也必須具足福報，才能將福報與他人分享。

除了內、外財布施，第二種布施稱為「法布施」。相較於財布施是以物質為主，法布施則是知識。知識又分兩種，一種是世間的知識，另一種則是佛法，也就是出世間的知識，知識的布施也有層次之別。

世間的知識布施，也有兩種。一種是基本的生活知識，像是家庭教育或生活教育。生活知識是人類很常見的分享行為，也可說是一種善心，這是人們本來就應該做的事。另一種則是專業知識的布施，必須有賴於像老師這樣專業人士的布施。除了學校老師，也有許多人將專業知識做為一種職業。有一點要特別提醒，有些老師會有一種觀念，認為自己是拿錢做事，把他們專業知識的傳授，當作謀生的工具，假如抱著這樣的態度教學，教學態度可能很消極，即使是積極的，也只是為了想賺更多的錢。這樣就不是在布施了，因為當中缺乏一種分享知識的心，不是為了要教育學生或後輩，讓他們得到成長。

與此相反，我們身邊其實有很多很好的老師，他們的教學往往不局限於一般的知識範疇，甚至還會教育學生如何做好一個人。像這樣的道德教育，便能將世間與出世間的道理連貫起來，而類似這樣的老師，他們的教學就是一種布施。另一方面，假如我們本身不具備專業的老師身分，卻樂於將自己具備的知識學問和他人分享，使其獲益，這種分享的心態，也是一種法布施。

法布施的工作，即出世間法的布施，就是在分享我們的學佛心得與對佛法的知識、學問。在許多學術機構裡，也有很多學有專精的老師在從事佛學研究，而我們在此進行的佛法教學與交流並非職業式，而是超越於職業，純粹是以分享的願心來奉獻自己的知識與力量，把佛法這麼好的知識、學問，與更多人分享。這個分享的心態非常重要，因為這個心態會促使我們盡力地落實佛法的分享，即便現階段還無法向他人說明清楚佛法為什麼好，但也能做到透過簡單的介紹，引發他們的興趣。如果我們自己能夠分享經驗，告訴他人佛法為什麼好，這樣當然很好，如果還不到這個程度，但藉由分享資訊，把他人接引到老師身邊，由老師來教育他們，這也是一個很好的分享方式。事實上，很多同學都在做這些事，自己學習了之後，到處和別人家說佛法有多好、禪修有多好，並接引到道場學佛。

由此可見，法布施的重點在於心態。我們真心很想跟他人分享佛法的好，而將分享的心願化為行動，接引更多人來學習佛法，透過實際的修學而有所成長。這樣的布施，就是最殊勝的法布施。

把戒守好也是無畏布施

相較於財布施偏向物質、法布施偏向知識，無畏施則偏向精神層面。和法布施一樣，無畏施可也分為世間與出世間，而世間與出世間又都可再分為較消極的與較積極的。簡單來說，無畏的意思，即是沒有怖畏與恐懼，所以無畏施是幫助他人免於產生怖畏的心理。

現實生活中，我們都有一種苦，也就是最內在的不安。其實所有的苦皆是從這最內在的不安所衍生。世間很多的現象都會讓我們不安，感到害怕，而這種不安全感，不只是人，所有的眾生皆有。別看一些野獸狀似凶猛，其實牠們之所以表現出凶猛的模樣，往往是由於牠們內心的不安與恐懼使然。

我們學佛後，有沒有能力讓人覺得我們是安全的，不會傷害人的，甚至還能夠保護人呢？如果能夠如此，我們就是在行無畏布施了。類似這樣的無畏施，在行持上偏向消極，因為這其實就是持戒的行為。有一部講五種大布施的經典《五大施經》，弘一大師曾經提倡過這部經，因為它講的即是五戒。弘一大師覺得這部經很有意思，從中可知守五戒，就是在行五種布施，什麼樣的布施呢？即無畏布施。因為一個守好五戒的人，會讓周圍的人知道他是沒有敵意的，不會侵犯或傷害別人。五戒的作用即在於保護我們自身，不去侵犯他人，於此同時，還能讓與我們互動的人，都覺得我們是善良的好人，可以放下心理的防備。所以若能好好守戒，這也是一種無畏的布施。

諸位若能把戒守好，不僅是在行布施，還是一種很高的布施，因為精神上的布施是最重要的，能讓人感到安全，沒有任何害怕或恐懼的心理，這對任何人來說，都是最好的一種互動方式。

我們守好戒，固然能讓周遭的人感到安全無畏，但回到每個人各自的生活，其實不論內在、外在，還是會面對許多不安全感。假如我們不依佛法禪修、守戒，不往內心去修，內心還是會常常徬徨不安；即使已經在禪修了，這種不安依然存在，因為最內在的生死不安仍未斷除，我們仍在生死輪迴，唯有息滅了最內在的不安，才可能解脫自在。

生死是我們最大的恐懼，所有人只要尚未開悟解脫，都必然潛伏著對生死的不安。想要解脫生死，要從心理上、心靈上得解脫，而非色身。因此，佛法的修行重點在於調心，若能用智慧觀生死問題，這個問題就解決了。我們現在智慧不足，所以看不透生死的真相，也因此產生內心深層的不安、恐懼，導致外在行為的種種造作，而不斷輪迴。若人能夠解脫生死，也就能消除內心最大的恐懼，亦即《心經》所云：「心無罣礙；無罣礙故，無有恐怖，遠離顛倒夢想。」為什麼沒有罣礙呢？

因為依般若。依般若有什麼效果呢？照見五蘊皆空。

《心經》講得那麼清楚，很多人也每天持誦，問題是人們念歸念，卻是念給佛聽，而沒有念給自己聽，因此無法解脫生死，該怎麼辦呢？要用禪修法門，不斷地往內修，修到終於能夠見到本來面目，即能解脫生死。

自身的解脫生死，屬於出世間的無畏施，但因為是個人解脫，所以是比較消極的。諸位可以想像，如果身邊有一個用功修行的聖人，我們不只對他不會有恐懼的心，甚至還能感到安心。假如諸位有因緣接觸到真正的修行人，在親近他的同時，會真實體驗到一種無畏的感受。佛陀曾說一個地方若有人在修行，尤其是證果的聖人，此地就會是最有福報的地方；換句話說，當有人在修行，即使他沒有很積極地告訴我們修行佛法能解脫生死，但只要他持續用功修行，乃至有了開悟的體驗，他的精進用功、他的存在於此，就能讓人感到很安心，因為這些聖人自然而然會散發一種力量，讓人感到安定。

同理可知，若我們自身能夠持戒、修定，力行從世間通往出世間的修行，並在修禪定時，獲得安定的力量與智慧的作用，乃至達到開悟的體驗，我們就能從生死的問題中解脫。當然，解脫生死有不同的層次，根本的解脫，指的是無明滅盡，我們現在還達不到根本無明的解脫，但是只要具足了正見，知道生死輪迴是怎麼一回事，即使現在不能解脫生死，但一定能減少對生死的恐懼。

有些人雖然自己還未能解脫生死，但已能幫助臨終病人減輕對生死的恐懼，讓他們能夠坦然面對生死，甚至可以反過來安撫自己的家人。這類臨終關懷的作法已實施於各大醫院，用以幫助一些重症、絕症的病患，安然面對死亡。實際從事關懷輔導的法師或其他的宗教師，他們本身不一定解脫了，但他們有理念、有方法，還有信仰的力量，可以幫助人們化解對死亡的不安。

即使是有信仰的人，在面對死亡之時，若信心尚不堅定，仍會感到不安、恐懼，若是我們能夠幫助臨終者和他們的家屬，使其安心、安定，這也是一種無畏布施。

弘揚佛法就是無畏布施

另外一種更積極的無畏布施，則是弘揚大乘佛法，讓更多人透過修行解脫生死。當我們一心想著要幫助眾生解脫，這就是一種積極的行為，會促使我們用各種方法實踐。例如不管自己修得如何，即使還沒達到解脫境界，但因為知道佛法的好，知道禪修很好，可以幫助很多人解脫煩惱，於是便會積極地以各種方法接引大眾學佛習禪。

我們發現很多老師在不斷弘揚佛法時，還得處理其他許多事務，以至於他們對佛法雖有理論、有方法，自己卻未必有因緣成就，反倒是他們的學生做到了。他們的學生跟隨他們修行，最後老師沒開悟，但是學生得解脫了。類似這樣的事情，禪宗公案裡記錄了不少，而這些老師落實的，正是一種積極的弘法。

阿彌陀佛設立淨土，接引眾生到淨土修行，由此可知，淨土法門就是一種積極的方法。大乘佛法便是要把淨土的精神應用到現實社會，故積極地建設道場，其用心就是要把這個道場建設為人間淨土，讓來此修行的人，彷彿是在淨土裡用功，可以將世間所有煩惱暫時拋諸一旁，一心一意用功修行。

諸位現在所參加的這期禪修課程，就是積極的無畏布施。廣而言之，所有的禪修課程都是在施無畏，目的是讓禪修的眾生能夠達到修行終極的目標，即解脫生死。我們看到有許多大師不斷地在指導禪修、建設道場，用意即在於透過佛教的弘揚，以接引更多的眾生，所以這是一種很積極的無畏布施。

諸位對無畏布施有所了解後，回頭看看自身，我們禪修的目的是要解脫，達到無畏、心無罣礙的境界，至於我們在修行中累積了多少力量，幫助了多少人，都不需要牽掛，類似這些的無畏布施，我們盡力而為的同時，也要量力而為，我們能做到多少，就做多少。

念息檢查身心狀態

這回禪期中，用以保持正念的的方法，除了念佛法，另一個基礎方法即是數息，也就是念呼吸。因此我們的課程，便將「六念法」中的「念天」，改以「念息」取代。

不論念佛或念息，都可將之應用於日常生活，也就是在生活中保持對方法的憶念。例如持名念佛，平時只要不是處在太複雜的外境，或是不需要太多思考之時，便隨時將佛號提起來，這就是在生活中用方法。但要注意的是，提起的佛號一定要非常清楚，不必追逐數量，重要的是佛號提起時，要能清楚知道自己在念佛。回到數呼吸的方法上，也是如此。

呼吸是介於身心之間的作用，呼吸的粗或細，與身心狀態密切相關，也因此，任何時候我們都能透過呼吸，觀察生理與心理當下的狀態。舉例來說，剛運動完，身體正處在緊繃的狀態，或是生理上有一些毛病的人，呼吸就會比較粗；另一方面，情緒波動的時候，身體也會隨之緊繃，緊接著呼吸也會發生變化，特別是貪與瞋的煩惱習氣起現行，此時呼吸的變化就會很明顯。

大家應該都有這樣的經驗，當我們生氣、害怕，或是恐懼之時，尤其是負面的情緒生起，此時便很容易發現我們的呼吸變粗了，有時會進入到喘，甚至是風的狀態。這樣的呼吸狀態是滿危險的，表示情緒波動得很厲害，在這當下若還採取某些行動，就有可能導致很嚴重的後果。

所以禪修時，要時常注意呼吸，保持對呼吸的敏銳覺察。若能如此，只要呼吸稍有一點粗的現象現起，就能及早發現。特別是情緒波動導致的呼吸變粗，這時不論念佛或念息，都能幫助我們發現，情緒正在心理層面運作，覺察了這一點後，就能趕緊回觀我們的心，看看當下呼吸顯現的粗相，是否緣於負面情緒起現行，是的話，就要回頭來調呼吸。

例如有些人鮮少有上台的經驗，一旦遇到非得上台的時候，可以想見他們會有多緊張，這時要怎麼處理呢？一般會要他們深呼吸，先把呼吸調好，如此心跳的速度就會慢慢緩下來，人也比較容易放鬆，然後就能順利上台完成演說或表演。這樣的方法是有效的，一般人也都做得到，不過禪修者較之更敏銳，只要情緒稍有波動，呼吸就會傳達出這個訊息，我們只要一觸到訊息，發現呼吸有問題了，就開始用方法調和，可以立即用呼吸法調整呼吸，或用念佛法提起佛號。只要能先調息安心或是念佛安心，把內在情緒處理好了，再去處理外部的事情，煩惱便無從產生，也能避免可能導致的嚴重後果。

一般來說，只要能把事處理好，煩惱現行的力量自然就會減輕。至於工夫得力者，不只能把自己的煩惱轉過來，甚至還能把他人的煩惱也轉過來，不過要做到這點，首要的前提是，必須先覺察到自己的心理狀態，那就必須經常在日常生活練習念呼吸的方法，只要不是處在很複雜的外境，不需動用太多思維作用時，就隨時把自己的心放在呼吸上，讓心與呼吸保持在凝聚、相應的狀態，如此就能更快速地覺察自己的內心與情緒狀態，即時做調整。

由此可知，念呼吸的方法相當實用，假如各位用得好，就會發現，它真的能幫助我們減少許多日常生活的情緒問題。且隨著調和工夫益加得力，不只是自己的情緒調伏了，還能幫助與我們互動的另一方調和、轉化情緒。所以諸位現在於禪堂中練習的方法，請記得禪期圓滿後要帶回家去，在日常生活中，隨身帶、隨心帶，要時常提起、練習，以幫助各位保持正念。

持戒清淨

關於修前方便的「持戒清淨」，這部分在介紹六念法的「念戒」時，即已提及，此處特別再提出，是因為戒律對個人的修行，以及日常生活中的互動往來，具有非常重要的保護作用，幫助大家避免或減少傷害，也因此持戒亦是行無畏布施。因此，我們再就「持戒清淨」的兩個重要部分做說明，一是不犯，二為懺悔。

持戒而後不犯

每個人的成長過程，多多少少都做過些戒律規範我們不要做的事。當然也有些人從出生到成人，幾乎沒做過什麼壞事，從小就尊重生命、愛護動物，待人彬彬有禮，可以說非常善良的人。像這樣善良的人若來學佛，幾乎都能很快入門，甚至會認為他們是乘願再來的修行人。

也因為這些善良的人，幾乎沒有犯過什麼錯誤，所以受戒時的狀態就很清淨的；可是這樣的人畢竟是絕少數，大部分的人小時候都做過些不好的事，可能直到長大學佛，才知道那些是不好的行為。雖然有些行為從世法的角度來看，似乎沒有問題，例如一般人被蚊子咬，本能的反應就是打死蚊子，但從佛法的角度而言，只要能不傷害牠們，就盡量不要傷害。尤其有些昆蟲，像是成群結隊的螞蟻根本沒有侵犯到我們，但很多人看見了就是受不了，非要除之而後快。而蚊子即使是侵犯了我們，也只是吸了一小滴血，我們卻就一巴掌打死，可以說蚊子是用生命換那一滴血，代價實在太大了！所以從佛法的角度來說，我們其實還能做得更好，應該盡量護生，不傷害昆蟲和動物。學佛受戒後，既然知道持戒的重要，對於以往曾犯的過錯，就不要再犯錯，這樣即是「不犯」。

通常的「不犯」，大多是比較輕微的犯過，如果有人做造嚴重的惡事，而在接觸佛法後，發現佛法對他們的生命很受用，就必須在學佛、持戒後，針對過往所做的壞事，學習從此不再造作，這也是「不犯」。

《小止觀》中提及，持戒可分為上品、中品、下品，出生後就不犯過者，為上品；成長過程犯過輕微過錯者，為中品；而曾造作嚴重惡事，學佛後願意持戒改進者，為下品。其中，下品者要改正很不容易，但若能生起一念善心，後面的人生就有整個翻轉的可能。不過他們在學佛、初受戒時，由於過往犯下的嚴重錯誤，所以受的戒為下品，但只要發心持戒，從此不犯，那便是開始了依正道而行的人生。不過，普遍來說，多數人皆屬中品持戒，在學佛、持戒後，難免還是會犯一些過錯，但是既然已持戒了，就要盡量學習，做到「不犯」。

慚愧懺悔心清淨

持戒清淨的第二部分是「懺悔」。不論過往如何，既然已經受了戒，就要盡量學習不犯，只是一般人難免還是會犯錯。雖然最重的戒如殺人，我們既不會犯，也不敢犯，但是一些比較輕微的過犯，有時難免還是會做，若是做了，就要改進，而改進的方法，即是懺悔法門。

懺悔法門對於持戒者，是一個極有助於成長的重要方法。只要是人，就有許多煩惱習氣，要改正很不容易！俗話說「大錯不犯，小錯不斷」，可見人很容易犯下一些輕微的過錯，至於要學習到完全不犯，則必須不斷改進和調整，也因此一旦犯過，就要懺悔改進。不過，最重的戒仍是不通懺悔的，也就是無法可改，例如殺父、殺母，這個惡行太嚴重了，就算別人願意給予機會，或是自己想要通過修行改過，都很難懺悔；雖然基本上，我們都不會犯這麼重的罪業，但是為了口腹之欲，卻很難不殺傷動物，如殺牛宰豬等，因為貪吃，自然就不會放過了。所以在飲食方面，我們即使不能三餐素食，也要盡量常吃素。留心觀察我們的日常生活，除飲食外，其實還有許多容易犯過的行為，都要懺悔、改進。

懺悔本是一個很好的修行法門，然而如今的懺悔法門，往往只是以宗教的儀軌，將之規範、設計為一個徒具形式的儀式，而來參與懺悔法門的人，僅僅只是來參加一場法會罷了，遑論通過懺悔的過程，獲得真正的啟發。反之，如果諸位有參加過拜懺法會的經驗，並且非常用心地參與其中，就會發現儀式所使用的經典和懺悔文，本身就是讓人非常受用的佛法，諸位念了之後，若能從中得到啟發，表示這場法會對你而言是很受用的，而這樣的受用，便會直接影響我們的身心。

簡單來說，懺悔的意思，即是改進自己。要改進自己，就要針對過去所做不好的事，一方面不要再犯，另一方面不只不再犯，還要多做好事。而懺悔的心理，則緣自「慚愧心」。

唯識學所謂的慚愧心，是善心所法之一，也就是一種善的心理作用。每當我們說到慚愧心，就表示知道自己做得不夠好。「做得不夠好」有兩個層面，一是因為以前做了不好的事，二是自己能力應該可以做得更好卻未做，前者比較消極，所以生起慚愧懺悔心，欲改進之；後者比較積極，自知未盡力把事做好，而生起慚愧懺悔心，希望能做得更好。

慚愧心又有「發於外」與「發於內」之別。發於外者，是因為外在的因緣條件，使人生起慚愧心。舉例來說，若所處的環境都是好人，受環境的熏習，自然就會產生有為者亦若是的心理；而發於內者，則受到外在因素影響，因而觸發人的內在心理，認為自己應該做得和他人一樣好，甚至更好。

由此也讓我們明白，為何阿彌陀佛在建設淨土之時，要告訴我們極樂淨土是「諸上善人聚會一處」。既然那裡都是上善的好人，我們若是往生極樂，將連一丁點做壞事的機會都沒有，所有的惡業也沒有機會起現行，更遑論要害人破戒了。

上述是發於外的外在因緣條件，至於發於內的內在因緣條件，則指我們的心，本身即有一種「愧」的心理。所謂「問心無『愧』」，即指自知已盡力了，便不會覺得對不起任何人。慚愧心是觀察自己的過去與現在，過去做得不好的，現在不要再做，並轉為好的；現在做得好的，且自覺可以做得更好，就更精進地做好它。

慚愧的心理顯現為外顯的行為，即是懺悔。之所以將懺悔與戒律結合，是因為在大多數時候，我們所造作的不好的行為，幾乎都是犯戒的。犯戒後該怎麼辦呢？方法是改過。如何改過呢？方法是不要再犯，並且做得更好。

因此，懺悔一定要先承認自己過去的不好。正如〈懺悔偈〉所說的：「往昔所造諸惡業，皆由無始貪瞋癡。」所謂的「往昔所造諸惡業」，它們是如何生起的呢？「皆由無始貪瞋癡。」現在知道了，不要再做，這就是懺悔的心理與行法。假如我們是真心地因持戒而懺悔，以往所犯的不再犯，並且從此做得更好，這樣的懺悔，其實已不拘於儀式之有無，而是直接落實於行動。

至於儀式的作用，是因為我們的懺悔，不只是現在所見之事，還有一些看不到的、往昔多生累劫所犯的過錯，這樣的懺悔不只是本身的改進，還包括宿世以來若有做過一些對不起他人的事，所以現在要透過用功修行，將功德迴向給他們，將和他們所結的惡緣轉為善緣。

諸位看懺悔文的內容，很多都是用來提醒拜懺者，我們多生累劫生死流轉，如今已發願行菩薩道，然而往昔必然做過些不好的事，因而傷害了眾生，我們對此悉皆懺悔；但因為現在沒有機會和被我們傷害的眾生直接道歉，所以通過懺悔的儀式，以宗教的力量，一方面改進自己，另一方面向所有曾被自己傷害過的眾生認錯、道歉。因為我們認錯了，才會改正；反之，不認錯，表示不認為自己有錯，既沒有錯，又何須改之？

懺悔不是把懺文唱得很好聽，唱完就過了，而是通過懺悔的過程生起慚愧心，知道自己真的有所不足，而這些不足之處，有時真的會干擾到別人，因此現在要改過。是故「持戒清淨」，必得懺悔而不犯，如此戒方得恢復清淨。所以「不犯」與「懺悔」，我們都要努力地做到，不斷地提昇自己。

守護根門

大多數人對於布施與持戒都有基本的概念，也知道要在日常生活盡量落實，可是關於守護根門，即使是學佛人，往往在日常生活中，也不太容易覺察，要進入到禪修，也就是當心往內攝，能夠注意到自己的身心狀況時，才會留意到這個部分。因此，我們此處所談的守護根門，先不論及和禪修的關係，不談得那麼深細，而是粗略地從日常生活說起，當某些境界於生活中顯現，我們在接觸的當下，要如何守住自己的根門。

我們透過眼、耳、鼻、舌、身、意六根，這六種感覺器官認識世界，我們的根就像一道門，一般人通常都是門戶大開，全無防備的，所以很多外境與訊息，不論好壞、該不該接收，全部都直接登門而入了，如此便招感到許多問題與煩惱。因此，我們若想減少煩惱，就要顧好這道門。

守護根門可分為內、外兩層，諸位目前尚處在初階的禪修階段，所以談的多是較為粗略的外層守護根門，待諸位進入到更進階的用功，守護根門的工夫就會更內在、更深細。

守護根門多是在禪修的「方便」中談及，當我們開始打坐用功，進入到禪修這一正道之上，自然就會注意到根門的守護。而除了禪修之外，假如平時生活也能對此多加留意，對於修行將有很大的幫助，除可幫助自己減少造作惡業，也將更清楚自我身心的內在狀況。

外在的守護根門，在日常生活即能多所留意；但更深入的守護根門，則必須進入到禪修才能更清楚地看到，外境有什麼問題、內在有什麼問題、這當下的根門該如何守護等，這些更深細的守護根門工夫，日後也可延伸到生活中去落實，不管諸位過的是哪種禪修生活，是一年參加好幾回課程，很密集精進地用功，或是因為忙碌，一年至多只能打一個七，但只要你認為禪修很重要，那麼日常生活的守護根門，也就同等重要。

修前方便（日常生活）——守護根門

- 訶欲
  - 訶色欲
  - 訶聲欲
  - 訶香欲
  - 訶味欲
  - 訶觸欲
- 棄蓋
  - 棄貪欲蓋
  - 棄瞋恚蓋
  - 棄睡眠蓋
  - 棄掉悔蓋
  - 棄疑蓋

守護根門是一種防護作用，能幫助我們減少煩惱，以及對外的攀緣與追逐。人的五根，即五種感覺器官，眼根緣色塵，也就是各種形相、顏色、光影等；耳根緣聲塵，也就是各種大大小小的聲音；鼻根緣香塵，也就是嗅覺的作用。香又分好香與惡香，在此皆稱為「香」，至於一般口語，則多以香與臭分別之；舌根緣味塵，

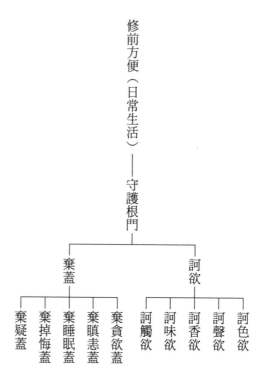

也就是味道，味道同樣也有美味與不美味之別；身根緣觸塵，是一種接觸作用。「觸」這個字，中文上可單指身根的觸覺，另外，也可用以指涉五根接觸五塵時，所各自產生的了別（識）作用。

五根五塵引起欲望

如以香塵、味塵為例，鼻嗅香、舌嘗味，當嗅覺、味覺產生作用之時，即會開始分別嗅到的是好香抑或惡香、嘗到的是美味還是不美味。一般來說，嗅與味皆可分為五種：酸、甜、苦、辣、鹹。諸位比較清楚舌嘗味，因為我們每天所吃的食物大抵都離不開這五味；至於鼻嗅香，要能了了區別出這五種香味，則必須如鼻根禪修者般地用心，方能清楚辨別。

人的五根對五塵，於根塵相觸時，若是產生了情緒上的分別，這個情緒便會引發追逐的行動，此即是欲。大家都有這樣的經驗，聽到某個聲音感到很喜歡，這樣一種喜歡的心理，就會讓聲塵轉為聲欲，想要攀著它，並且以行動追逐它。

「欲」之所以會產生問題，是因為人在追逐欲的同時，會引發很多的行為，這種種行為即是造作。整個追逐的過程，可能緣於慣性，也可能是情緒的波動使然。凡造作皆有後果，假如追逐所用的方法不妥當，便會與惡法相應，其所招感的必是不好的後果。例如看到一樣東西很喜歡，但自己的能力不足以得到，但又非常想要，該怎麼辦呢？可能會用一些不合理的方式取得。之所以會想得到，是因為心被吸引了，這是一種染著，而後引發追逐、占有的整個過程，會顯現許多生理、心理的造作行為，也必然得面對其後果。

假如是用不合法的方式取得，可能就得面臨法律的制裁，即使方式合法，也可能要付出很大的代價，一方面是過程中可能造作了些不好的行為，或是價格非常高昂，為了滿足物欲就得耗費大量的時間、精力去努力賺錢，以致最後即使得到了，但整個人也已經身心俱疲，這個代價就太大了。所以我常提醒年輕人，不要過度消耗自己的體力追逐金錢。金錢人人都喜歡，因為有了錢，就可以買很多喜歡的東西，結果年輕時努力追逐金錢，卻把身體搞壞了，年者時只能把賺來的錢，用來治病，等病治好了，錢也用完了，甚至花光積蓄，身體都還沒能復原，類似這樣的事，諸位應該也時常聽聞。

有「欲」，即有「愛染」，便會產生「追逐」等造作行為；凡有造作，必要付出代價（果報），不可不慎。面對很喜歡的東西，要清楚知道這東西是真的需要或只是一種欲望。假如是欲望，將會不停追逐；假如是需要，只要得到滿足就好。

人要活得幸福快樂並不難，只要懂得知足。這就是為什麼容易滿足於簡單物質條件的人，往往也容易感到快樂幸福；反觀我們自己，為什麼感覺不到呢？因為我們要的東西太多了！聖嚴師父說「想要的太多，需要的不多」，「想要」就是欲。五根接觸五塵，一旦生起了欲，就會產生想要的心理，而持續不斷向外追逐。

守護根門，除了能減少向外的追逐，對修行也有大有幫助。守護的方法之一是「訶欲」，禪修者將五根做適當的隔離，是一種比較消極的方法。例如整個禪期中，諸位大部分時間都在此閉著眼睛打坐，環境也相當寧靜，鼻根與舌根所接觸的，都是很簡單的食物和味道，身根則是天天都在禪堂，五根沒有機會攀緣追逐，五欲自然而然就遠離了。

訶欲是禪修期間所採用的方法，雖然日常生活不容易做到，但可以把握一個原則：盡量減少對物欲的追求，如此就能幫助我們減少衝動性的情緒與追逐。

人不可能無欲，因為生活離不開五塵，不論日常生活或禪修生活，五根必然會與五塵有所接觸，一旦接觸了，欲即會自然生起。例如諸位在此禪修，雖然飲食很簡單，但多少還是會有分別心，遇到喜歡的食物，忍不住多吃些，而不喜歡的食物，可能就不去碰它了。儘管無法完全隔絕根觸塵生起的欲，但透過守護根門，讓欲不至於過度發展，就能避免後續無止盡的追逐所導致的輪迴，以及由此引發的種種苦。看見自己喜歡吃的食物，忍不住想多吃點，這很正常，只要不過度，能滿足現實生活所需即可。

這些也要提醒各位，正因為人都有一些日常需求必須滿足，如飲食、睡眠等，基於此，根門不可能做到與外境完全隔絕，所以凡與根身的基本需求有關者，我們還是要照顧好它，但請留意適度為宜。

捨棄覆蓋善法的煩惱

守護根門的方法之二是「棄蓋」，即是捨棄五蓋：貪欲蓋、瞋恚蓋、睡眠蓋、掉悔蓋、疑蓋。往心的內層看，外境之所以成為欲，與「五蓋」有關。五蓋是意識的作用，之所以稱為蓋，因為它會將好的心理覆蓋，使心生煩惱。所謂煩惱，隨著禪修之有無，亦有粗細之別，有禪修經驗者，能往內覺察到更深細的貪、瞋、癡根本煩惱，假若沒有禪修工夫，基本上也能發現一些比較外層、覆蓋善法的煩惱。五蓋中，最根本的煩惱是貪、瞋、癡，也是禪修主要對治的對象。

（一）貪欲蓋

最明顯的特點是與外在的欲結合，當人看到一樣東西，很喜歡，此時貪心生起，引發人的意志去追逐，整個過程即是人對物質的「色」，產生貪愛的「受」，促使人不斷地「想」著要如何獲得，最後產生「行」動。在這當中，受是情緒；想是理智；行是意志、行動。總地來說，根觸外境後，促使追逐作用產生的，就是貪。

（二）瞋恚蓋

瞋是貪的反面，也是一種抗拒的心理。諸位可能會認為，如果可以用瞋心抗拒貪欲，就能捨棄貪欲，但事實上，瞋的作用其實是和貪結合的，因為人之所以會產生抗拒的心理，背後必有其原因，也可說是與貪愛的情緒相反的，貪愛不到便會現為瞋。從更深層的心理來看，不論貪或瞋，皆緣於情緒的迷惑，這種情緒稱為「愛染」。愛染之心一旦生起，會朝兩種方向顯現，一是追逐，二是抗拒，究其實，它們的根源皆相同，只是在表層上會有貪、瞋兩種不同的表現。當瞋心顯現，顯示出的是不喜歡的感受，然而不喜歡不一定就能訶欲，雖有人是以此方法對治貪欲，但要注意的是，瞋也是一種煩惱。換言之，抗拒的當下，其實也是在引發煩惱。所以從根本上說來，貪、瞋兩種煩惱，都會覆蓋好的心理，而且瞋心起現行時，雖然乍看是在抗拒，讓人不要追逐，但往往破壞力也大，這就是為什麼當瞋心顯現為一種煩惱相，我們往往比較容易覺察到它。

貪與瞋是一體兩面，皆由愛染心而生。當人以迷惑的情緒，與外境接觸，此後不是追逐就是抗拒，而這兩者都會引發煩惱，不是說你能夠抗拒、能將之捨棄就沒問題了，因為背後仍有貪心在驅動你，你必是有某種喜愛的東西，而和這個東西相反的，你就不喜歡，由此之故，瞋也是一種煩惱、一種覆蓋，一旦顯現了，會對人產生很大的干擾。

以諸位來參加禪修為例，如果打坐坐得不好、身根觸覺的覺受很不舒服，往往瞋心就生起了。這幾天天氣還不錯，如果讓你們在外頭打坐，不是安排在陰涼處，而是在太陽高照的地方曬上半小時，那時諸位必定煩惱迭起，一會兒起貪心，思忖著若是能躲在陰涼的地方該多好！一會兒又起瞋心，嘀咕著到底還要在太陽下坐多久，簡直活受罪！不論生起的是貪或瞋，皆是由於對身體的執著，能讓身體舒服的，就追逐它；讓身體不舒服的，就抗拒它，而抗拒的過程往往會更煩躁、更煩惱。

（三）睡眠蓋

談「五蓋」時，並未直接指涉癡，因為癡是最深的，是理性的迷惑，即無明，不過癡會顯現為兩種作用，一是昏沉，二是睡眠。當昏沉起現行，那時不論你在做什麼，既無貪來亦無瞋；至於睡眠，如果把你放在太陽下打坐，你都能睡著，那就不會起瞋的反應，同樣地，把你放在陰涼處，你也不會生起貪心。這就是癡的一種顯現：昏沉睡眠，也是一種蓋，蓋住我們的清明之心；至於貪、瞋，蓋住的則是安定之心，因為不論是生起貪或瞋，心一定是不安定的。我們的安定、清明之心，常常都被貪、瞋、癡三大根本煩惱覆蓋了，也因此，我們修定、修慧，正是要來對治這些煩惱。

（四）掉悔蓋

掉悔也作掉舉。掉是下去，舉是上來，形容心上下起伏、不安定的狀態。心之所以有這種不安定的狀態，是因為日常生活中，心常常就是不安定的，身掉、口掉、意掉，身、口、意皆不安定，於是打坐時，便現出了掉舉相。

掉舉最常見的作用，即是妄念。妄念來時，我們受其干擾，隨之而來更干擾我們的作用，是生起了懊悔心。比如各位來打坐，坐得妄念紛飛，這時可能有人就要生氣了，氣自己為何有這麼多妄念，又聽說妄念是平時生活的造作招感而來，於是更氣自己為什麼平日沒有照顧好身心，結果便產生了後悔的心，不停在懊惱不已；也有人坐得很好，但被鄰旁的同學干擾，於是就動了妄念，生同學的氣。類似這類的心理，以及伴隨而來的干擾，在打坐時會特別明顯。

（五）疑蓋

疑即是懷疑。有的人雖然來禪修，卻帶著許多的不信任，一下子懷疑老師，聽老師把佛法講得那麼好，可是一時間也無法證明真偽，於是就連三寶的好也開始懷疑了；一下子又懷疑自己，只要打坐不舒服，便懷疑自己不是修行的料。疑的作用與癡相應，諸位看中文字很有意思，「疑」生病了，即是「癡」。

開頭談的貪、瞋，是對外的欲。欲的表現，一為追求，二為抗拒，至於內在的妄想，其中亦包含貪瞋煩惱。貪瞋心起，由此產生種種妄念，這些妄念又導致懊悔心生起，於是妄上加妄，便覆蓋了我們原本能用功的心。

因此，日常生活即要守護根門。假如平日沒有照顧好，打坐時起現行諸位就知道厲害了！這就是為什麼有些同學來打坐，得花很長的時間，才能讓心慢慢安定下來，因為他們平常生活有太多的貪瞋、昏沉與掉舉，類似這一些狀態，有時是因為外境讓人生起追逐或抗拒之心，這表示身心連通內外的大門是敞開的，所以外境有什麼，便通通吹進了門內；還有的人是睡著了，什麼東西吹進了門裡也不管，反正打開就打開，任由它去了，結果就是內外串成一氣，其所顯現出來的，一定都是些比較負面的狀態和問題。

反之，如果我們平日便將根門守護好，它的作用是兩邊，一邊是對內，保護我們不去追逐外在的事物，也就比較不會為外境所干擾；一邊是對外，讓外在的事物不會跑進來干擾我們。諸位如果在日常生活即能照顧好自己的根門，不但能減少打坐時的妄念、掉舉，甚至貪瞋、昏沉睡眠的覆蓋也會減少，工夫就比較能夠得力。如此一來，疑也減少了，因為你發現自己是可以用功的，而且老師和經典的說法都對，既然都對，你的疑惑就大為減少。所以守護根門，不僅能讓我們把自己日常的起心動念照顧好，對於日後禪修，更是大有助益。

正修方便

先前的課程，主要談的是日常生活所需具備的修行條件與觀念，屬於〈禪觀修學次第簡表〉的「修前方便」，包括三皈五戒、守護根門等，若平日即加以注意並具足條件，心態自然比較安定，如此入靜到密集禪修的課程，會有更好的修學進度；反之，如果不具備這些條件，便匆匆忙忙地進入課程，勢必就要花許多時間，處理禪修過程浮現的種種問題。

這部分之所以先談，用意在於提醒諸位，禪修者若具備了這些條件再來用功，於密集課程期間，必會有很大的工夫進展。至於每一堂課之間的出靜時間，也屬於日常生活的範疇，期間若能多加留意，保持條件具足，下一回入靜之時，便會發現工夫更好用上去了。

有些同學即使非禪修期間，於日常生活即是依照三寶的教導，安住於正法。換言之，他們平日就是具足正見地過生活，這當中也包含一些平時即持戒清淨，甚至從不犯戒的人。類似這樣的同學，由於他們具備的條件好，即使從來沒有禪修經驗，但只要一進入密集課程來禪修，工夫往往進展比其他人都快。

由此可知，修行其實是一個整體，具足條件的工夫，實是貫通於正修用功與日常生活的。因此，不論是入靜之前，或是出靜之後，日常生活仍要好好用功，並保持正確的心態，具足正確的觀念，對於所有應具備的條件，都要盡量做好。

至於入靜時，該具備那些條件呢？這就是我們接下來所要談的「正修方便」內容。

〈禪觀修學次第簡表〉的「正修方便」，我以《小止觀》的二十五方便為本：1.具五緣；2.訶五欲；3.棄五蓋；4.調和五事；5.行五法，也就是二十五種禪修生活必須具備的善巧條件，條列了五項條件。不過，我條列的方式和《小止觀》有些不同，如訶五欲、棄五蓋，我將之歸列於「修前方便」，也就是放在日常生活的範疇裡來談。此外，具五緣中列首的「持戒清淨」，也是放在「修前方便」裡，因為若是等到來禪修了，才知道自己持戒是否清淨，那就有點遲了，所以日常生活就要把這項條件具足。至於調和五事，屬於基礎禪修的具體運作方法，在先前的課程，我們即已就調身、調息、調心的方法，以及飲食與睡眠的調和，與諸位做了概略的說明，而我在此條列的正修方便，著重的則是在正式進入禪修用功前所需具備的相關條件，和二十五方便的調和五事題旨不同，故不列入。

簡表條列的正修方便，前四項都是就生活環境與禪修生活所須具備的條件而言；至於第五項「具足五法」，強調的是調和用功時該如何用心。這五種用心不論是對禪修法門，甚至是一切佛法的修行，都至關重要，所以凡佛教行者都必須具備。

正修方便（打七課程）
- (1)閒居靜處
- (2)衣食具足
- (3)息諸緣務
- (4)近善知識——教授、同行、護持
- (5)具足五法——欲、精進、念、巧慧、一心

閒居靜處

先談第一項「閒居靜處」。

我有一段時間非常地閒，那時從工作崗位退下來，算是處在退休狀態，便回到馬來西亞的故鄉太平，每天都會去一位學生的房子，由於在那裡都閒閒沒事做，所以就管那間房子叫「閒居」。由於實在是太閒了，我就一直找事來做，算是閒裡偷忙。這就和你們不同了，你們大概都是忙裡偷閒，才能來這裡禪修打坐。

閒不只是一種生活方式，更是一種生活情趣。修行也是要有閒的，假如你每天都得為生活忙碌，沒有賺錢生活便無以為繼，你就沒有閒了；但也有些人，他們的生活不富足，卻總能抽出閒情，全家晚上在門口一起看月亮，看到該睡覺了，一天就過去了。同樣地，諸位來此禪修，也要能閒下來才行，心才會靜下來。

閒居靜處的重點，在於心能否靜下來。閒居靜處包含了生活方式要有閒情，以及心境上能夠放鬆。諸位來此禪修，必須放下許多東西，包括世俗生活各式各樣的繁忙與牽掛，既然來了，就只做一件事情——用功修行，這就是一種閒的心態。

閒居的「居」，可分為動、靜兩個意思，靜者為名詞，即居住的地方，與靜處的「處」字同義；動者為動詞，即指居住。「閒居靜處」的意思是能夠放鬆自己，讓自己處在一種閒情的狀態，並且來到安靜的地方，不受外境的干擾。例如我們的禪堂，便是很安定、干擾很少的空間。

關於靜處，也就是修行的空間，《小止觀》僅簡單提出上述條件，事實上，因修行的方式不同，靜處又可分為獨居式與共修式，前者只需要一個很簡單、很安定的地方，後者則供群體修行，例如我們在此舉辦密集課程，空間的安排就需要更多的設計。

要找到一個能讓我們安心，得以閒居的空間來禪修並不容易，由此也可了解，佛之所以開示淨土經典，正是因為許多修行人對淨土心生嚮往，希望能夠身處在沒有生活負擔、煩惱喧囂的空間，與諸上善人一起安靜地用功，所以佛介紹淨土，即是為了滿足人心對淨土的嚮往，而同時還是必須回到現實的世界，於我們的生活空間建設淨土。也因此，佛教徒即從淨土的觀念獲得啟發，歷代祖師於是發心建設修行的淨土，而有了許多的叢林、寺院、禪林等，讓大眾得以來此用功修行。

建設道場很重要，一如佛在世時，他接受國王與大富長者們護持，建設精舍，佛陀之所以接受，即是緣於淨土的觀念，好讓弟子們可以安居，專心辦道。這樣的觀念也一直在佛教裡延續著，然而要讓各方居士護持道場的建設，實屬不易，佛教後來於印度衰落的一個重要原因，就是當時佛教修行者失去了在家居士的護持，即使仍有若干重要道場，但修行人與居士間的聯繫愈來愈少，缺乏真正有力人士的護持，以致佛教面對外敵時，道場即遭毀壞，佛教便很快地衰亡了。

另一方面，一個道場的維持，也需要許多的條件與因緣。以地理環境來說，臺灣即有許多佛教道場的建設，因為當年佛教於臺灣復興，很多居士們從佛法獲得實質的受用，他們便願意發心護持佛法、建設道場。道場建設了之後，維持也非易事，佛教在中國有一段時間即是因為失去了護持，道場紛紛衰微，所幸硬體的建設仍在，以至晚近佛法逐漸復甦，原有的硬體再加上現代軟體科技，成為弘揚佛法最有利的助援，也接引了許多護法居士的護持，於是佛教在中國又興旺了起來，許多道場再度發揮功能，成為信徒乃至禪修者最適宜「閒居靜處」的修行處所。

諸位現在能在這裡用功，要眾多因緣條件具足，方能建立的禪修淨土中的閒居，這真是不容易。「閒居靜處」四個字寫來簡單，但落實起來可不簡單！各位理解這一點後，在禪修時，一方面要在心境上放鬆自己，另一方面要好好地利用這個空間，珍惜安心用功的福報。

閒居靜處是禪修入靜非常重要且必備的條件，假若沒有這樣的空間，我們無法一起禪坐共修。中國的每個叢林都一定有禪堂，凡修行人都可以來此安心辦道，所以這些叢林都是淨土，也是修行所要具備的第一個條件，而要具備這個條件，還要獲得大眾護持的福報，方能成就。大家能夠在此共修，表示福報、因緣具足，要善用這個空間用功，以獲得修行最大的受用。

衣食具足

衣食具足是生活最基本的條件，即是要有保暖的衣物，以及足以飽腹的食物。先前的課程已談到了飲食的調和，食物不但要具足，而且還要調和，這說明了修行不能離開食物，仍然必須具備基本的飲食條件。

早期印度與現在的南傳佛教的僧人飲食都是靠托缽，毋須費心張羅，即會獲得來自全民護持的食物。但是中國佛教的僧人無法以托缽取食，必須自行解決飲食問題，因而發展出素食的特色。事實上，素食的確有益健康，因為身體補充的能量來源，離能量的源頭愈近愈好，而距離最近的就是植物，大凡地球上的所有生物，只有植物可以直接從太陽吸取能量轉化為自身的養分，這點所有的動物都做不到，所以當我們食用植物時，就能和植物一樣更靠近能量的源頭；反之，若食用的是動物，就會與太陽的能量相隔好幾層。即便不是素食者，建議也要常吃素。

至於保暖的衣物，這點則須因地制宜。例如印度位處亞熱帶，所以印度修行人的衣服非常簡單，甚至可以不穿衣服，晚上在林下水邊，躺下就可休息，不過基本上還是會有所謂的「三衣」：一是上衣；二是下半身著裙（印度人穿裙，很少穿短褲）；三是出家人所披的大衣。大衣的用途，一為宗教所需，重要儀式要外披大衣；二為功能所需，當他們來到深山野外禪修或是休憩，大衣就能做為被子，睡臥時可蓋在身上、用功時則可披在身上。但其實很多印度修行人並不講究這些，可能只裹著一條稍長的裙子便到處去用功。這樣的衣著條件很簡單，但並非每個地方皆可如此，例如我們所在的波蘭，諸位要是在冬天裡穿得那麼簡單，恐怕全都受不了，所以衣物也要視環境條件而定。

衣具足的條件到了中國，同樣不可能像印度那麼簡單。早期印度式的袈裟披法，類似今日南傳佛教，因為他們的氣候條件相仿，我們看經典描述的印度僧衣，出家人偏袒右肩，右邊肩膀是沒有衣服覆蓋的，這樣的穿法，如果在冬天的中國，那一定受不了，所以不可行，於是演變出中國式的服裝。同樣地，佛教傳到韓國，就演變出韓國式的服裝，傳到日本，便有了日本式的服裝，在冬日嚴寒之地，安居中的僧人們都穿著厚厚的棉襖打坐，把自己整個包起來，切不能學印度或南傳佛教那一套，否則身體一旦無法忍受，便會干擾修行。

衣具足是禪修很重要的條件，若是缺少了，將構成修行障礙與干擾。畢竟我們有了這個色身，便有其生理功能與需要，《小止觀》的作者智者大師很細心，連衣食這部分也為我們注意到，提醒我們修行必須從日常生活入手，而且要從最基本的衣食具足落實起。

息諸緣務

正修方便的第三個條件是「息諸緣務」。這部分在整個禪修過程，皆發揮著很大影響力。「緣務」即是外在的事務，假如禪修時，仍持續從事外在事務，禪修必會受其影響與干擾，甚至成為一種障礙。雖然從在家人的角度看，有許多的外緣不能不做，但禪修期間一定要停止或是遠離這些外緣，如此才能專心用功。

緣務對禪修的影響有直接與間接之別。有些我們認為是在禪堂之外運作的事務，一旦深入了解便會發現，這類事務往往會在禪修課程造成影響。進入正修的準備，要先層層了解哪一類的緣務必須放下、遠離，方能專心用功。

（一）放下人事緣務

禪修的心態要非常簡單：我們就只是來用功而已。而當我們持續用功、方法用得愈持久、身心調得愈深細時，就需要放下更多的緣務。雖然在進禪堂前，我們已經遠離了最表層的部分，也就是工作、家庭、社交等方面的緣務。既然諸位來此用功，就表示工作、家庭方面都請好了假，都暫先放下了。

緣務的影響，有直接和間接的影響，直接的影響可能讓你無法參加禪修，而間接的影響，例如你都已經坐在禪堂裡了，家裡或公司的人還是不斷打電話來找你，讓你無法專心用功。此外，很多人只要一打坐，工作、家庭與社交的種種事務，就自然浮現成為揮之不去的雜念，這些都屬於間接的影響。

有件事很有趣。一些位居要職的禪眾來打七，他們除了打坐，另一方面就是藉著這七天做策畫，於是打完一個七後，他們也把公司未來一整年的經營與業務方針都策畫好了。像這樣把工作事務帶進禪堂的例子，就屬於間接的影響，導致禪坐時無法專心，而忙著想工作。對於這些比較表層、屬於人事上的緣務，我們要先將之通通放下。

對大部分的同學來說，既然能夠來到這裡，表示人事問題基本上都處理得差不多了，但若是發生了大事，例如家裡有非你回去處理不可的事，那麼最好還是回家處理，否則你硬是留下來繼續打坐，也不可能好好用功。

人事上的遠離緣務，一部分須由禪眾於禪修前事先處理好，另一部分則關係到禪修空間的規畫。以我們的修行空間來說，籌辦單位已做了妥善的安排，讓諸位得以隔絕外境。至於一般日常作息、食宿等，也都為大眾備置妥當，如此用心都是為了幫助大家息諸緣務，好好在此用功。

（二）放下學問專心禪修

除了人事的緣務，第二個要放下的，就是學問的緣務。禪修是一種實踐的方法，而此處所謂的學問，是指佛法方面的學問；至於世間的學問，禪堂內不太會牽涉或處理及此。所以問題在於佛法的學問，你在禪修時要不要用它呢？

嚴格的禪堂，對此是完全不允許的。以聖嚴師父帶領禪眾為例，我們當時什麼都不能做，既不能看書也不能寫字，一有空檔就是打坐。至於我自己帶領禪修，則放得稍鬆些，因為有些初學禪眾於基礎佛法與禪修理論尚不具足，我們就會提供一些參考書籍，讓他們可以做筆記。我在馬來西亞帶領的禪修課程，禪眾們每天晚上還要寫一個進度表，記錄自己一整天的狀況，然後交給主辦方批閱，以便了解每一位禪眾的用功情形。有些同學對日常生活方面的照顧有意見，或是晚上失眠睡不好，對飲食不習慣等，這些也都可以寫下來提供我們參考。

話說回來，禪修時為什麼要那麼嚴格，連佛法的學問都要放下呢？其實進入禪修狀態後便會發現，真正用功時，你的妄念已經夠多了，光是處理這些妄念就已讓你應接不暇，若還要再研究學問，那簡直是忙上加忙。思惟就學佛來說，本是件好事，為什麼禪修時的思惟卻是一種干擾呢？因為禪修就是要簡單，簡單到能夠一心不亂、制心一處，這是靜態用功要逐步達到的效果，也就是讓心能從散亂心思的狀態，慢慢地集中達到統一。用功就是要愈簡單愈好，但若是在禪修時加入了思惟，便很難用好工夫。

可能有人會說，禪修也是以佛法做依據。這話雖不錯，但佛法的學問，不是在禪修用功的階段學習，這時才學實在太慢了。這就是為什麼我把「具足正見」放在「修前方便」的第一項，意即在於，諸位來禪修前，這些知識都應該先具備，而非進入禪修的課程後，才要閱讀一些相關書籍。所以學問方面的緣務都要放下，禪堂內完全沒有這些東西，都是空的，全部都要捨掉。

還有些學問好的禪眾，喜歡在禪修時做很多法義上的思惟。在安定狀態下思惟法義，確實有助於對法義及其系統的理解，但這不該是在禪修時做；禪修時若做太多這類的思惟，反而會產生大問題，例如有些人會自以為開悟了。「對，這個就是空因緣！」像這樣不斷一直鑽進去，便會產生許多錯覺，以為自己的體會很深，已經開悟了，知道什麼是空、什麼是因緣，但其實都是用思惟想出來的妄念，那可就麻煩了！因此，要把這些全都放下。禪修時，不去思惟，把學問相關的緣務全然放下，這是禪修最嚴格，卻也是最理想的一種方式。

（三）禁語以專心用功

第三個會對禪修構成干擾的緣務，就是說話。因此，禪修期間，我們全程禁語，不讓大家說話。

禪修時若你還一直想找人講話，那表示自己在干擾自己，也表示你的工夫不太用得上，因為工夫用得愈好的人，愈不想講話。講話對禪修的影響很大，因為講話時得動很多腦筋，整天會一直在想著要講些什麼。了解這一點，就能體會我們規定禁語的用心。很多課程都沒有設定禁語，唯獨禪修對此嚴格要求，是為了避免說話自擾擾人。

除了以上三點的人事、學問、說話，禪修的工作緣務，有時也會構成干擾，所以課程主辦方會把工作盡量簡化，禪眾們在工作時，就是專注、放鬆地做，做多少算多少即可。

除了工作安排的簡化，整個禪堂的運作，更是要愈簡單愈好。禪堂只有兩個方法，一是坐禪，二是行禪，一個坐、一個行，此外再無其他。中國禪堂將之稱為坐香與跑香，坐香一結束，引磬一響，接下來就是跑香。跑香的時間是開放的，需要喝水、洗手的人就趁此時去，處理完後就趕緊回禪堂繼續跑香。跑香結束後，引磬一響，門旋即鎖上，禪眾們就在禪堂內打坐。由此可見，整個禪堂的運作非常簡單，沒有其他閒雜的事，如此一來，禪眾們用功時，就不用想太多，什麼時間該做什麼事，只要引磬一響，清清楚楚。

反之，如果禪修過程不斷加入東西，就表示禪眾們得不斷地學習新東西。通常在教導各位禪修的方法後，接下來就是要不斷地練習方法，把方法練到很熟練，把心調得愈來愈簡單，簡單到一個程度後，你會發現叫你出去經行，你反而想要再多坐一支香，叫你起來拜佛，你也想要再多坐一支香，叫你做運動，你還是想要繼續打坐，這表示你已感覺到有些東西是多加進來的，若是可以不加最好。

話說回來，現代的禪修課程，之所以加上一些東西，往往是因為不得已，以空間的問題為例，古代中國叢林的禪堂，中間就是跑香用的，禪眾們坐在周圍的禪凳上，只要從禪凳上一下座，就是到中間跑香，打坐和跑香都在同一個空間裡，所以一跑完香，馬上就能接著打坐，整個過程不需要搬動任何東西；但是現代的禪堂空間比較受限，如果每一支香過後都要跑香，大家就得重複忙著搬坐墊、蒲團。

現代禪堂的課程調整，都緣於不得已的因素，但也有其積極的作用，比如對初學者來說，若是不加進一些活動，而要人一直打坐，可能會覺得太枯燥了，所以課程設計就要豐富些，不過加入活動也要有個限度，因為凡多出來的東西就是打閒岔，閒岔愈多，對禪修愈不理想。所以要把握一個原則，禪修要愈簡單愈好。

用功時，只有方法是正念，方法以外都要把它們當作妄念。凡妄念就是諸位要止息的緣務，不管那個妄念有多美、多好，只要它不是方法，就是妄念，如此一來，用功就能簡化，簡化到最後，才能達到統一心。請諸位試想，這樣的心該有多簡單；我們現在就是加了太多的東西，心都不簡單了，這樣如何做到心的簡化，達到一心的修行境界呢？

通過整個禪修過程，諸位會發現所謂的「息諸緣務」，是要連「妄念」這個緣務都放下。放到最後，只有方法，心完全安住在方法。藉由這樣的方法運作，讓心凝聚，使其處在安定、清明的狀態，直到統一心的程度，方能再深一層地用方法。而在此之前，所有其他的方法，以及與方法有關的各種理論、學問，都要全部放下，如此一來，用功就會愈來愈簡單，直至一心不亂。

當用功用得愈來愈好，對生活的要求也會變得愈簡單愈好，甚至很多事會從內心裡遠離它，不想去做那些事。所以修出世間法，自然就會有一種遠離的心理，也就是所謂的出離心，當出離心的力量愈來愈強，人自然就會朝往解脫的方向而去，會自然地出離世間的種種緣務。

從佛法的角度看，達到最徹底、最完全的遠離後，人就得以解脫，此時即能證得無我，可以真正地放下一切。但是放下一切的解脫者，在達致此境界後，卻會主動找事來做。這些緣務與解脫前所遠離的緣務，行為上乍看或許頗相似，但就心理層面而言，實則不同。我們一般所要遠離的緣務，其實是被它們纏住了，假如用功期間無法遠離，依然被纏縛不放，將無法好好用功修行；然而對一位解脫者而言，放下後再提起的緣務，所做的事都是為別人而做。換言之，無我、空了之後，所做的每件事，都是因應別人的需要而做，完全是為了幫助眾生，假如他人沒有這些需求，就不會去做。修行達到這樣的程度，即是所謂的行菩薩道。

而以我們現在的修行程度來說，還是需要先有一個遠離的過程。各位在禪堂用功時，可以細細體會自己的心對於許多攀附的事，那些曾經很喜歡或很難放下的，是否都可以放下、遠離？能夠如此，就表示你的工夫已往內深入，你會發現自己原來可以很簡單地生活和修行。

工夫愈往下深入，應該是愈來愈簡單，方法也愈能夠用得上去。在此過程，一些比較複雜的方法，例如幫助我們調身、放鬆的步驟，漸漸地就可以放下，如此就能讓修行進入愈來愈簡單的狀態。

近善知識

近善知識的「善知識」，可分為兩種個層面：一種是日常生活所親近的老師；另一種是專指禪修而言，像我們同在一個共修環境裡用功，周遭那些能讓我們學習的人，都是我們的善知識。從這些善知識身上，不但可以向他們學習，也可以一起用功，共同凝聚用功的力量。

善知識可概分為三：

（一）教授

教授也就是老師。說到老師，我想大家都肯定其重要性，就修行而言，好的老師會對我們的修學產生莫大的助益，即便是世學，也是如此。

老師又可分為三類。第一種老師，本身的修養非常好，以佛法來說，即是本身有很高修行，對佛法也有深刻體會的老師。透過老師對佛法的身體力行，能做為學生的模範。像這樣的老師，佛教徒最熟悉的就是釋迦牟尼佛，因為他本身是覺悟者，對佛法有完整理解，體會也深，所以是學生心目中最好的榜樣。除佛陀外，歷代許多祖師大德，同樣都在佛法的修學上，有著很高的造詣，對於修行也有很深的體驗，所以這些老師們本身的修養都非常好。擴而言之，世學方面的老師也是如此，如果他們的修養很好，各方面的品質也很理想，他們的行為示範就是學生最好的榜樣。

我們若是能親近上述這樣的老師，當然是最理想的，但佛教徒常常會有一種感嘆，認為佛陀在世時，自己不知道在哪，而自己出世時，佛陀卻不在了。其實每一個時代都有理想的老師，問題是有了老師，學生有沒有把握因緣去親近呢？請各位謹記，若有幸遇到好老師，一定要把握因緣「近善知識」才是。

第二種老師，是很會教學的老師。或許他本身的修行與體驗尚未深入，對於佛法的理解也不透徹，但是很會教學。這樣的老師通常都很懂得引導學生，並掌握學生的狀態，知道學生的素質與長處，以及如何激發他們學習的潛能，而後因材施教，甚至把學生教得比自己更好。像這樣的老師，也是很理想的老師。

有一種老師教學得很好，是因為他能夠建立起自己的教學系統。佛教中的許多論師皆有這樣的品質，他們能把佛陀教導的內容，全部整理成很有系統的論典，再據此教導學生，而通過這些論典，讓人在學習時能一窺完整佛法的面貌。至於大部分的禪師，教學上則屬於觀機逗教，他們能夠很快地了解學生的狀況，運用適當的方法教導學生。不論是前者或後者，都可歸納為很好的老師。

第三種老師，就是一般的老師。這樣的老師既能教修行，也能教佛法，學生們向他學習也可以學到東西，但若要有更深入、更好的體驗，其教學就會略顯不足了。不過沒有關係，因為有這樣的老師接引我們用功，當我們在學習上做好了準備，一旦因緣具足，下一階段所需要的老師自然就會出現，所以每個階段，只要跟當時的老師用心學習就對了。

在禪修方面，原則上跟隨一位固定的老師修行。不過，傳統的中國禪堂，若禪眾是在冬安居時來打七，住持的方丈和尚則未必每堂課都會為大眾開示，有時是請首座和尚開示，有時則會邀請別處的法師前來開示，如此一來，禪眾們就可以接觸到更多的老師。此外，從前的許多禪眾，若得知某禪師住持於某道場，他們便會特地前往參學，這就是所謂的「雲遊參學」，也稱為「走江湖」。由此可知，老師在我們的整個修行扮演著舉足輕重的角色。最重要的是，當諸位與老師親近時，要清楚自己要向他們學習什麼，這樣不論是要向老師學習學問或修行，都可以更明確地把握好自己的學習內容與目標。

（二）同學

第二大類的善知識是「同學」。每天我都會跟各位說「各位同學大家好」，其中的「各位同學」，指的就是我們大家一起學習，故稱為「同學」。換言之，我們的禪修課程，「同學」除了是指每一位參與的學員，也包括老師在內。因為我們都是在這個課程裡一起用功，也因為都有共同的方向與目標，學習上便起了很好的作用，這即是佛教僧團「六和敬」中的「見和同解」。大家在一起學習，就要有共同的、正確的知見做引導，如此，我們就會有一致的方向與目標，在用功的過程共同發揮磁場凝聚的力量，而讓整個道場散發一股安定的氛圍，這樣大家就能更好地安定下來，好好用功。

但是並非每個課程的共修氣氛都能如此理想，例如有的課程，可能同時有資深禪眾和初學者，由於初學者的身心狀態較粗，便容易發出很多動作聲響，從而干擾了大眾用功，讓人產生煩惱。例如一些初階禪七課程，有的老參同學會容易被初學的同學影響，這時我就會提醒他們，不要因此造成負面影響，要懂得轉化，轉化的方式是以慈悲心同理這些初學者，因為他們的身心、動作必然比較粗重，難免會發出聲響。當生起了煩惱心，不妨轉以慈悲心看待初學同學的狀況，即使不能直接關懷，卻可以把自己用功的功德迴向給他們，希望他們可以更快地安定下來，當念頭這麼一轉，就不會被初學同學的動作聲響干擾了，而能夠安定下來用功。

不同的同學聚在一起用功，自會有不同的因緣，有時是順緣，有時是逆緣。若是順緣，大家當然都能一起好好用功；然而若遇到的是逆緣，就要轉念祝願初學同學能很快安定下來。我們自己也會得到幫助，生起一種同行、同理、同學的心態，知道大家在一起用功，就要對所有同學產生同理心，以慈悲心和大家相處，包容一切人、事，如此一來，在禪堂用功的大眾，必能凝聚一種共修的力量，不論遇到的是順緣或逆緣，都能轉為幫助大家用功的增上緣。以這樣的心態看待同學，我們就能很好地用功，同時也會在同學之間產生一種特殊的心靈交流。

各位是否發現，雖然課程中，大家都閉著眼睛打坐，彼此見面的機會很少，即使見到面了，看到的也往往是板著的、沒有笑容的臉，但是用功過後，我們會感到曾經一起禪修過的同學，彼此心靈都有一種親切感，這就是一起用功修行的「同學」，自然產生的心靈互動。因為我們都是依著同樣的知見，朝著同樣的方向用功修行，由於「見和同解」、「戒和同修」，所以我們都是和諧地一起用功，也因此很容易在彼此間體會到一種「同學」的親切感。

（三）護持

第三大類的善知識是「護持」。護持又分為內護與外護，諸位大多時候看到的都是內護，包括總護法師、監香法師、翻譯等，都是和我們一起用功、內護的善知識。

內護的重要性，除了和諸位一起用功，另一個重要作用，則是監督大家用功。因為禪修期間的時間安排，未必每位同學都能適應；而且用功過程，有些同學會出現程度不等的懈怠現象，或是用功用不上去，這時內護善知識就會監督大眾努力。

此外，在諸位用功時，內護會幫大家處理好許多瑣碎事務，或是同學在禪堂有任何需要協助處，也可以向內護反映，如此一來，同學們就能更專注用功。

內護善知識在禪修課程中，除了扮演重要角色，擔負的責任也很重大。所以我們每天都會開監香會議，檢討當日課程禪眾們是否有好好用功，因為禪眾們若是無法好好用功，其中一個重要因素，就是內護沒有把份內工作做好。假如內護在禪堂內不安定，沒有好好照顧、監督禪眾，整個禪修課程可能就會很散亂，畢竟禪眾們來自四面八方，各種不同個性的人聚集在一起，很多習氣就會顯現出來，這時監香與內護就要負起責任，發揮監督與協調之責。當每一位內護都把自己的工作做好，諸位便會發現整個禪堂的氣氛非常安定，同學們也都能很安定地用功，這點大家可以在禪修期間親身體會與感受。

我們的禪修課程已進行了一半，這期間大家都能保持一定的安定，表示所有內護法師與居士，每個人都把自己的工作做好。這是非常難得的，也是各位的福報，才能遇到善知識，照顧我們每日的生活，幫助大家用功。除內護外，外護也在課程發揮重要功能。我們這裡的外護工作比較單純，主要就是處理各位的膳食，以及清洗衣服，這些工作都委由義工負責。

說到義工，對許多佛教團體與禪修道場而言，外護義工可說是很重要的安定力量。透過義工們的分工合作，使道場得以順利運作。因此，我們也常鼓勵同學，除了來道場禪修，若因緣許可，也可以發心來當外護義工，護持禪眾們用功；至於禪修經驗比較豐富的同學，也可以申請當內護監香，學習如何照顧同學們用功，通常我們都會把機會盡可能開放，讓同學們都可以加入義工行列。

每一位護持的善知識，對於禪修課程的進行與運作都很重要。以法鼓山來說，不論是在臺灣、美國，或世界各地的道場都有很大的福報，因為我們都有一群陣容龐大的義工在護持。所以不論是來法鼓山打七、受菩薩戒，或是參加任何活動，只要加入成為學員，就能得到很好的照顧，這些都是義工的力量。諸位在禪修的同時，也要知道內護、外護的重要，並且感恩這些善知識。

具足五法

正修方便的最後一項是「具足五法」，內容與三十七道品中的「五根」、「五力」相似。

佛法修行最基本且涵蓋面最廣的，即是戒、定、慧三學；再深入些，則是八正道；將八正道的內容展開，就是三十七道品了。五根、五力分別為三十七道品的第四、第五科，然而兩者實際上內容相同。所謂「根」，指修學之初如同紮下根基，待修行至發揮作用，便可顯現力量，即是為「力」。五根、五力的內容為「信、進、念、定、慧」，和具足五法的「欲、精進、念、巧慧、一心」相似。五根、五力在三十七道品的修行次第中，是由世間進入出世間法的重要轉折，在此之前分別為四念處、四正勤、四如意足，層層深入至五根、五力，然後轉入七覺支（七菩提分），表示已進入「覺」的層次，接下來依序修完八正道，就能證得出世間的果位，這是比較完整的修學次第。

智者大師當初在設計禪修的條件、善巧和用心時，便是參照三十七道品的五根、五力，同時做了延伸，也因此兩者的內容還是有些不同，諸位若能將之連貫，未來在用功修行時，便能更好地發揮作用。

正修方便（打七課程）——具足五法
- 欲
- 精進
- 念
- 巧慧
- 一心

（一）正欲是修行動力

首先談「欲」。「欲」這個字，從中文到佛教的用法都很多元。我們之前談過了訶五欲、貪欲，也了解到「欲」還有「動力」之意。例如見到了一個東西很喜歡，因而起了貪欲，如此便會產生衝動的力量，想盡辦法得到它。人不可能沒有五欲，因為人的五根不可能不接觸五塵，而接觸後也不可能完全不起心動念，不產生任何行動，所以佛教談五欲，會特別強調人內心的追逐。當無明緣愛染，意即從理性上的迷惑導致感性上的迷惑，這樣一種染著的心，便會促使人生起追逐的心念乃至行動。凡有追逐，必有染著，當人對某種事物生起貪念、染著之心，就會想占有它，而造作種種業。

由此來看，欲字似乎是個負面的字眼，但若是從禪修的角度觀之，欲也可以發揮正面的力量。看到某樣事物而生起喜樂的心，如此便會促發學習興趣，這樣的作用也是一種欲，但它屬於正向的動力。利用五根緣五塵產生的力量，能幫助我們把事做好，所以即便是從世法的角度，欲也具有善的作用，這即是佛法修行所謂的「正欲」。

正欲在八正道歸納於第二正道「正思」，第一正道則是「正見」，即正確的知見。當我們認知到完整的佛法後，便會生起一種欲，也就是學習動力，而佛法所謂的「思」，具有意志、動力的作用，此作用會促使人設定目標。換言之，正欲就是正確的目標。當人擁有了正確的目標，落實於日常生活便會次第產生正語（正確的語言）、正業（正確的行為）、正命（正確的生活方式）、正勤（正確的努力），然後進入正念（正確的意念）、正定（正確的禪定），即進入修定、修慧的層次，若能依正念而修，證得正定，此正定所證得的即是正見，修行即得圓滿解脫。

由此可知，正欲做為一個目標的設定，會讓我們生起想要禪修的動力，至於這個動力從何而來，從五根、五力來看，它來自於「信」。我們常把信和願合在一起討論，正欲即是願，我們發願就是一個明確的目標，所以就佛法而論，信和願是結合在一起的。以淨土法門的修行為例，它就是信、願、行三者的結合，同學若是要修學淨土，就必須先有信；假如沒有建立信心，則無法產生動力發往生西方淨土的願，若是發不出往生淨土的願，那就不是淨土法門的修行了，由此可見願的重要性。

學佛必須先有信，信而後有願，信和願是合一的。所謂信願門，即信願的法門，好比諸位在此禪修，對於方法的信心是建立在對三寶的信心之上，因此皈依三寶即是對佛法信心的落實。皈依後，即要依法而修，終極目標則是要像佛那樣地解脫，這就是我們的願。所以各位來禪修，也是由於正欲產生的動力；假如沒有這個動力，又沒有目標的建設，這樣的修行要往哪個方向而去呢？這就是何以學習一樣東西，有的人可以學習得很好，有的人則是不了了之，關鍵就在於信心與興趣的有無，只要有了信心，自然就會有學習的動力。

假如沒有正見，就無法建立正確的修行目標，那麼諸位來此禪修，就只是散散地、粗粗地修，可能有一些特殊的體驗，便覺得這樣就很好，甚或有人禪修只是為了追逐那些虛幻的感覺；反之，假如有明確的方向與目標，就會知道禪修過程的許多體驗都是虛幻的，而且與妄念相應，了解了這點，同時把握好修行的目標，就能自然地放下這些。

正欲是修行的動力，能幫助我們建立修行的目標並完成它。所以具足正見的「欲」，我們將之定義為禪修的方向與目標，藉著這個動力推動我們朝往開悟解脫的方向而努力。「欲」也可說是「願」，將之與「信」結合，這就是修行最基礎也最重要的動力。

（二）精進是往出世間法用功

有信、有願，才能產生精進的力量。精進的力量在佛教裡稱為「勤」，即八正道的「正勤」，又稱「正精進」，此外，三十七道品裡也有所謂的「四正勤」。

精進（正勤）與世間的勤力有所不同，佛法所謂的精進（正勤），其義相當明確，專指只朝著修行、造作正業的方向而努力，所以佛法中凡用到「精進」這個字眼，必與修行有關。雖然世間所稱的勤力，一般多做正面解讀，但究其實，很多人的努力方向還是有問題。例如為了生活努力賺錢，但有的人賺錢的方式是有問題的，用不道德的方式發財致富。

再者，精進是修行從世間轉往出世間過程的重要力量。只要修行逐漸朝往出世間法而去，必要有精進的力量，否則不可能成就。所以「八正道」的設計，先講正見、正思，待建立了正確的知見與目標後，接著講正語、正業、正命，這些都屬於世間法的範疇，然後轉往出世間修，講的則是正念、正定，至於在世間之後和出世間之前，則以正勤銜接兩端。

世間的修行當然也要正勤，但此階段其重要性尚不顯著，日常生活中許多善事，例如打坐、布施等，都可視個人的狀況量力為之。不過，一旦修到出世間的善法時，精進就不是這麼一回事了。諸位看菩薩修行，他們行布施的時候，可以做到把一切全部布施的地步。換句話說，他們已能把世間一切全部捨掉，只專注於朝往出世間修行。如何才能做到如此呢？那必定要非常精進不可。

所以菩薩修正念、正定之前，一定都會特別強調正精進。同理，六度中的布施、持戒、安忍是修世間法，禪定、智慧則是修出世間法，而在兩者之間，則以精進做銜接。雖說修行總地來說都該很精進，但一般的世間修行，只要多些努力、多發點心，便可稱為精進；但在出世間法的實際修行上，精進所強調的是要「精而不雜」、「進而不退」。換言之，修行時的勤力，就是要精於正法（出世間法），並且在修行過程中必須進而不退。如果沒有精進的力量，世間斷不可出。

禪修亦是如此。對於真正朝往出世間的禪修者，他們可以放下很多東西。所以各位也可以觀察自己，如果修行工夫愈來愈好，自然就能放下許多緣務與執著，修行就會愈來愈精，那就表示你已朝往出世間法的方向用功了。

因此，智者大師特別強調精進，尤其針對出世間法的修行者，而在此之前，尚在修行一般世間善法的禪眾，只要能勤力地做，基本上就沒有問題；可是只要想往出世間修行，則必要精而不雜、進而不退，修行才會產生很大的力度。至於力度如何建立？必須有信、有願。例如發心往生極樂者，其信必須非常肯定且明確，其願必須至肯至切，其行則必是精進行；假如只是散散地念佛，那是不可能往生的，因為往生極樂世界已是出離三界，必須精進地修，念佛念到一心不亂方可至之。

（三）念是保持正念

關於「念」的部分，基本上已經談很多了，所以不再詳細說明。我們修行用的是六念法。用功的時候，把應該保持的正念用好，我們所憶念的或一直持續的思惟、觀念都是正法的，這個正念很重要。

（四）巧慧是清楚明白的分析能力

這裡的慧，是指巧慧，但還不是出世間的智慧，像五根五力提到的慧，也還不是出世間的，因為三十七道品的五根五力進到七覺支的時候，才是從世間法轉入到出世間法，必須有覺，才能轉入。

所以慧的意思，其實是一種比較敏銳、比較清楚的分析能力。所謂巧慧，就是我們分辨得出我們所依的法、所學習的方法、所跟隨的老師，是不是都是準確的，都是對的。

學佛的分別巧慧很重要，因為你要清楚知道理解的佛法到底是不是對的？這真的是很考驗工夫。如果我們明明讀過許多佛教經典或祖師大德寫的論著，但是聽到附佛外道的說法時，卻感覺道理和佛法相同，那就表示你沒有正見、巧慧做分辨。因為類似這樣的一些教派，他們講的五個句子裡，有三句可能來自佛法，但是最關鍵的那兩句則非佛法，若你沒有這個巧慧，就會被迷惑。

巧慧對於修行很重要。很多同學喜歡到處聽課，在這裡學了一陣子，又跑到另一個地方上課，學了好多方法，卻沒有一個正確，因為沒有巧慧，對方法的正不正確分不清楚。另外一個缺少巧慧的情況，則和自己有關係，也就是少了自覺，你是不是相應這個法，或這個方法是不是適合你學習，也很重要。你對自己都沒有自覺的心，也不懂得到底要學什麼，雖然學習過程可以和老師一起學，但是把握不準方法好還是不好，學了一段時間後，對自己的程度、學習的能力，或者自己程度的根性都不清楚的話，就是少了所謂的巧慧。因此，巧慧這一種敏銳、清楚的分辨能力，對修行非常重要。

（五）一心以相應的方法用功

「一心」是指什麼呢？你選擇了這個方法，也知道自己適合用這個方法，所以不會三心兩意，就是一心一意地用這個方法修行。

由此可知，修行的心態非常重要。我們在心理上、觀念上、思想上是不是很明白，有了辨別能力後，知道自己選對了方法，就不再有二心，不管其他的法門有多好，就是一心用現在用的方法，因為確信自己和這個方法相應。

在禪修的時候，假如我們沒有這樣一種力量，總是三心兩意，最後會是徒勞無功。現代人學禪往往是東學一點、西學一點，以前禪師參學則非如此，他們不會到處亂學，他們的參學態度是一進入道場時，就全心全意地學。我們禪修也必須這樣，就如你發願往生也是一樣，不只是念佛念到一心，你用功的態度也是一心，心無旁騖，就是一心地用功。

因此，我們要了解自己的心態，這樣才真正能夠從修行的法門裡，得到比較深的受用，不然淺淺地一樣學一點，是產生不了什麼力量的。

歷緣對境修

我們已將〈禪觀修學次第簡表〉的「修前方便」與「正修方便」做了概略介紹，也說明了整個禪修過程所必須具足的正確知見。總結來說，禪修是依佛法而修，這一點非常重要，若不是依著佛法修行，便無法把握好修行的方向與終極目標。因此，我們若是依著佛法而修，走的就是佛陀所走的正道，也就必須以佛陀的教導來修行。

佛陀的教導有個要點：修行不只是在禪定方法上的用功，還包括出定後，我們能否繼續保持自在、自主的狀態。人在入禪定時，會得到一種喜樂，稱為「現法樂」。佛陀還是位苦行僧時，常常處在現法樂的禪定中，但他並未因此獲得解脫，只要一出了定，所有的煩惱又會現前，身心的種種問題也再度浮現，最後他終於覺悟了，他所覺悟的道理稱為「正見」，因覺悟了正見，佛陀才能從生死問題的煩惱中徹底解脫。解脫後的佛陀不只是在禪定中自在，現實生活中也同樣自在，這種快樂，就不僅僅是禪定中的「現法樂」，而是涅槃的「究竟樂」了。

對覺悟的人而言，究竟樂可以很自然地在日常生活中顯現出來，對依佛法而修的我們來說，這正是我們的目標，也就是不僅僅得到禪定中的現法樂，而是要追求能根本解脫生死煩惱的究竟樂。換句話說，佛法的禪修法門，不只是要達到安定的狀態，更要能保持心靈的清明，也就是智慧。如何證得智慧呢？必須依正法而修。所以八正道以「正見」為首，修行唯有證得佛法的正見，方能獲得究竟樂，徹底解脫煩惱。

禪修必須用於生活

回到現實生活時，佛法的禪定工夫不僅僅是在禪修時用功，也必須在日常生活運作，這才是佛法帶給學佛人最大的受用；假如我們只有在躲起來用功時，才覺得自在，沒有那麼多煩惱，一回到現實生活，所有煩惱便通通浮現，那就和一般的禪定沒有多大差別了。

大乘禪法特別強調，禪修工夫必須應用於生活中，修習禪定獲得的喜樂，必須在日常生活繼續保持。而在禪宗出現於中國後，禪宗對此又更加強調。中國禪法除了教導行者從「理」入，也就是從道理上去理解，還要在「行」上實踐。事實上，這個觀念早在達摩初祖的時代，即已清楚闡明，而至中國禪法大盛，又凸顯其重要性；天台宗建立止觀的禪修教法時，也納入了這個觀念。總結來說，禪宗強調「理入」與「行入」，天台止觀則談到「坐中修」與「動中修」。所謂的「動中修」，包括了禪堂的運作方法，以及日常生活的修行，也就是我們現在要介紹的「歷緣對境修」。

在〈禪觀修學次第簡表〉的「動中修」後，我把「禪修時」與「平常時」串聯在一起，因為禪修時的工夫運用得好，有了很好的體驗，這部分的工夫就能幫助我們於平常時也能把工夫用得很好，當日常生活與禪修合一，修行就會構成一個完整的整體，這才符合包括禪宗與天台止觀在內的中國禪法特色。

- 動中修（觀照）
  - 禪修時
    - 出靜
    - 行禪
    - 拜佛
    - 瑜伽運動
  - 平常時
    - 歷緣
      - 行住坐臥
      - 作作、言語
    - 對境
      - 六根對六境

平常時的動中修，可分為兩大類：歷緣與對境，兩者結合後，便涵蓋了整體生活。

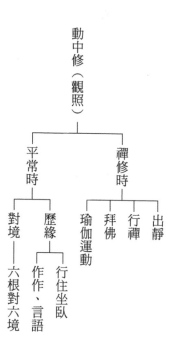

經歷不同的因緣

「歷緣」意指「經歷不同的因緣」，所謂的因緣，即身心的所有活動。身心活動可概分為六種：行、住、坐、臥、作作、言語。前四項是我們每天主要的四類動作，各位在做這四大類動作時，有沒有用功？清不清楚自己在做什麼呢？由於禪修的生活也包括行、住、坐、臥，所以先前的課程也曾特別提及；作作則是行、住、坐、臥以外的其他各種動作；至於言語，先前談過的「息諸緣務」中，我們說到生活要簡化，其中一項即是言語方面的簡化。言語是我們對外互動非常重要的工具，所謂「水能載舟，亦能覆舟」，言語可以為善，也可以為惡。雖然五戒中關於口業，只提到了不妄語，但若將之詳細分析，除不妄語外，還包括了不綺語、不兩舌、不惡口等。事實上，關於口業的分類特別多，表示人會犯下口業的情形特別多，所以我們常提醒人「不要造口業」，不要多言是非，或說一些沒有意義、傷害人的話。有些話造成的傷害更甚於動作，因為語言的傷害可以深入到心的層次。

智者大師於《小止觀》提到「歷緣對境修」，所謂的「歷緣」，是在經歷日常生活的每一個動作、每一個姿勢與語言時，亦即進行生活中所有的身心活動時，我們是否仍持續修行。智者大師所說的「修」，是從止和觀兩個角度來探討。

舉例來說，當你在禪堂打坐時想：「我為什麼要打坐呢？坐在這裡有什麼意思？」如果你能清楚，既然是自願來此禪修，就應該好好打坐修行，就不會迷惑。

簡言之，你正在歷來此打坐禪修的緣，你很清楚自己在做什麼，也很清楚每個動作對自己有何幫助。當你清楚每一個動作的運作原因和方式，心就能安定、清明地覺知自己的動作。

然後，再把範圍放寬到與他人相處、互動時的每一個身心動作。假如日常生活中，我們的身心都處在安定與清明的狀態，不增加妄念，也不造作惡業，以這樣的狀態和他人互動，則我們的每一個動作，也能對他人產生良好影響。

由此可知，歷緣修是在生活層面的每一個身心運作上，都要處在用功修行的狀態。除了禪修時要清楚每一個動作好壞與否，延伸到日常生活也是如此，若覺察到某個身心運作是不好的，就要立刻停止，不要繼續下去；反之，若是於己於人都是有用的，便可將其運作出來。

上述修法，雖往外擴及到與他人的互動，實際上仍是著重在自身整體身心的運作。希望各位了解，除了禪修外，日常生活的每個身心動作也是在修行。修是修因，過程中，若獲得了喜樂，得到受用，即為果。由此可知，修行即包含了因果的內容。所以諸位用功時若工夫得力，便會發現自己的身心都處在一種安定清明的狀態，惡法就比較不會生起，而生起的都是善法，以這樣的狀態與他人互動，散發出來的都是我們的慈悲與善意，那就表示用功發揮了作用。修行人必須在日常生活留心言語、舉止是否皆屬於善，不要把惡法摻入其中。

以上兩個重點，一是強調修行須從禪堂外延伸到日常生活，二是說明凡用功達到一定程度，工夫即會自然顯現。諸位在用功時都能覺察到這兩點，假如你的工夫尚未運作得很好，就需要不斷地提醒自己，要時時處在用功的狀態；若是工夫已經用得很好了，就能自然顯現出來。

六根對六境

「歷緣」著重的是個人身心的各種動作和語言，「對境」則是外境，即六根所緣的六塵。整個禪修課程，我們一再提到六根緣六塵，例如「訶五欲」，是指五根接觸五塵時，心所產生的追逐、攀緣，或是對抗、抗拒等作用。如果日常生活沒有把這部分處理好，它們就會在禪修時以妄念的狀態顯現。因為生活中的一切造作，必會留下業力，儲存在我們的意識裡，一旦在平日活動或生死交關遇到了相應的外緣，即會顯現為果報。一言蔽之，人造作的惡業，只要有外在的惡緣觸發，就會遭受惡的果報。

諸位在此禪修，雖已隔絕了一些外緣，但長期潛藏於意識的業力仍在，會在用功的過程浮現出來，但因為沒有外緣的引動，所以仍是以意識的形式顯現，此即妄念。妄念包含了許多長期遺留在內心的種種作用，一旦起現行，心就會受其惱亂、干擾，故名煩惱。煩惱會讓心不安定、不清明，以此狀態回到現實生活，就會繼續造業和招感果報，如此就形成了一個不斷重複的循環，也就是輪迴。

為什麼禪修時，我們需要「遠離」那些外緣呢？因為若不遠離，真的很難反觀自己的心。很多同學發現打坐時的妄念特別多，其實並非妄念增加了，而是因為平時幾乎都沒用覺照的心向內覺察，只有在禪修時反觀自心，所以才會發現原來自己的妄念這麼多。不只是念頭，身體的狀況也是如此。若不是打坐時練習將身體放鬆，很多人都不知道自己的身體原來有那麼多問題。但現實的生活是，我們無法像禪修時那樣閒居靜處、息諸緣務，現實生活一定得對境，在六根對六境的同時，修行仍要繼續，所以「對境修」著重的是，當各種境界現前時，如何讓身心保持在用功的狀態。

所謂的對境，五根對的是五塵，意根則是對法塵，法塵即是各種思、想、念、感受等的作用，當這些作用運作時，我們的心是否能保持在安定、清明的狀態呢？天台宗所謂的的修止觀，止是安定，觀是清明，不論是用止觀、用定慧，或是禪宗所用的默照，用字雖不同，意義則相同，所指都是讓心處在安靜、清明的狀態。

明淨的心，其實是心本然性的作用，所有眾生的心皆具備此功能，只因受到外塵與長期累積的慣性所覆蓋，以致心的功能被分裂、干擾，無法很好地運作。各位可以觀察在歷緣對境的當下，例如眼根觸到了色塵之時，你當下的身心狀態是什麼？心是否安定？你對心的狀態清楚嗎？若回答是肯定的，表示這個外境並沒有干擾到你。由此可知，對境時的修行工夫得力與否，看的還是我們的心。

〈禪觀修學次第簡表〉中，雖將「靜中修」與「動中修」分為兩個項目，但實際的修行則須將兩者結合起來。先前的課程談到的各種修行方便與條件，以及遠離外緣幫助自己很好地用功修行（靜中修），之後就要將這些工夫應用到日常生活中

（動中修），這才是完整的修行。

不論修的是止觀、是定慧，或是默照、靜明，不妨問一問自己，這些功能能否在日常生活對境之時繼續運作？當外境現前，是否能很適當地做出回應？外境本是每個人生活必然要面對與應對的，包括人際的相處互動，這些有情的對境，幾乎是我們每天必然要經歷的，在對境的當下，你能否清楚覺知自己正在止觀的狀態裡，保持清楚觀照，心不受外境干擾。

由於生活中的對境，往往還必須做出行動，假如你的心很清明地修止觀，就會知道做出一個動作後，會招感到什麼樣的後果，由此決定你該如何行動。任何一個境出現時，若你能用安定、清明的心面對它，就能把握當下的因緣，做出準確的判斷，之後採取的行動，便能依著正法而行。

舉例來說，假如有人對你說了些不好的話，這時你的心是安定的，還是波動的？如果是波動的，表示你是隨慣性而行，所以你接著可能會用不好的話回應他，你一句、我一句，話說得愈來愈難聽。此時你的心還清明嗎？一點都不清明！反之，假如你在他人對你出言不遜的當下，心仍是安定的，就能清楚當下的因緣，知道用和對方一樣的方式做回應，只會讓問題愈來愈嚴重，無法恰當處理，唯有讓心不隨對方的狀態起舞，才可能改變惡緣，進而扭轉整個局面。

禪修工夫用得好的同學，會發現在日常生活裡，容易把工夫自然地用上去；反之，禪修工夫若還用得不好，處理問題時，就必須把方法提起來，例如持名念佛或觀呼吸，都是很好的方法。念佛可以讓我們的心很快地安定下來，觀察呼吸則會讓我們發現呼吸變粗了，那就要趕快調呼吸，好讓心恢復清明的狀態，之後採取的行動，才會導向與佛法相應的方向。

以上就是歷緣對境時應用的方法。方法若用得好，就能減少許多生活中不必要的問題與煩惱，同時，心若能安定下來，妄念也會減少許多。如此便會形成一個很好的修行循環，工夫也會愈用愈深。因此，動中的歷緣對境修，可以說是生活中很重要的修行法門。

卷三

禪修的方法

靜中修止

我們的課程，已進入本期禪四十九的第三階段。

課程第一階段的重點在於初階的正修，講的都是實際用功的方法；第二階段則著重在日常生活如何用功，以及禪修所需具備的條件；現在進入第三階段，則又回到正修的部分。

第一階段的正修偏重於止，說明如何修止修到安定，能制心一處，達到統一心的狀態。離開禪堂後，行者仍然必須回到日常生活，所以第一階段的正修工夫非常重要，有了這個基礎，方能在日常生活繼續用功，也才能持續修行更深層的工夫，也就是現在第三階段所要談及的部分。諸位必須通過這三個階段的學習，並將之連貫起來，才可說是完成了一套系統完整的禪修課程。

清楚覺照數、隨、止

在正修的部分，我們用的是《六妙法門》的「數、隨、止」三個妙門。

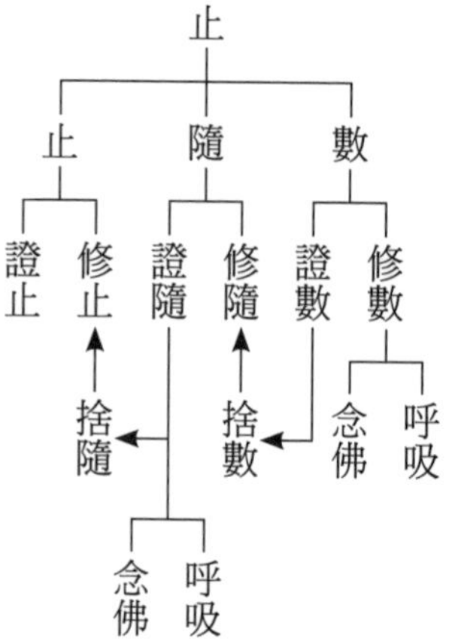

（一）修數和證數

修數的方法有二，一是呼吸，二是念佛。不論是數呼吸或數念佛，只要呼吸或佛號能與數目字統一，並凝聚心的專注和覺照作用，將數目字數得清清楚楚，呼吸或佛號也清楚，當心凝聚到這樣的程度時，即是證得數的方法，接下來就能把數放下，進入隨的階段。

（二）修隨和證隨

修隨的方法，一開始是專注、覺照呼吸或佛號，讓專注、覺照的心能在修行過程逐漸與所緣的呼吸或佛號統一。念佛的人，心中此時只有佛號，不起任何妄念；觀呼吸的人，則是整個身心的專注與覺照作用，皆與呼吸統一，完全一致。至此即是證得隨，不需再數數字，能把心全然放在呼吸或佛號，以此狀態繼續用功，漸漸地身心都會愈來愈放鬆，專注與覺照作用也能夠統一。

（三）修止和證止

當心統一了，心自然會安止下來，可以放下呼吸、放下佛號，進入修止的階段；不過，許多念佛人即使證得了隨，後續修止的過程仍會保持佛號，但是心和佛號是統一的。修止修到了一心不亂，即證止。

修數修到覺得可以把數字放下，就開始用隨的方法，但如果經過一段時間後，發現心似乎漸漸散了，表示你在隨的過程，力量尚無法凝聚，那就要回頭來用數的方法用功。進入修止階段時也是如此，假如你感覺身體鬆到幾乎沒什麼觸覺，心也凝聚、安定了，卻隱約有一種空洞的感覺，好像不知道該把心放在哪裡，這表示修止工夫仍不穩定，要回頭修數，用數呼吸或佛號的方法用功。

念佛人即使在修止階段，大多仍會繼續保持念佛，因為整個修行的過程，工夫往往會起伏不定，若能一路持佛號不放地修行，佛號能讓心更加安穩，待證得止的工夫時，心便能與佛號完全凝聚。至於用呼吸法的同學，修到止的階段也不一定要放下呼吸，可以繼續在呼吸下工夫，再順此發展更進階的修觀法門。

所謂證止，是指心統一的狀態，即藉由呼吸或念佛的方法，讓專注與覺照的作用一體地運作，產生止中仍有照的作用。不過，由數到隨至止的整個修行過程，當中的覺照作用，重點在於清楚自己的呼吸或佛號，沒有思惟的作用，只是清楚知道當下的狀態。動態中的用功，加強的是覺照作用，清楚知道整個身體的動態。至於修止過程的覺照作用，只需要清楚知道當下的狀態，當工夫與止相應後，止觀統一，這時止中仍保有清明的狀態，能夠覺照當下的因緣；反之，若失去覺照當下因緣的作用，則會掉入無記。

很多人用功到此階段，都會掉入無記。因為照的作用如果只是保持專注看著，看久就會疲累到閉上眼睛，然後就睡著了。掉入無記可說是修止以及修默照者最怕出現的一種狀況，很多人用功到一定程度，照的作用便提不起來，那就是掉入無記了。因此，在修止的過程，即便已證得了止，也要在安定狀態中，保持清明的覺照力，方能由止入觀，進入更深層的工夫。

行者不論採用何種修行方法，從用功之初，專注與覺照的作用便同步運作。至於修止工夫，則以專注為重心，以覺照為扶持，專注與覺照作用將逐漸凝聚、融會、統一，此時修止的工夫已很穩定，待達到一心不亂，即證止。而以傳統禪法論之，凡修到一心不亂，即是證得未到地定，也就是「欲界的定」。

三界眾生各有果報

根據眾生等級，佛法分為三界：欲界、色界、無色界。其中，欲界的眾生最多，六道眾生皆屬之。所謂欲，是五根緣五塵所產生的追逐與染著作用。一言蔽之，欲即是造業的過程，其中又以人造業的力量最強，因為意識是整體身心運作的中樞，人的意識作用也是六道眾生中最活躍者。

大體來說，欲界所有眾生，包括人的肉眼看不到的鬼神，以及看得到的動物，都是對外不斷追逐，其中動物與人的相近處尤其多，因為兩者都須藉由欲的追逐，以維持生存與生活。至於人的肉眼看不到的欲界眾生，例如中國民間信仰的農曆七月鬼門開，在這整個月份到處都是看不到的眾生於人間出沒。這一類眾生有的來自餓鬼道，有的來自地獄道，雖然一般人看不到他們，但可見於許多史料和佛教經論的記載。這些鬼神類的眾生，有的貪欲比人類還強，所以和我們同屬欲界眾生。

欲界眾生最高者，為天界眾生。佛教不談論其他宗教所謂的「天堂」，而是強調「六欲天」。六欲天由下而上，可分為六個層次：四天王天、忉利天、夜摩天、兜率天、化樂天、他化自在天，住的都是天界眾生，不論是哪個層次的天界眾生，福報皆比人道眾生要大上許多。我們談論佛法修行，尤其說到世間法，往往會把重點放在布施與持戒。布施是為了培養福報，持戒則是防止墮入惡道，布施與持戒都做到了，就能保持人身不失，若行布施種下超越人道的福報，則可轉生天界。由此可知，天界眾生的得生因緣，即在於累積、具足了大福報，無須任何努力，即可享有富足的生活，但是一旦福報用盡，便會自天界墮下了。

以上略述三界的欲界。欲界的「六欲天」之上，則為「色界」，也稱「色界天」，對人類來說，凡比人高的皆習以「天」稱之，也表空間之義。而色界天之上，還有「無色界天」。色界天主修禪定，凡修行達至禪定，即可進入此空間。相較更高層次的無色界天，色界天仍有色法顯現，但已不似欲界眾生追逐物質、貪愛染著，因為色界天的眾生，基本上皆安住於禪定，諸位從自身體驗也可得知，凡禪修得力，欲即自然減輕，至於色界眾生，則皆安住在相應層次的定中，由於仍會顯現一些色法，所以稱為色界天，一旦連這層色法都脫落了，即進入「無色界天」。

在此要說明的是，所謂的無色界，並非指全然沒有了色法，因為從佛法的角度來看，所有眾生一定皆有色與心，換言之，必須通過色與心的因緣和合，方能成為一個眾生，無色界天的眾生也不例外。由此可知，無色界天的眾生仍有色法，但已極其細微了。

欲界眾生所招感的色身，即是四大和合的色法，相較色界天眾生要粗重許多，色界天眾生雖有色法，卻非常細微，至於無色界眾生，更是細微到連一些聖者都看不到的程度。了解這點後，再觀察我們的色身結構，是不是發現自己的色身狀態不太理想，相當粗重呢？我們的色身有多粗重呢？諸位只要一打坐便知，假如打坐時常常腿疼、腰痠、背痛，如此粗糙的色法，將導致心無法進入安定的狀態，自然也難以入禪定。

由此可見，色身與心是一體的運作，所以調心前必須先調身，待身體達到一定程度的放鬆，心方能安止在較細微的狀態。同樣地，當心調細了，我們便可感覺身體輕鬆了，甚至輕鬆到彷彿沒有重量，感覺不到身體，身體的觸覺作用都不存在了。之所以如此，是因為心調細後，身體也隨之相應地調成了相當細微的狀態，這就是身心一體運作所致。

為什麼人類以外的所有眾生，都不能修禪定呢？原因就在於色身太粗重，例如動物的色身太粗，粗到無法藉由身體來調心，除非改變色身才有轉機，例如藉著死亡轉變果報，否則要牠們直接用色身來調心，可能性實在微乎其微。至於人類，其實每個人的色身也不盡相同，有些人比較粗，有些人比較細，色身粗者要他禪坐，他可能根本就坐不住。

想把心調細，當知色身結構非常重要，身必須與心一體地運作。也因此，我們需要區分出欲界、色界、無色界之間的分界點，由此了知不同類別的眾生在身心結構上的差異。這樣我們才能知道在禪修過程裡，如何進入人類所能到達的定，之後要往上提昇，又必須具備哪些條件方能成就。這部分非常重要，但注意到的人卻不多，所以特別說明。

解脫三界生死輪迴

三界眾生的生命狀態，是根據造業所得果報而各現其形。業是行為造作，果報則是顯現出來的現象，換言之，眾生造什麼樣的業，就會招感到什麼樣的果報。眾生根據其造業所投生的環境，佛教將之分為「六道（六趣）」：天道、人道、阿修羅道、畜生道、餓鬼道、地獄道。六道又分為三善道（由上而下依序為：天、人、阿修羅）與三惡道（由上而下依序為：地獄、餓鬼、畜生），上、中、下各層次的分別，是根據眾生所造善惡業的多寡而定。

從我們身處的現世社會，也可見到類似現象。像有些人一出生就沒有福報，為生活環境所困，有些人則是生來各方面的條件俱佳，這都是眾生自己招感得來的果報。從佛法的角度來看，會將生命的時間拉長，而非僅局限於現世生命，這也是所有宗教的特點與主要的探討課題。一般來說，世間學問多只談論今生的問題，只有宗教會超越時間、空間的局限。佛教談論生命，強調的是三世因果輪迴，這是根據眾生造業招感的果報而顯現，死後想要得到好的果報、好的去處，就必須造善業。有了這樣的觀念，便會引發我們造善業的動力。

更深一層來看，造業和人的心理息息相關。有些行為表面上看來雖是善的，但動機卻是惡的，這些行為或許能暫時獲得表面上的一些回報，但其最終所招感的果報必會與惡法相應，並且隨著妄念的力量帶動，逐漸形成堅固的煩惱習氣，導致人不斷地流轉生死，不斷地產生恐懼不安，這正是人最大的問題，而修行便是要由此切入，以尋求解脫。

解脫之道，除了多造善業，究竟的方法還是要徹底解脫業的桎梏。我們每天用餐前念〈供養偈〉，都會念到「供養已訖，所作皆辦」，意思就是「所有問題都處理好了」。同樣地，業的問題都處理好了，往後便不再有輪迴的現象。怎麼做到呢？必須要從心來修。

我們現在的修行尚未達到徹底解脫的程度，但已算是比較深入內心用功了，我們在修行過程會發現，人最大的問題其實都來自於心。例如我們現在處於共同的生活環境，這是「共業」，而在共業中，人的行為多少會受到一些局限，感到「身不由己」，但其實真正的問題是「心不由己」，因為心沒有力量，便會在環境中衍生出許多的苦，所以「修心」實為「修行」之本。

禪修的目的，正是要讓心做得了主，最後得以解脫。我們長期累積下來的業，也就是各種的妄念、煩惱習氣等，會浮現為果報，於意識中顯現後，成為我們修行的障礙。持戒、不造惡業等前方便，即是為了讓大家在禪修時，盡可能減少不必要的妄念。至於諸位的心，最終能夠達到什麼樣的層次與境界，乃至證得究竟解脫，要視各位在禪修法門上的運作，能否持續精進了。

修行若要持續深入禪定，過程即牽涉業報的問題。眾生因其招感的業報顯現為相應的色法與心法，例如人類有共通的業報，以致招感到我們現在所擁有的身體與心理，也因此只要是人，身心都會顯現出一些共通點；至於不同的眾生，如動物所招感的色身與心理狀態，則和人有很大的差別。當人修行進入比較深細的狀態，就會感受到身心狀態帶來的局限，換言之，人類的修行能修到什麼程度，也關乎其所受業報的局限。

身心調細入禪定

三界分為欲界、色界、無色界。修定的境界，人身所能得到的，屬於欲界的定（未到地定），由此更深入，則進入色界定（初禪至四禪），再進一步，則為無色界的四空定。眾生之中唯有人能夠修行，既然人處在欲界裡，以人現有的身心條件而論，大部分人只能修到欲界的定（證止），但證止後若是繼續往止的方向深入修行，就是由修止進入修定的工夫。人以現有色身可證得欲界的定，但是若要深入色界的定，則色身必然要有所調整，工夫方能持續深入。

智者大師在《釋禪波羅蜜次第法門》中，將禪法分為四大類：世間禪、亦世間亦出世間禪、出世間禪、非世間非出世間禪，其中的世間禪，談的即是三界的禪定，大師指出以人身用功所修得的欲界定，是人的身心所能達到最細的狀態。此外，因修定所招感的果報，和修福報所招感的果報不同，修福報招感的果報，是進入欲界天，欲界天依福報大小分為六層（六層天），即六欲天。禪修者證止可達到欲界定，人是所有眾生心力最強，意識也最活躍者，從唯識的角度來看，修行即是要把第六識轉為妙觀察智，如此便能深入觀察正法，最終證得解脫；而就修定的層次來說，當人修到了欲界定，若持續讓心進入更細狀態，則能證得色界以上的定。

事實上，也有人修成色界以上的定，但對絕大部分的修行者而言，業報會局限身心作用，假如身心仍處在很粗的狀態，不可能進入色界。若要從欲界轉入色界，現有身心一定要起變化，而這樣的變化會在禪修用功時發生。凡修到欲界定者，要進一步往色界定用功，除要保持定的工夫，也要清楚知道定和昏昧（無記）的不同處在於，定的作用中仍有覺照的心，整個色界中的四禪八定都有照的作用，假如照的作用不在了，則表示掉入了無想定的狀態，也就是無記，此時心即失去了覺照的作用。

凡修定法，必是以止為主，方法是集中在一個點上，讓心往深定修。要把心調得如此之細，必須有色法的支持，因為人顯現為有情，色和心是不能分開的，所以把心調得更細的同時，色身也必然經歷轉化過程。轉化有整體的轉化，也有局部的轉化，諸位在此用功便是從很粗散、完全沒有定的狀態，逐漸把身心都調得更安定，雖尚未調到一心不亂的證止程度，但在欲界的修行，已可算是一種轉化了。

用功過程中，身體必須慢慢地愈調愈細，如此心才能有一個安住的點。當工夫愈加得力，有時會感到呼吸變得愈來愈輕微，有的人甚至會感到好像沒有呼吸了，身體也愈來愈輕安，乃至感到身體不存在（知道身體存在，但沒有身體存在的感覺），這就是所謂的色身轉化，通過這樣的轉化，心方能安住在很細微的狀態。

修禪定時的身體轉化，稱為「八觸」：動、癢、冷、暖、輕、重、滑、澀。這八種感觸是生理的內在調整，在禪修之初，身心具粗的狀態，很多人已經歷過，通過八觸的調整，身體原本比較粗的現象沒有了，此時心就能進入比較細的狀態。

智者大師特別重視「八觸」，強調修行達到未到地定時，內在會產生觸的作用，這就是色法的調整，可能只是局部的調整而非整體，但凡調整的作用發揮了，心就能安止在深細的狀態，此時便能由欲界的未到地定，轉入色界定。

綜觀整個禪修過程，即使處在初階的禪修階段，都能從中體驗到身心的相互調和。當色法調得更細，心能安住之時，身體便會有局部乃至整體的轉變。這就是為什麼真正達到禪定境界的禪師，其所顯現的色身，會給人具有光澤的感覺。例如我們形容佛身是「身金色」，因為禪定造成色身的整體性轉變，所顯現出來的色澤便與一般人不相同。雖然不是每位禪修者都有明顯的色身轉變，但藉由身心調和產生的作用，至少會予人一種安定的感覺。

禪修的各個階段都有界限分別，處於哪個階段，則視行者所造的業所招感到的果報而定，若要跨越界限，則必須具備一定的能力與身心條件，一旦轉入更上乘的境界，代表行者內心的修持，已達到相應於此境界的程度。跨越界限的主導力量仍是業，即使是進入禪定天，此境界的業已屬不動業，但要進入此境界，仍是要通過修行，也就是一個造作的過程，完成了這個過程，方能得到入禪定天的果報。

禪修的各個階段所能達致的各個境界，都須有相應的能力與條件配合。許多人對禪修法門與禪定境界特別嚮往，因而生起了許多妄念，導致修行中會不時想像，自己是不是已證得了某個程度的定。之所以有這種情形，是因為所有的定在論典裡均有分析，每一禪定的定境發生時，會有什麼現象，親歷這些定境的祖師們，出定後以文字記錄下他們的體驗。這些文字具有引導的作用，讓後學知道進入各禪定階段會有哪些狀態。

各位要知道，文字記載必然與實際體驗有一段距離，可是許多人卻是用妄念想像那些閱讀過的禪定狀態，然後不斷暗示自己，現在應該是在初禪、二禪，甚至到了四禪。智者大師為了破除世人對於禪修的想像與誤解，而特別強調凡要轉入禪定境界，若生理未經過轉化的過程，則不可能入定。這是一個禪修學理上的事實，也是大師個人的實際經驗。要達致初禪以上的定，身心狀態必然要處於相應的禪定境界，而只要稍加分析便會發現，自己現時所感受到的身心狀態，和典籍裡所描述的定境並不一樣。但我們也發現有些人的身心狀態比我們還粗，卻說感覺自己已經入定了，這種現象在很多禪修團體裡經常發生。也因此，智者大師著重色身條件的分析，對禪修者有很大的啟發，能讓我們清楚用功的各個階段，當下所經歷的情況，而首要的原則是，眾生處於哪個境界，視乎其造作的業所招感的果報，若因緣、條件不具足，果報是不會顯現的。

了解到這點，我們在修行時，就會更踏實於方法上。也就是說，我們只要不斷地修行，把方法練好後，條件具足時，自然就能入境界；反之，如果不好好老實用方法，只是整天胡思亂想，這麼一來條件不具足，當然入不了境界的。

智者大師特別強調這一點，是為了讓行者了解修定的各階段，各有其必須具備的條件。然而，綜觀整個禪修過程，其實這一點又並非特別重要，因為即使不進入色界以上的定境，行者依然可以證得解脫。入不入定對於修慧而言，有相對的好處，但並無絕對的影響。諸位理解了這點，對於自己日後的修行，要朝往哪個方向而去，就能有更好的把握。

諸位現在所練的工夫，階段性目標是要修到制心一處，也就是欲界所能達到最深的定（未到地定）。若接下來要從欲界定進一步轉入色界定，則必須通過八觸調整、轉化色身；至於不入深定的同學，雖不用修色界以上的禪定工夫，但在整個修解脫道的過程中，基本的定還是要有的。也就是說，你可以不入深定，但不能完全沒有定，因為若完全沒有定，則無法達到一心不亂、制心一處的欲界定境，也就無法通過觀想開發智慧，所以基本的定仍是要有的。

動靜皆能修習欲界定

欲界定又稱未到地定，「地」在佛法中有穩定之意。修習大乘菩薩道共要經歷十個修行階段，十地即指十個修行階位：1.歡喜地、2.離垢地、3.發光地、4.焰慧地、5.難勝地、6.現前地、7.遠行地、8.不動地、9.善慧地、10.法雲地。由此可知，未到地定表示此階段行者尚未登地，要到入色界定時始至之。

凡登地菩薩，表示修行已很穩定，不再退轉。而要從欲界進入色界，必須經過色法調整的過程，也就是八觸。要轉入色界定，必須在靜態中才能修，所以初禪以上的定都得入禪定，也就是在靜坐中方可修成；至於欲界定，則在動、靜二態中皆能修習。大乘佛法所謂的「大乘三昧」，意指心一境性，此處的「境」，指的是欲界中歷緣對境的「境」，所以諸位的心若能安住在一境上，即證大乘三昧。

欲界眾生的身心，若能調和至最細狀態，即達欲界定。而修練欲界定，除靜中修，動態中也能達到大乘三昧所謂的統一境，這是大乘禪法與禪宗都非常重視的部分。包括聖嚴師父談定，在說到「一心」時，便強調統一心即是身心的統一，再將範圍擴大，則包含內外境的統一，所以大乘三昧的心一境性，即指身心與內外境統一，而要證得這個工夫，則動靜皆可修。禪宗的修法包括靜中修與動中修，除禪宗外，天台止觀也述及動中修，他們不只談修，也談證，所謂證，即指工夫得以很自然地運作。

從傳統禪法到大乘佛法，乃至禪宗都特別重視欲界定，原因在於它是最基本的定。慧要顯發其作用以斷煩惱，證得欲界定的工夫是最基本的條件，假如連這個條件都沒有，那是不可能用智慧斷煩惱的，更遑論開悟了。因為行者不在最基本的定中，心未達到不亂的狀態，即使能透過理性思惟產生一些智慧，但心不具備足夠的力量，仍無法斷煩惱，尤其是破根本的我見。斷我見即證解脫，而解脫的基本條件，是達到一心不亂的境界，至少要有欲界定，若未達此境界，則所謂的智慧，無非只是欲界中較粗的思惟而已。

凡修禪法，基本的定不可或缺，不單大乘禪法重視此，南傳禪法也是。南傳禪法有些法門不講深定，而是用觀的方法，由觀中得定。南傳禪法也重視欲界定，這點和我們所修學的大乘禪法一樣，都強調要先達到一心不亂，接下來所修的觀法，方能發揮最大的作用。

禪定波羅蜜

「禪」這個字是梵語 dhyāna 的簡譯，又作禪那，意譯為靜慮。禪定，又作禪那波羅蜜，也可譯為靜慮度，意指心很有力量，達到安住、止息煩惱的狀態。佛教經論中的禪那，專指色界定的「四禪」。在佛教的定學裡，四禪被認為是最理想的禪定狀態，因為欲界的未到地定，雖動靜中皆可修，但觀的作用比較粗，所以證慧的力度較弱，至於無色界的定，則因定力太深細，思惟的作用較弱，所以佛教經典凡提及佛陀乃至阿羅漢證得果位的定，皆以色界的四禪為主。

佛教談禪定，是根據經論中禪師們的經驗而論。因為絕大部分的人，實際上並沒有入禪的體驗，雖然坊間有些禪修團體，宣稱他們的禪修者有人已進入到初禪，甚至是四禪的禪定境界裡，但若從真正的禪定角度觀之，要入禪定並沒有那麼簡單，最基本的一點，生理必須要起變化，若未經過色法的轉化，則不可能入禪定；再者，進入禪定後，一定是在靜態中修，有了靜中修所獲得的定，待返回日常生活，仍可保持一定程度的安定。依此兩個條件，觀察那些自稱證得禪定者的禪定狀態與日常生活，便會知道大多不可信。

傳統佛教史中，佛陀及其許多的聖弟子，很多都入了禪定，甚至入到四空定，但佛教愈到後期，隨著流布範圍漸漸普及到世界各地，這樣的情況反倒愈來愈少見，禪修者的工夫也不若前人那麼深。究其因在於，佛住世乃至涅槃後，有一段相當長的時間，僧團的僧眾獲得當時社會很好的護持，所以他們可以完全捨掉世間的執著，尤其是修頭陀行（苦行）者，修行非常精進刻苦，所以他們能深入色界的四禪境界。而隨著佛教的發展，修行環境與條件不若過往理想，雖仍有入禪定工夫的修行者，卻愈來愈少了。

此外，當大乘佛教傳入中國後，也把禪定工夫放鬆了些，沒有特別強調與重視，甚至中國禪宗把「定」字都捨掉了，而只說禪。原因有二，一是因為定太不容易修了，絕大部分修行者很難具備良好的外在修定條件；二是因為能先定而後修慧當然最好，但修到未到地定，同樣也能發慧。例如佛陀時代有慧解脫的阿羅漢，他們未入色界以上的定，而是在未到地定的階段，即已開悟解脫。他們在生活上表現出的安定狀態，雖未若入深定的聖者們那麼明顯且有力，但同樣是證得解脫的聖者。這部分後來在中國禪法特別被強化，一方面是由於修定的環境不方便，另一方面則是既然在未到地定就能解脫，乾脆就直接由此轉而修慧。畢竟要入深定，得花上相當長的時間，同樣的時間用於修慧，很可能修定的工夫還沒完成，修慧證得解脫的工夫，早已先一步成就了。

由未到地定轉而修慧，不只是修行的捷徑，更是可行的方法。尤其大乘佛教的修行者，有很多弘法利生的工作，所以要經常地在深山中修深定，幾乎不可能。因此，他們比較重視於日常生活修定，也就是修未到地定的工夫。

《大智度論》也提到，有些菩薩是為了度眾生而入深山修禪定，表面上是遠離了眾生，但此遠離是為了成就之後的復返。換句話說，菩薩遠離眾生修習禪定，待本身有了體驗，就會回到眾生之中幫助眾生。所以這類的菩薩有一個很重要的理念：修定，是為眾生而修，不是為了自己而入深定。換言之，他們念念不忘眾生，所以一旦禪定有所成就，他們一定會回來度眾生；反之，假如是為了個人生死解脫而入深山修禪定，有了成就後，則未必會有動力復返度眾生。

由此可知，大乘禪法與傳統強調個人生死解脫的禪法，觀念與動機不同，也因此，大乘禪法的六度波羅蜜，「波羅蜜」意指度眾生，其中的「禪定波羅蜜」，便包括入深山為眾生修深定。就現實面而言，大乘行者未必要入深定方能稱為波羅蜜，凡達未到地定，即屬禪定波羅蜜。根據此條件，從前聖嚴師父帶領禪修，有時會對一些弟子說恭喜，意思是這些弟子有不錯的體驗，而他們大多是達到未到地定，也就是統一心的狀態。修成未到地定並非易事，除了需要具備相當多的條件，也需要一段時間用功努力，所以弟子們若能獲得未到地定的體驗，師父便會給他們鼓勵；不過，統一心畢竟還是有「心」，而非證得無心開悟的究竟智慧。師父向弟子們道恭喜，是因為他們的用心與工夫得力，鼓勵他們繼續精進，但若是將恭喜解讀為師父印證他們開悟了，那就有問題。

聖嚴師父很清楚地告訴大家，「一心」不是開悟，也非修行的終極目標，必須要修到無心，方是究竟智慧。至於如何修到無心，中國禪法目前流傳下來的方法有二：話頭與默照，兩者皆屬頓悟法門，是讓行者從一心達到無心的具體方法。

話說回來，一心雖非目標，但在修持上仍須具備相當多的條件。假如你的因緣條件具足，或是屬於修定的根機，就可以往定的方向持續深入。至於另一個方向，則是證止而後捨止，也就是在達到一心不亂的未到地定後，轉往觀的修行，而這部分的修行正是漢傳禪法的核心重點。

禪定的境界

色界定從初禪到四禪，為定學中最安定的狀態，也因此能做很細的觀想，至於初禪到四禪的個別定境，所呈現的狀態為何，則從其各自的名稱即可略知。

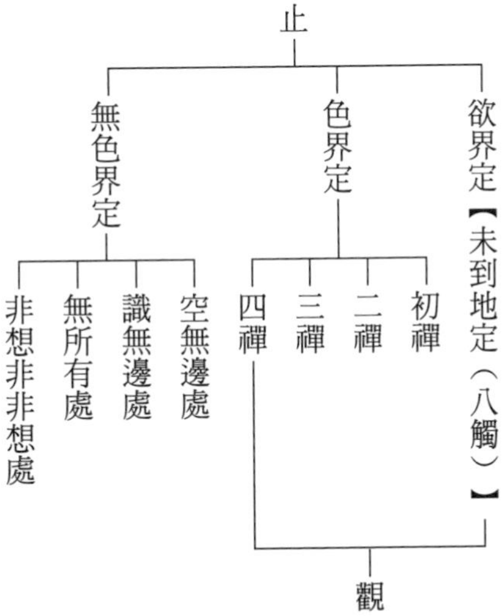

首先，初禪所在之地，稱為「離生喜樂地」。離是離開，離開什麼呢？離開欲界的種種衝動性。欲界的定雖然已達身心統一，但即使是一心，還是有個心，表示仍有妄念，身體狀況不夠安定。一旦入了初禪，則可離開欲界那些相較之下顯得粗重的狀態，而這樣的離開，會使人心生喜樂。喜是心理的，樂是生理的，凡離開欲界而入初禪，身心都會體驗到舒服快樂的感受；但究其實，這樣的描述對於初禪的實際感受，仍是粗了些，因為進入禪定的喜樂是很深細的，但畢竟這是離開欲界進入色界的第一個轉化，而最初的總是特別歡喜，不但登上初禪如此，包括菩薩修行登地，第一地也即是「歡喜地」。但凡歡喜，則多多少少仍有些情緒的作用在，所以初禪境界在覺（觀）的心理狀態上還是比較粗的，但較之欲界的未到地定，乃至五欲的樂受，則深細許多。由於入初禪即能離開欲界那種較粗的喜樂狀態，而生深細的喜樂，所以稱初禪為離生喜樂地。

到了二禪，心理上一些比較粗重的思惟（覺／觀），乃至連稍帶情緒的喜樂都沒有了，只有由定而生的喜樂，故名「定生喜樂地」。

至於三禪，則稱為「離喜妙樂地」。原本心的喜與身的樂分屬二元，後者較前者為粗，而至三禪，心理的喜則轉成樂，身心即由二元轉為一體的樂，此樂是遍及整個身心。之所以稱為「妙樂」，而非妙喜，因為這妙樂的覺受要比喜更深，所以三禪的身心狀態，在色界定境中是最樂的，即使是四禪都沒有那麼深的樂。

四禪稱為「捨念清淨地」，意指把所有喜樂的念全部捨除，由此可知，四禪定是相當清淨的，包括佛陀在內的許多聖者都是在四禪證果。故有一說，佛陀是在四禪入涅槃，此說即凸顯了四禪的重要性。

假如諸位能入初禪，甚至進入四禪，此時修慧的力度會非常大；但要提醒各位，禪定工夫又稱為「現法樂」，表示修到某個程度就會得到相應程度的樂，而導致許多入初禪以上的修行者，沉迷於喜樂的狀態，因而失去了覺照的作用。

雖然傳統禪法主張入定不能起觀，必須入定過後才能起觀，但漢傳禪法則強調，色界定境是起觀最理想的狀態。既然我們依循的是漢傳禪法，諸位就要留意從初禪到四禪，當中有所謂的「無想定」，意指進入禪定的喜樂狀態後，行者因沉迷喜樂而忘失作觀，又或因為必須出定方能做觀想，所以有些人寧願失去覺照性，也要繼續住在定中，享受這極深極細的喜樂。定中一旦失去了觀想的作用，即掉入無想定，這種情形常見於二禪、三禪的定境。

色界定後，定功若持續深入，則進入無色界定，又稱四空定，至此即達徹底超離色法繫縛的定境。在此定境中，只會感到很空的一片，定會非常地細，細到讓人感覺不到心念在運作，待進入全然的定後，念與念間統一，沒有任何流動狀態。

無色界定有四：空無邊處、識無邊處、無所有處、非想非非想處。這裡講

「處」而不講「地」，用以強調此境為一個空間，或一種心靈的狀態。入初禪以上的定，所入定的空間稱為「天」，所以諸位若聽聞有人修行入了初禪天，那不是說他到了某個稱為「天」的地方，而是以此表明他的入定狀態。

凡入初禪定以上者，其所處的空間，他人是不知道也看不到的，只有入定的人自己知道。換言之，深定境界一定是單獨一人，完全沒有具互動性的社會結構，因而全然屬於心理的層次。

我們關於定境的介紹，都是知識層面上的分析，實際上，有入定經驗的人，出定後是不會和人談論經驗的。祖師大德們則是基於眾生的需要，而把自身的禪定經驗記錄下來，日後的禪修者即能根據相關記載，做為禪修的參考。

看這些參考資料有用嗎？有用。我們的修行，能達到經論所描寫的定境嗎？可以。但要提醒諸位，經論上關於禪境的分析，請將其當作參考即可，假如你根據這些分析去想像各種境界，想到後來還以為自己真的入境界了，那就麻煩了。畢竟修行憑藉的並非知識上的理解，必須要有老師的帶領、適當的環境，以及全心全力地修行。實際修行的過程，必須放下過往所吸收的相關禪修知識，一旦將這些知識夾雜在用功時的意識裡，就會開始想像自己已經修到什麼程度，而這些全都是妄念。真正入定的人不會有這些妄念，他們的入定經驗都是在定後所做的分析，至於實際入定時，則無摻雜意識的運作，更不可能在入定時分析「現在是初禪的五支相」、「這是二禪的四支相」等。坊間一些禪修團體，非常強調這部分的分析，所以在打坐時，他們會分析自己的心有沒有覺、觀、一心、喜、樂，感覺似乎五支皆備，便自以為：「所以我現在達到初禪了！」實際上，這些都是妄念。

定中須有覺照力

修行達到一心不亂後，若是要朝往慧觀的方向深入，就必須加強覺照的心；若是要朝往定的方向深入，這時便會發現不論加上任何的方法，都會感到有點重。所謂的「重」，是相對於定中的輕安境而言。簡言之，凡往定的方向，就是要繼續制心一處，此時除了生理上已經歷了明顯的轉化，心理上則不能再加任何東西，此即「無功用心」。

同學們現在還是「有功用心」，仍需要以具體的、比較粗的方法鍛鍊心，如此練習到一個程度，就會發現其實加上任何方法都是多餘的，那麼該用什麼方法呢？從默照的角度而論，即是只管打坐、身心統一，保持這個狀態即可，也可說是沒有方法的方法。

使用這種沒有方法的方法時，心是朝往定的方向繼續深入，要注意的是，定中仍必須有照的作用。曾有禪師告訴六祖惠能，他修行修到最後要把所有的思惟都斷掉，六祖便質疑為何要斷？思惟既是心本具的功能，一旦斷了，心會掉入無記。即使是進入四空定，心仍有細微的覺照力，假如完全沒有照的作用，即是無記。

其實不需達到定的程度，在練習方法的過程，可能就已掉入了昏昧。有的同學在用方法時，感覺自己整個人似乎都安定下來了，但他對周遭乃至個人身心的任何狀態都失去覺照的心，那就表示他還未入定，就已先掉入昏昧、無記的狀態裡。諸位打坐時有沒有類似的情形呢？有時方法用久了，成了一種慣性後，就很容易陷入昏沉，坐在那裡好像在用功，實則不然，因為照的作用不見了，只要失去了照的作用，那就不是在用功，更不是在定的狀態裡。

再次強調，定中一定會有照的作用。只是在未到定時，照的作用比較明顯，也比較粗，此時心即使已達到某個程度的統一，但還是有妄念，心仍有思惟的作用。所以有的人修到了未到地定，便轉而思惟法義，或是去運作觀想的方法；但若是定功尚未得力，這時一旦動念去思惟，便會發現心很容易隨著思惟散亂。因此，要把工夫轉向修觀的前提是，心必須真正的安止。

心如何才算真正的安止？要達到制心一處，讓專注與覺照的作用統一，身與心統一。當身心處於統一的狀態，覺照的作用會很敏銳，這時再把照的作用放開，當根觸到外塵時，也會把所有的境攝入心的功能內。由於身心是統一的，所以外境會很自然地湧入身心的統一境，也就是一境性。此時安定的心，能清楚覺照當下外境的因緣，但不會攀緣外境，不會刻意想知道它是什麼而受其動搖，此即是默照同時、止觀雙運的狀態，也就是制心一處的定境。

制心一處的特徵是，覺照的作用相當明顯。中國禪宗以及大乘佛教的三昧，皆特重覺照，即便默照同時、止觀雙運，實則較偏重於觀照當下的因緣，而這正是大乘禪法的一大特色。

當工夫達到心一境性，達到未到地定，仍繼續朝往深定的方向精進者，此時生理一定會產生局部乃至整體的變化。因為要進入色界定，身體自然要有所配合，也就是要轉為色界的色身，讓心在這種狀態下可以安止，而這整個轉化的過程，心仍是清楚的，即保持著照的作用。

入色界定的喜樂，較之一般的喜樂會更加強烈且享受，所以有些人於此狀態下會丟失覺照力，以致掉入無想定；不過，整個禪定天中，會掉入無想定的狀態並不多，色界定中定的作用，要比未到定時穩定得多，尤其到了離生喜樂、定生喜樂，此定境中喜樂的作用，會讓心更加安定，這時若把觀照的作用轉為一種非常深細的思惟，也就是轉為觀想佛法法義（要思惟什麼法義，必須事先做好準備），做此觀想時，由於心是如此地深細、安定，會讓觀想的作用非常有力量，這力量足以讓人在過程顯發智慧。

至於到了無色界定，此時雖非完全沒有照，但照的作用已非常細微，細微到心幾乎不動了，所以稱為「非想非非想」。也有人把無色界的定視為無想定，無色界定雖細微至極，但並非完全沒有照的作用，只是要把照提起來做為觀想之用，將會非常困難。有些定學系統認為，無色界的定裡，除了非想非非想定，另三個定仍可修慧。話雖如此，一般公認較適合修慧的定境，還是四禪定和未到地定。

課程至此，諸位對「三界定」有了概略的認識後，接下來就要決定，是要往「觀慧」或是「深定」的方向修行。如果你的修學系統是往深定修行，要注意修習深定所用的方法，是「沒有方法的方法」，若你還加了方法，那就有問題了。

修行到了一定程度，其實就會知道此時任何一個動念，這個「念」都很粗，也因此修習深定必須在不加任何東西的前提下，層層進入更深的定境，這個過程除了必須有老師引導，行者本身也必須具備非常好的條件，例如能夠長期用功，不受任何干擾，光是這點能做到的人就寥寥無幾了。

深定的修行必然是小眾修行，如果有某一個修定的團體告訴你，可以大眾一起修習禪定，那一定有問題。別說像我們這樣的禪七無法做到，即使是眾人一起深入禪林，在好老師的帶領與好的環境下共修，真能修到禪定程度者也必定是絕少數，畢竟深定的修行真是太不容易了！不是一般人想修就能修，必須要有諸多條件的配合。

將知識轉為知見

在〈禪觀修學次第簡表〉中，我把「四禪」和「未到地定」另外拉出了一條線，連結到「觀」，說明修學次第除了持續往定的方向深入外，還可以有另一個方向，也就是在證止後（未到地定），捨止入觀。如此看來，止和觀彷彿是修學上相對的兩條線，但在實際用功的過程，它們只是用功的重點有些不同罷了。

我們修學之初身心具粗，在這樣的狀態要做觀想，必然只是些很粗的思惟。這就好比用功讀了很多佛書，也會思惟法義，但這樣的思惟愈想只會產生愈多問題，原因是此時的心很粗散，用這粗散的心做思惟，所想的問題會不斷分枝出更多問題，最後結果往往只是造成了更多疑問。話雖如此，但這是正常學佛的必經程序，即使沒有禪修的人，也必須如理思惟法義，方能逐漸建立起正確的知見。

建立正確知見的一個重要方法是，聽聞他人講述道理，佛陀說法即屬此類。這類的道理，往往我們聽了會覺得自己聽懂了，但實際上它是別人給予你的，仍屬於一種知識。知識的來源，可能來自於學問相當好的人，他的學問是由為數可觀的資料累積的，我們聽他講一堂課感到相當受用，短短時間就吸收了大量知識，可是課程結束後，你可能會發現根本就用不上這些知識。為什麼會這樣？因為你還無法應用它。即便你感到思惟知識的當下已經消化了，但如果無法用上它，那這些知識就僅屬於知識的層面。所以佛陀告訴我們，若有因緣聽佛說法，不要因為這些話是佛說的就全盤接受、相信，必須通過自己的思惟，除了聽得懂，也認為說法合理，更重要的是能夠用上它，如此才能接受、相信它，這個過程很重要。

學習佛法必須思惟法義，而在思惟法義的同時，往往疑問就來了，於是很多人會去找各種資料，除滿足個人的好奇心，也為了解答自己的疑問，如此一來，涉獵的領域愈來愈廣，知道的事也愈來愈多。

研究戒律者都知道，中國佛教有相當多部戒律，每部都是卷帙浩繁、系統完整，要研究這些戒律必得下相當多苦心；可是研究歸研究，觀察一些研究者，我們發現他們卻連日常生活中最基本的五戒都做不到，那麼這樣的研究於他們個人來說，就產生不了什麼作用。不過，也有許多研究戒律的學者，當他們的學問深入到一個程度後，連生活也是以其研究累積的知識來運作，像日本有些學者的學問非常好，他們的學生便發現，他們不只是學問好，修養也非常好，像這樣的學者才符合佛教強調的，要把知識轉化為自己的知見。

學佛的轉化過程就是要如理思惟，透過思惟將知識熏習入心，讓心慢慢地消化它。你會發現在面對一些問題，乃至與人互動，你的處事態度改變了。你把佛法的知見放進去了，表示這些知識經過了聽聞、消化、吸收，已成為日常生活的一部分，成為你所屬的觀念與思想，這才是知見。知見的重要性在於，假如只有知識，則無法轉成觀想。知識和我們原本是有距離的，甚至是沒有關係，因為那都是別人的想法，唯有把知識轉成知見，它們才能在心裡紮根，經過消化而為己所用。

諸位如何得知自己學佛的知識已轉為知見呢？當醫生告訴你，想做什麼就做什麼，想吃什麼就吃什麼，換句話說，當生命快到盡頭，設想一下，那時你會用什麼態度面對？你會不會感到慌亂？假如沒有佛法知見，一定會慌亂，甚至會埋怨：「為什麼是我，為什麼不是別人？」就是你了！還有為什麼嗎？

以我父親為例，在我父親病重快要往生時，我說我會想辦法延長他的壽命，結果反倒是父親告訴我：「該來的時候來，該去的時候去。」我聽了後便放心了。

另一例是我自己的經驗，有一回驗血的檢驗結果血糖太高，當時我的第一個念頭不是想到自己的身體出問題了，而是想著：「那我就沒辦法捐血了！怎麼辦？」還好後來數值降了下來，我又捐了好幾次血。從這兩個例子，我與父親在做出反應的當下，便如實反映了佛法是否已經過了消化、吸收，成為自己的知見。我跟父親可以說都是以佛法知見回應當下的情況，假如沒有佛法知見，相信我們的反應不會如此，很可能會跟大多數人一樣，慌張地心想：「糟糕了！這下該怎麼辦才好？」

諸位學習佛法，在如理思惟的過程必然會發現，經過內心對佛法的消化、吸收，佛法會漸漸在我們的內心運作，以致在處理事務與人際互動，不會再以過往的煩惱心與慣性去應對它們，而將展現出不同的心態。

雖然轉化內心的過程，必須透過思惟將知識轉為知見，但此處所謂的思惟，則和打坐時的思惟不同，打坐時要「息諸緣務」，不要想太多，所有生起的念頭，即使是佛法也要當作是妄念，這是修定時特別強調的。不過，我們學習佛法時，總是會有一些經論覺得很難讀懂，這時可以試著先打坐，等到自己的身心安定了再讀，你會發現你的心和經論的內容便能相應了，因為這些經論的內容，都是佛菩薩與祖師大德的體驗與悟境，唯有閱讀者的心靜了下來才能夠與之相應。

思惟法義是一個熏習、消化、吸收的過程，若是把佛法當成學問、知識來研究，而未落實到個人修養的轉化，佛法就無法成為自己的知見。在正式進入觀想之前，諸位要知道能進入觀的前提是已經證止，表示心已達到很深細、安定的狀態，此後不繼續朝往深定的方向用方法，而是將照的作用提起來，讓覺照作用發揮功能，這時再來觀想法義。至於觀想的法義，必須是已經過消化、轉化成能夠於日常生活運作的知見，若僅是一般的知識，則不能用來做觀想，唯有已深植內心的知見，我們才能與之相應。所以觀想的前方便，就在平日要多聞熏習、如理思惟，生活也要法隨法行，把佛法轉化為我們的思想，並運作於生活，如此方能真正體會佛法的緣起道理，也才能在轉入觀想時，備妥「具足正見」這項條件。

觀想即是將知見轉化為智慧的過程。至於觀想的內容，則大多與法義有關。各位也可從〈禪觀修學次第簡表〉發現，觀想內容必須是法義，方能層層深入，觀修到最根本的法義（正見）。

〈禪觀修學次第簡表〉基本上是按《六妙法門》談到的修學次第製表。《六妙法門》是天台止觀相當重要的一部著作，修學次第是先論「止」（數、隨、止），止的工夫一定是循上述次第而修，才能把心從粗漸漸調細，並進入後續「觀」（觀、還、淨）的修學。

這張簡表和《六妙法門》不同處在於，《六妙法門》於修觀部分，依循著「觀、還、淨」修學次第，而簡表則撤掉了觀、還、淨的次第性，將之以平行序列呈現。平行呈現有兩層意思：一是說明三個觀法是平等的，因為其最終目標是一致的，都是要追求明心見性；二是不同於《六妙法門》，必須依循先修觀、次修還，最後修淨的次第，簡表強調的是，由於觀、還、淨三個觀法的運作，沒有誰高誰低，三者是平等的，所以行者從任何一個觀法進入，皆可修觀。換言之，三個觀法間可以彼此貫通，但即使不貫通，行者仍可從任一觀法進入，最後都能達到明心見性的效果。

假若說有哪個方法比較好，則其判斷標準不在方法本身，而在於用方法的人。換句話說，我們根據自身的根基與條件選擇相應的方法，則所用的方法就是最好的方法；反之，如果一個理論上被定義為是高明的方法，比如頓悟法門，可是我們用得不得力，那麼這個方法不論有多好，對我們來說都起不了作用。

諸位於禪修各個階段所用的方法，都是相應於那個階段最好的方法，因為它最契合我們的根基，所以能把方法用得很好，而這也凸顯了一點：方法是人在用的，所以修行人本身才是最主要的。方法是用來幫助修行過程中調和身心，所以方法對我們很重要，但更重要的是：用方法的是我們自己。一定要清楚這點，如此在學習方法時，才會把個人做為修行的重心，去學習契合自己根基的方法，而非追逐所謂高明的方法。假如有人告訴你某個方法有多高明，屬於頓悟法門，你聽了後就去追逐那個方法，可就本末倒置了，變成是方法在左右你的程度，那就有問題了。依照個人的程度，選擇適當的方法來用功，這是修行要具備的正確態度。

默照禪

〈禪觀修學次第簡表〉的「觀法」，是依據《六妙法門》「觀、還、淨」的內容條列，然而，其中有一些方法，實際上不太可能用得上，因為使用它們必須搭配其他條件，尤其是環境的條件。此外，有些方法雖然條列於簡表，但未必屬於觀想的層次，只是在定學的運作系統中，將其歸納為「觀法」，所以依然列於表中提供參考。

回到實際運作的方法，我們使用的是禪宗法門，大部分的同學用的是默照的方法，大家也對這個方法特別有興趣，因為默照屬於頓悟法門，是禪宗裡非常高的方法，能夠用上這個方法，表示根器屬於利根。有些同學使用默照，是因為默照確實適合他們，但也有滿多自稱是用默照的同學，當問起他們如何用方法，卻講不出個所以然，或是講不清楚方法如何運作。

只管打坐

默照的方法可分為兩種層次，一種有方法，另一種沒有方法。默照法門的運作其實很具體，但實際用方法時，很多人對方法的把握，既不具體也不清楚，所以你問他方法如何運作，他很可能說不出來。此外，若是有人把默照法門的運作說得很有次第、很具體，可能聽的人會覺得，那就不是頓悟的方法了，因為頓悟就頓悟，怎麼還有次第運作呢？而且所謂「沒有方法」的方法，都說「沒有方法」了，又怎麼能「用」方法呢？還有一說，沒有方法的方法，只要我們「人在那兒」就是方法。這個說法源自中國早期禪法，此法現已失傳，只留下一句話「只管打坐」。

用默照的角度看，「只管打坐」是正確的，可是要怎麼用呢？「只管」與「打坐」，「打坐」是方法，「只管」是方法運作的要領，先把腿盤好了，開始打坐、用方法，至於方法的運作則是「只管」。所謂只管，是打坐時心也在打坐，而沒有其他的念，此時的身心是一體的，身心同時在打坐。但是打坐時，同學們真的是「只管打坐」嗎？很多人應該是「只管打妄念」。假如你能做到打坐時是整個身心都在打坐，那就對了！

「只管打坐」的運作方式較偏於默，因為是在靜態中用功，當人坐定後，心就融入到打坐的方法，所以身心都是不動的。至於「只管」的要點，在於行者知不知道自己在打坐。大眾在此打坐，但你清楚知道自己在打坐嗎？若是沒有這個「知道」，表示你失去了覺照的心，那就不是「只管打坐」了。

只管打坐是整個身心都在做一件事：打坐，所以整個身心都不動，而在默的狀態中，對於整個打坐的過程所顯現出的各種狀況，各位都能清楚知道嗎？你知道打坐時，身體有些部位不太舒服嗎？知道了怎麼辦？你會轉移注意力處理它嗎？會要身體部位放鬆嗎？假如你的心跑過去了，那就沒有默了。

打坐的整個過程，應是了了分明，清楚覺知的，而這正是最難用功之處，也就是在你清楚覺知的同時，心不隨著任何身心狀態而移動。只管打坐時，打坐是一個整體，身心都在這個整體裡，清楚覺知整個身根的觸覺，發生任何事你都知道，但不受干擾，不被任何一個觸境影響，因為你的整個身心全都投入打坐。

只管打坐的方法看似具體，但實際運作時，可能會發現一個問題：當我們坐到身心都不動了，心好像就會沉下去，而無法得知打坐過程發生什麼狀況。由此可見方法運作時，常有兩個問題，一是心清楚知道發生了什麼狀況，但接著就掉入這些狀況，必須分神去一個一個處理，此時心就不是不動（默），而是動搖的；二是心失去了覺知，乍看是默，實際上卻是掉入無記。

只管打坐的方法運作說來簡單，但各位能否用上去呢？假如不了解一些應用技巧，只是緊抓著「只管打坐」這句話，心很可能隨著各種狀況而動搖，或是掉入無記。而這也反映了這個方法的弱點，也就是在長期流傳的過程，因為只以一句「只管打坐」做為說明，所以缺乏具體的運作方式，久而久之，只管打坐在中國禪法系統便告失傳，只有日本曹洞宗的禪法，還保留這個方法。

聖嚴師父承繼曹洞法脈，其教學的禪法涵容了只管打坐的方法，同時提出更具體的運作方式。傳統的只管打坐偏向於默，也就是不提方法，讓照的作用在打坐過程，自然發揮作用，行者只要坐著就好，但這樣是否真的就是在用功呢？這很難說，假如照的作用提不起來，工夫就無法得力。因此，聖嚴師父的教學，改從「照」進入，以類似修止的技巧，讓身根有一個所緣境，心就可以觀照所緣境，依此用功。因此，在運作方法時，諸位要清楚自己使用的方法，是用什麼根在運作。以呼吸法為例，是以身根局部的一個小點，做為觸覺的凝聚處，讓心可依著觸覺逐漸凝聚、安定；至於默照法，則是以整個身根做為所緣境，若要完全發揮「默照同時」的作用，身心必須統一，當心照著身根時，身心為一個整體。

默照法對於身心本來就放鬆、敏銳的修行者來說，他們在用方法時，其實無須用什麼力，只要坐在那裡，把心收回到身根的觸覺，就會是一個整體的覺照，這樣的運作方式，實際上即可與「只管打坐」的方法連貫起來。

覺照全身

只管打坐的方法較偏於止，而默照的運作，則是先提起覺照的心，行者知道自己在覺照著整個身體，以此來安置心。

我們若是用心審查整個身體，就會發現身體的每個部位都有觸覺，只是有些觸覺明顯，有些不明顯；有的比較強，有的比較弱；有的舒服，有的不舒服。一般狀況下，人會分別各部位的觸覺，但若是覺照全身，則必須各部位的觸覺都清楚覺知，即便是那些很弱、不明顯的部位，也要知道它們的存在。

覺照全身的同時，心必然也是同時安住的。所謂的安住，意指不論所照到的身根觸覺明顯與否，是強是弱，舒服或不舒服，在覺照的當下，心都保持一種平等的狀態，也就是不去分別每一個觸覺，只知道這個觸覺是身根的作用，也是根、境、識和合當下的作用，所以心只停留在觸的層次，假如心有所分別，就會進入想與受的狀態。當心做出了分別，有的觸喜歡，有的觸不喜歡，此時心就會隨著貪與瞋的念頭而動搖；反之，若心對每一種觸覺皆是平等覺照，心就能保持平衡的狀態。換句話說，心知道身根整體的觸覺，也知道身根局部的作用，但會放在整體的觸覺，保持整體覺照，而不會轉移到局部的作用。此時的心，完全與身體一致，這就是身心統一的狀態。

當處於身心統一的狀態時，心即可發揮清楚覺照的作用，而這個覺照是平等、平衡的，所以不會動搖，或轉移到任何一個部位，也因其保持平衡且不動搖，所以默的功能便得以自然運作。這麼說來，默照本身似乎也沒有什麼很具體的方法，然究其實，默照就是一個不斷放鬆的過程。

假如諸位用方法時，透過調身的前方便，讓整個身心持續保持放鬆、敏銳，讓你一坐下來就能夠完整地覺照全身，同時心不動搖，那表示你已能直接用上默照的方法，可以就保持這樣的狀態持續運作。但是大部分同學在用上默照之前，還是要先調身，並持續練習放鬆，因為在運作的過程，我們仍會經歷對身體的觸覺不斷攀附或抗拒的階段，而不論是攀附或抗拒，都要不斷地放下、不斷地放鬆，持續讓心維持安定的狀態，能做到這點，才可說是真正用上了默照法。

能夠直接用上默照法，當然是最理想的，但對初學用功者來說，要做到整體覺照全身並不容易；再者，持續保持心平衡不動的狀態，也非一蹴可及。所以在練習這個方法時，若無法直接用上只管打坐或覺照全身，在用方法的過程，心很可能就會掉入無記，或是隨著身體的覺受而動搖，抑或發現自己只能注意到某一些部位，其他的部位則覺察不到，若是有這樣的情形，便無法直接用默照的方法來用功了。

針對無法覺照整體的同學，可以改用另一個方法運作，也就是先覺照局部。我們調身後直接進入默照的程序，一般是先從盤腿開始，假如你能盤好腿，挺腰含胸，接著從頭頂依序往下放鬆，最後把眼睛閉上，於此身心統一之時，進入默照法的運作，這當然是最直接的方法了，但是往往即使把身體調好，全身都放鬆了，心還是不斷動搖或是不太清楚，而無法完整覺照，針對這個問題，我們可以利用局部覺照的方式，先從頭頂往下觀，一個部位一個部位地覺照。此時要注意的是，覺照了某個部位之後，在往下一個部位覺照的同時，對於前一個部位的覺照作用，仍是持續不中斷的，假如失去了對前一個部位的覺照作用，表示心是動搖的，而非處於默的狀態。覺照某個部位，清楚知道後，再往下覺照時，先前每個部位的覺照作用必須仍在，然後再一個部位一個部位持續往下，直到腳部，至此，我們的觸覺便是整體的。

即使是一個部位一個部位練習覺照，這樣還是很難做到覺照整體，因為有些部位就是比較明顯，有些部位則是過了之後，便丟失了覺照，以至於局部練習到了底部，仍無法做到全身整體的觸覺。這時就要再從頭練習起，但要注意的是，練習不能一直不斷地重複同樣的過程，若是不斷重複，人很容易掉入慣性，所以練習了兩、三遍後，要先放下局部覺照，讓自己去覺照整體。儘管此時的覺照整體一定有些部位不是很清楚，心也不是很平衡安定，但從局部覺照拉回到整體覺照的練習，能讓我們的心知道，這個方法所要覺照的是整體，就算現階段做不到，但心理上會把握好，整體覺照才是方法的重點。因此，儘管整體覺照時，發現心覺照得不完整或很容易動搖，都沒有關係，放下它們，再繼續練習。

這個方法可以持續不斷地練習。從不斷練習的過程，我們對於所經過的部位會愈來愈熟悉，也會有愈來愈敏銳的觸覺。多練習幾遍後，便會發現我們的心已從局部擴延到整體的覺知，儘管中間可能有些部位丟失了，但心仍是安住於整體。這個過程可能需要滿長的時間練習，因為若是不能覺照全身，表示我們的心是非常粗散的，這樣的心要馬上做到整體覺照，幾乎是不可能的，必須通過局部覺照的方法，藉由重複練習，慢慢讓心能夠覺察到大部分身根的觸覺，同時也持續保持安定，不受身體局部的痠痛、痲癢等動靜影響，因為這些動靜是局部的，而你要覺照的是整體，如此一來，你的心就能持續地保持在整體的覺照上，又因為是整體的覺照，所以心能保持平衡。維持整體覺照與心的平衡，兩者可產生相輔相成的作用，慢慢便能真正做到對整體的覺照。

透過持續練習方法，有的人或許能做到整體覺照，但有的人可能仍然做不到，發現原來身體並不如自己想像的那麼容易放鬆，也沒有想像的那麼敏銳，很容易丟失覺照的作用或隨妄念亂跑。諸位若覺得這個方法對你而言有用，可以繼續練習，練習到你能夠覺照全身，達到身心統一，也就是傳統禪法所謂的「只管打坐」，這就是最理想的狀態。然而，真正能做到的人其實不多，很多人都是自己想像，誤以為已進入身心統一的狀態。

不斷放鬆和覺照

「只管打坐」與「覺照全身」這兩個默照法門，只管打坐是承襲傳統的方法，較偏於默；覺照全身是聖嚴師父所介紹的方法，較偏於照。

只管打坐的方法很簡單，只要人安靜坐著，讓心也跟著靜下來就好。一般人打坐時的心多半是不平靜的，而「只管打坐」的要點即在於，人只要坐著不動，不斷放鬆自己的心即可。放鬆心的意思，是指沒有追逐、抗拒的心理，因為我們已經知道所有的妄念，都是心原有的功能，無論是追逐或對抗，都是和自己對立，一旦起了對立，所有問題便隨之而來。

只管打坐，是不斷放鬆的過程，先把身體放鬆，接著放下、放鬆各種不舒服的觸覺，連妄念也放鬆，不與之對立，也就是不追逐、不抗拒，任妄念來來去去，了知這是一個因緣生、因緣滅的過程。禪修者坐在那裡，就像個第三者，只是靜靜地坐著，讓所有的妄念來來去去，而不做任何行動，所以不需要用到任何方法，只需以清明、安定的心為依據，讓整個身心處在很安定的狀態裡，同時讓心持續性保持覺照，不與任何的境產生對立，當照的作用敏銳到能與默的作用同時運作，即達到「默照同時」。

不過，這個方法有個弱點，雖然用方法時，心會對妄念有所覺照，但妄念在不斷往下沉的過程，若心的覺照作用不夠強，或是默的工夫無法穩定扶持著照的作用，照的作用慢慢地就會跟著妄念一起沉下去。若出現此狀況，即是掉入無記。只管打坐雖有掉入無記的可能，但此方法的優勢在於，禪眾無須任何方法，只要不斷放鬆即可。

相較於只管打坐，覺照全身則有明確的運作方法，即是以身體做為所緣境。不論用的是整體覺照，或局部、逐步的覺照，因為把握了身體這個所緣境，所以在覺照的過程，心是踏實的，不但可以來回不斷覺照身體各部位，同時又能返歸覺照整體。過程中，把所有的妄念一視平等，心漸漸地就能保持在平衡的狀態，默的作用也能逐漸穩定下來，再進一步就能與照的作用達到統一。

覺照全身是大部分禪修入門者使用的方法，聖嚴師父對此解說得很詳盡；但也因此，很多人用方法時，都是在思考師父的說法，將其結合自己的想像，於是便想像出一個「統一境」，以為自己就是在統一境裡，其實只是自己的妄念。

簡單來說，默的作用是安定，而照的作用則是一種心的活動，所以默照是一種涵蓋清明與覺照的作用，過程中，心必然會有一些「動」，為了將這個「動」安置下來，所以使用覺照身體的方法，但多數人並不容易做到整體性的覺照，也因此在照的過程，心不容易保持平衡不動。至於使用局部、逐步掃描或覺照方法者，則容易掉入意識的想像，比如頭部放鬆、眼睛放鬆，很多人都是想像這些部位放鬆了，但實際上，心卻沒有覺照那個部位，整個方法的操作僅僅是出於意識的想像，那就是掉入了妄念。

其實滿多同學都會經歷上述情形，還有的人會把師父講過的一些開示拿來和自己經驗比對：「師父是這麼說的，對！我現在應該就是這樣。」以此對號入座想像自己的用功狀態，實際問他方法如何運作，卻說不上來，或說得含糊不清，那表示他都是用妄念在想像自己的狀態，所以不知道身體的整個運作過程是怎麼一回事，那就不是真正地覺照全身，而是用妄念想像自己正在用功。

準備工夫須做足

對各位同學來說，不論用的是只管打坐或覺照全身的方法，妄念的干擾往往都很大，原因就在於很多人一想到要用方法了，就直接進入到方法的運作，而忽略了其進入方法前的準備工夫尚不足，以致於在心仍處於一個很複雜、很活躍，在妄念仍很多的狀態下，要讓身體靜下來開始覺照全身或只管打坐，一般來說是很難好好用功的。當然，也有人一坐下來就能用上方法，但他們通常都已做足了準備，也就是說，他們的身心非常放鬆、敏銳，而且妄念非常少，即使有妄念也不會造成干擾，如此才能直接進入方法的運作。

禪觀的觀從何而來？從捨止而來，捨止後，方能入觀。若是尚未做好止的工夫，妄念仍多，這時不論用何種觀法，方法都不可能用得上去。除非先用功到讓心變得非常簡單，或是能把心集中在一個點上，如此才有可能達到「一心」的境界，然後就能更好地運作各種觀法。可是很多人妄念雜多，卻想要用觀法，結果當然是用不好了。

諸位是否也犯了同樣毛病呢？局部、逐步掃描時，你是不是想像著自己一個部位、一個部位放鬆了，而實際上那些部位根本沒有放鬆。許多禪修者會掉入類似的情形，主要原因即在於身心的準備工夫仍未做足。

我們在此所用的方法，同樣是捨止而後入觀，所以在入觀以前，必須先入止。例如使用呼吸法的同學，必須先觀到心止於一境，直至加強了心的安定作用，照的作用變得敏銳，也就是專注與覺照的作用凝聚、統一，身心狀態皆已放鬆，此時就能提起「只管打坐」的方法。

至於聖嚴師父教導的覺照全身方法，其實是一個前方便的過程，是師父為了幫助大家能更清楚把握方法的運作，以及讓身心狀態較佳的同學可以直接進入方法，而如此介紹。

但是師父仍時常提醒禪眾，用方法時，若還用不上覺照全身的工夫，可以先回來逐步、局部地覺照；若逐步、局部覺照也用不上，那麼就先回到呼吸的方法。師父的用意即在讓禪眾們了解：工夫要從基礎循序漸進求上來。不論是數呼吸或隨呼吸，凡用功到心止於一境時，表示心已安定、凝聚，且覺照作用也保持在相當敏銳、清明的狀態，這時再把照的作用放到全身，或是照見所有的妄念，乃至身體的覺受，因為當下有很好的安定作用做基礎，所以方法很容易便能用上去。只要前頭的工夫用得好，只管打坐和覺照全身的工夫也不會困難，甚至可說是很簡單，直接就能用得上。最重要的前提是必須要做好準備，入止、捨止，而後入觀，只要循此次第，默照的方法運作基本上就沒有什麼問題；但若還處在妄念很強、身體很粗、整個身心都不安定的狀態，要進入默照的工夫就很困難了，即使強加進入，也不過是以妄念用功罷了。

許多人會以妄念用功，多半是因為前面的工夫沒有用好。同學之間有時彼此分享各自用什麼方法用功，而不論用的是什麼方法，我常告訴大家最好的一個方法，就是回去數自己的呼吸。數呼吸是最基本的工夫，也是最能測驗我們工夫的方法，連呼吸都數不到、找不到的人，別說要修默照了，方法根本就用不上去的！前頭工夫尚不足，就說自己用默照的人，那無非是用妄念用功。諸位若聽明白了這個道理，那麼就回頭從最基本的工夫用起，朝著默照的方向用功，待準備工夫具足，程度相應時，默照的方法自然就用上去了。

沒有方法的方法

修習默照法門，有其次第方法與過程，至於「默照」二字，很多人將其類同於止觀、定慧與靜（安靜）明（清明），它們彼此間有共通處，然在實際運作上則有所不同。當我們談「默照」時，是進入到「沒有方法的方法」，因為默與照是心本然性的功能，換句話說，心原本即具足默照的作用，因此，當心處於默照的狀態時，那無非是心的自然狀態罷了，所以還要用什麼方法呢？故謂之「沒有方法的方法」。問題是這個本然性作用，往往無法完整而自然地發揮功能，所以需用方法使其顯發。若禪修者的心仍會起貪瞋，心即不默（定），就會動搖；反之，心若能處在默的狀態，即是無貪、無瞋。至於心處於照（慧）的狀態之時，即是無癡，亦即無無明，表示消除所有的無明，現出了明。

事實上，默與照都是心本然性的功能，換言之，我們的心原本就具有無貪、無瞋、無癡的作用，只是現狀下這個作用無法好好發揮，變成依貪、瞋、癡而運作，所以要用方法，將其調回原本無貪、無瞋、無癡的狀態。也因此，我們用功的每個過程都離不開默與照，所有方法都必須具足專注與覺照的定慧作用，否則就不是在用功了。照的作用特別重要，因為在佛教的修行裡，無癡就是去除無明，一旦現出了明，所有智慧的功能便得以發揮，所接觸到的任何一個境，我們不但能見其因緣，更能見其因緣的本質，能做到這一點，方稱得上智慧功能真正顯發。

智慧的功能原本應可自然運作，但由於人處在貪、瞋、癡的狀態裡，覆蓋了智慧的功能，而無法發揮，用功修行即是要讓此功能自然顯現。也因此，諸位在用方法時會不斷提醒：要專注，就能處在定的狀態；要覺照，就能處在慧的狀態。

用功的前階段，默和照的功能尚無法完整、統一，所以無法自然顯發，需要循次第、用方法令其運作。當方法用到默照（定慧）已是本然性功能的自然顯發時，默照就成了沒有方法的方法，此時不論用的是何方法，只要能讓默照同時運作，定慧得以自然顯發，這個方法就對了。換句話說，默照並沒有一個固定的方法，因為默照功能的運作，是心本然性功能的發揮，任何一個方法，只要能令默照功能顯發，那就是一個正確的方法。

至於我們現在尚須規範一個有系統、次第的方法，是為了幫助大家凝聚自己的心，能夠很清楚地知道心在做什麼。諸位要掌握好每個方法的技巧與原則，例如用數呼吸的方法時，特別強調要專注在呼吸上，清楚覺知每一口呼吸，慢慢地當專注與覺照的作用凝聚，心即能與呼吸一體。這時默照的作用還不是很有力量，要待心進入止，然後再轉入默照方法的運作，若其功能得以自然發揮，心的本然性功能便能很自然地顯現，那就表示此時的照默，是定慧一體地運作。

默與照同時作用

談到默照的方法，不論是以默或以照的方法為主，兩者必不可分開運作。用「只管打坐」時，要非常清楚地知道所有的妄念，而且不隨著它跑；用「覺照全身」時，心則必須保持平衡的狀態，才能夠覺照整體，可見兩個作用必須聯繫在一起運作。同樣地，用呼吸的方法時，專注與覺照也必須兩者凝聚；至於動態中，也可以用默照，但動態中是以照為主，而在照的同時，也要專注在動作上，方能逐漸將兩個作用凝聚起來。

默照其實是一個原則性的提示，所有的方法都須以默照為原則，運作時必然要包含這兩個本然性功能，也就是所有的方法皆是朝著默照（定慧一體）的方向運作，傳統方法所謂的止與觀，也是如此。「照」是指能照見當下的因緣，而「慧」的作用，則是清楚當下的因緣，所以在觀照時，直觀的當下，要清楚所有的因緣，以及方法的運作，這是必須先達到的狀態，這樣定的作用方能保持穩定。

既然方法的運作必須默照同時，為什麼我們禪期中所用的方法，又要把止與觀分而論之呢？止觀法門開始運作時，多會較偏向修止或修觀，例如以觀修止，便會先提起觀想的方法，而在著重照的方法運作過程，逐漸達到修止的作用，然後再將兩者結合。之所以先偏向一端，主要是因為大部分的人最大的問題，就是妄念太多，所以可以用數呼吸的方法，對治妄念與掉舉。這個方法對大部分的人都有用，因為多數人前五根都會習慣性地攀緣，現在要把攀緣的作用先收回來，不讓它隨慣性向外追逐，如此心才有可能向內，使其安定下來。心往內攝的同時，我們方能照見身心的狀態及其因緣，而在照見的同時，再用默的方法，讓心不隨著當下照見的身心狀態浮動，如此心就能保持安定，默和照的功能就能慢慢地結合、統一。

我們說默照「沒有方法」，因為它是一個「原則」。當然，在實際的方法運作時，「止觀」還是方法，「默照」也可以是方法，主要是要把握方法運作的原則。也就是說，所有方法其實都是要讓心本然性的功能，透過方法的運作完整而自然地顯發，所以運作方法的整個過程裡，就必須包含這兩個功能。由此可知，所有的方法都可說是默照的方法，當你專注覺照呼吸時，默照就在那裡；念佛時，默照也在；同理，不管是「只管打坐」或「覺照全身」，默照也一定都在，所以說默照是一個原則性的、沒有方法的方法。

不過，我們若是這樣介紹默照，對很多人來說，這個方法可能便很難起作用，所以還是要通過具體方法的介紹，再將其連結到原則性的認知，好使諸位了解每一種方法的運作，無非都是要讓心本然性的默照功能，得以自然完整地顯現。過程中，諸位會發現所有的方法用到後來，都會愈來愈簡單、愈來愈沒有方法，心也會愈來愈放鬆。因為當心本然性功能顯發時，我們還需要添加東西給它嗎？其實加入任何東西，都只是增加它的負擔而已。但現階段我們尚需要這些負擔，以幫助我們減輕妄念。也可以說，我們目前還需要抓住一個念頭來除掉另一個念頭，最後再把抓住的念頭放掉，所有方法的運作就是這樣的一個過程。

也因此，去除念頭所用的方法，就必須很具體。我們去除妄念所用的方法本身，其實也是一種念，甚至有些方法就是用妄念在用功。現階段我們把握這個妄念，將其視為正念，然而當方法運用到一定程度，我們發覺連這個正念都是多出來的，就要把這個念放下。

運作方法的整個過程，其實就是不斷地放下、不斷地放鬆、不斷地從繁瑣複雜狀態趨向簡單。當整個身心愈來愈簡單，簡單到一心之時，即達至默照同時、身心與內外統一的狀態。我們稱此狀態為「統一境」，此時默照功能已能自然顯發；但統一境不是悟境，統一境仍處在一心的狀態而已，不過要能進入此狀態，已是很不容易了，很多人尚未進入統一境，便妄想自己已經進入，甚至妄想自己開悟了，其實當我們仍存有「開悟」、「一心」的念頭，或是懷疑自己是不是開悟了，只要有這些念頭在，全都是妄念，既然仍有那麼多的念頭，還能達至一心甚至無心嗎？還能開悟嗎？不可能。

所以當你有股衝動，想去找老師為你做印證，請你把這個念頭放下吧，因為那肯定是不對的。從前許多禪師根本不讓弟子開口，直接一腳把他踢走，因為這些禪師們知道一開口就是錯的，索性就把人趕出去算了。當然現在不能用這種方式，所以很多禪眾一進到小參室，開口就說一大堆，指導老師也讓他說，等他說完了再告訴他錯了，但告訴他不對，他反而覺得是老師沒本事，因為老師連他開悟了都不知道，這是現在還滿普遍的一個現象。

還有一種現象是，有些人確實方法用得不錯，達到某種程度統一的狀態，老師為此向他道聲恭喜，結果他就到處跟人說，老師已經印可他開悟了。這種現象也滿常見的，提醒各位要多加留意。

其實練習默照最直接的方法，就是什麼都不要想，因為只要一動念頭就不對。一心之時，所有念頭都不應該存在，假如還有念頭在，肯定就不是一心，也不會是默照同時、身心統一的狀態。所以下回若有人告訴你，老師印證他開悟了，你可以此做為檢視的依據，就會知道他說的是真是假。

從一心到無心

默照同時、身心統一、內外統一，仍屬統一境。雖說只有極少數的禪修者能有此體驗，但真正默照的悟境並非停留於此，而是要從一心修到無心。

如何從一心到無心，可說是修習默照的關鍵。在進入主題前，有幾個要點必須先釐清：第一，先前我們說到止觀，也論及定慧等名詞，它們基本上和默照是相同的。默照一詞是由中國禪師所提出，而在未出現此詞彙前，便已有許多祖師提出類似的觀念，包括達摩初祖所用的「壁觀」法，即已包含默照的觀念。

上述幾個名相的共同點是，它們皆保持著專注與覺照的作用，心處於安定與清明的狀態，貪、瞋、癡俱脫落，而且此作用是心本然性的作用；至於其相異處，則在於運作上的方便善巧不同，故默照屬頓悟法門，止觀則是有次第性的。這些名相在方法運作上雖有頓漸之別，但實際操作時，則必須先通過止觀的次第，讓身心達到某種程度的安定與清明，才能用上默照的方法。

第二，我們談到止與定，稱其為「不動」，或是定於一境；至於默，我們也說它是「不動」，但兩者實際運作上，仍是有所不同。運用止觀法門時，我們會先設定一個所緣的境，以呼吸法為例，當方法用得很好之時，心會停在方法上，此時心是凝聚的，持續用功下去，就會入初禪以上的定，心同樣會止住，但凡依於一個所緣境的方法，心就會止於所緣境上。

由止入定，是一不斷往內的過程，尤其初禪以上的定，必須在靜中修，也就是一定要用靜坐的方式方可修習，默照的方法也是如此。默照一開始是用攝心一境的方法修至入止，但入止後若是一直停在那裡，就不是默了，因為默照必須同時，兩者在運作上是密切聯繫的。

說到了照，照與觀雖近似，又有所不同，差別在於止觀的觀較偏重於觀想，也就是要有一個所緣境，做為禪修者觀想的對象。例如以教理為基礎的禪眾，可以觀無常、無我；或是觀想某個對象，例如呼吸。專注呼吸時，我們會很清楚地觀照在呼吸上，觀照到一個程度，就會進入觀想。可以說止觀方法的運作，就是一個次第進入理觀的過程。

至於默照的照，則是不起觀想。一旦用上了默照，心必然是安定而清明的，此時的心除了安止，也會清楚知道當下的因緣，所以心不會停在一個境上不動，而是隨著照的作用在運作。照的時候，每一個因緣流動，心都清清楚楚，且不會停止在任何一個因緣上，所以稱為「無住」。正因為照不會停住，所以默的作用，反而是處在一種不動的狀態。此所謂「不動」，指的不是停在一個點上，而是由於它完全隨順當下因緣，而稱不動。也因此，默與照必須一起運作，心很清楚地照見當下因緣之時，心即是安住於當下，但又沒有一個當下是停住的，它必然是流動的，所以心便隨著每個當下的照，無住地流動著。

止觀或定慧都有一個點；默照則沒有點，是隨順著因緣運作。打個簡單的比喻：兩個人分別坐兩輛火車，這兩輛車在平行的雙軌上並行，速度一致，而且是往同一個方向去，這兩個人可以面對窗口一路交談，他們會覺得火車似乎都沒動，但實際上整個因緣都在動。默照的默就是這樣的狀態，並不停於一點，而是隨順因緣，所以必須和照一起作用。

所有的方法，都必須包含默照的原則，但實際運作方法時，仍是以止觀法門為先。例如用呼吸法，達到一心的狀態，此前階段的方法運作是往外而非往內的，即心必須先觀照身根，以達到身心統一，此後再以整個身根做為所緣境，這時的觀照就非局部與逐步，而是整體性的觀照了，此即默照。

默照的運作仍有次第過程，也就是讓身根觸覺的作用逐漸擴大，擴大至整體後，才算真正轉入默照的方法。而前階段的止觀方法，都會停在一個點，直至轉入默照後，便不再停住，而會把整個作用放到全身，觸覺整個身根。此時就可以打開根門，放任五根，讓外境與其接觸，因為此階段的身心是統一的，處在平衡、專注且整體的狀態，當它順著因緣觸及外境，可以很清楚地覺照，但心不再動搖。另一方面，所有的外境一觸到根，便會自然湧進統一境裡。相對於觀想與平時的行為造作，人的習性是去攀緣，但照則是很清楚地知道因緣來了，我們知道，但不會去攀緣、抓取它，而是讓這個因緣自然地湧進統一境裡，方法用至此，即達內外統一的境界。

照見五蘊皆空

修習到內外統一的禪眾，可以把「外」放得很大。有些宗教師即有類似的體驗，他們會有很強的大我觀念，但這時還是一心，仍有一個「我」。把「我」放大了以後，會感到自己的體驗範圍很寬廣，但這樣的統一境還不是悟境，至於能不能悟呢？決定的關鍵在於有無佛法的知見。

就默照的方法而論，若無佛法正見為根柢，則不可能開悟。因為照的運作是不起觀想，所以在照的過程裡，對於所有觸到的境，除了清楚、敏銳地覺照，也會發覺所有的運作，包括心能知的作用，與外在所知的作用，都是相對的，換句話說，能知不是絕對的能知，所知不是絕對的所知，它們只是因為相對，而有了能所之別。例如從我的角度看，我是能，你們是所，但站在你們的角度，你們是能，我是所，故可知，所有的能所，皆是因緣和合。

但是假如心裡完全沒有正法做根柢，則在照的過程中是不會有所體會的。既然照的運作不摻雜任何觀想，表示我們在用功時，不會再加入諸如無常、無我、空等的道理進去，雖然什麼道理都沒加，但由於我們內心已具備了這些佛法知見，並且在某種程度上，是很清楚地認知與了解這些道理，所以這時所照見的五蘊皆空，是直接地照見，於是人會打心裡徹底明白：「這就是空了！」這樣的體會，才是悟境現前。

反之，此悟境若無相應的空知見，則在默照的過程中便不可能發揮，因為你的心不會明白這到底是怎麼一回事，你只是感覺所有的境在運作，而你則是不明所以，這時若你起了念頭想觀察這些境，那就不是照，也不是默，因為你的心動了。

這也是為什麼默照的方法用到後來，真的是沒有方法可用了，因為默照是心本然性功能的自然顯發，於此之時，照的作用便能敏銳地見到一切所觸的境，同時也清楚，所有一切都處在相對之中，既然如此，便沒有一個能觀的「我」，也沒有一個我所觀的「境」，一切都處在因緣不斷流動的過程，所有的現象都是相對且相依互存。

假若諸位用方法時，心裡確是如此明白，那麼就是悟到了空；但多數人都是現在聽我這麼說，所以在用方法時，便照著這麼去想，那就不是真正地悟了。總之，所謂內外統一，處在統一境下的方法運作，自然就能體會到所有的境，真的就像上述說的那樣，也就是所謂的「照見五蘊皆空」，這就是一種悟境，也可說是真正地見到了空。這樣的「見到」，並不需要加進任何東西，而是用自己本然的心，自自然然地便明白了，空就是這麼一回事。所以開悟一定是頓悟，就在那剎那的當下，你的心明白了，原來真相就是如此。此時所有的語言、文字，包括自己當下的心行，似乎全都滅了，所有的論、曾經使用的經典義理，至此也都用不上了。

當人見到了空後，整個身心的運作，必然會回到現實生活的狀態，而非停留於悟境。而此人的現實狀態，既已經歷了悟空的過程（入畢竟空），再回到現實（出畢竟空），其身心便已完全不同。相較於一般人的修行，多是為自己的生死解脫而行，至於佛菩薩所做的一切事，則都是為眾生而做。因為當他們真正解脫了生死後，會發現自己本身根本沒有什麼事要做，但他們不會休息，一定還是在繼續做事。不過所做的事，沒有一件事是為自己而做，因為他們已照見無我、真空，所做的一切都是為眾生而做，能達到如此程度，方是真正的開悟者。而真正的開悟者，也絕不會告訴別人「我開悟了」，因為他很清楚沒有任何言語能用來描述其體驗。假如他有印證的老師，那也只是很簡單地把過程告訴老師，有經驗的禪師只消一句話，便會知道他是不是真的開悟了。這是默照很關鍵的部分。

因此，提醒諸位不要總是想要開悟，因為只要你一想、一追求，就會離它愈遠。開悟的經驗是不會重複的，不要想說有過一次很好的體驗，我還要再來一次。曾有人在書上說，凡有過開悟經驗者，就會一直重複開悟，這是很有問題的說法，也表示說此話者本身還沒有開悟。要知道默照的開悟體驗其實非常平和，在見到空的當下，可能連狂喜的感覺都沒有——都畢竟空了，還有什麼好歡喜的呢？

各個時代的禪師們，各有其印證弟子的方法，他們當然不會在大庭廣眾下告訴別人他的弟子開悟了，但印證開悟的過程基本上都是有的；不過，最重要的印證開悟的方法，還是從其發心來觀察。一個修行有成就的人，不論是哪個程度的成就，甚或是最究竟的見到空、體驗到無我，達致究竟證悟者，他就能無掉我見，更進一步還能無掉貪瞋，慢心也會減少，甚至沒有慢心；反之，如果一個修行人不斷地要讓別人覺得他有很好的修行體驗，這個人可能多少有些問題。

觀想與默照的差別

坐火車之喻，可用來說明修觀想與修默照的差別。修觀想者，好比是坐在和火車前進方向一致的座位上，當他看著窗外的景致時，風景會從遠方逐漸趨近，然後就過去了，這時就可做無常的觀想；修默照者則是坐在和火車前進方向相反的座位上，他所看到的東西，是從後方來的，要待其出現時才會見到，見到了之後，接著就會看著它漸漸遠去。這個比喻主要是在說明方法的運作方式，觀想是有一個對象，你遠遠地就看到它，然後它愈來愈靠近，最後就過去了，整個過程中，你對它會有一個專注的心，你會去看它、分析它；默照則是對象出現在你的視線時，你才會看到它，同時發現它漸漸地遠去、消失，所以你不會有「我得看著一個什麼東西」的心，對象就是出現了，出現時你才看，看著的時候，你看到它的變化，看到它的無常，這些你都不需透過分析，而是自然地知道。這個比喻雖非精確，但在日常生活中，還是滿能幫助同學體驗觀想與默照，諸位若有搭火車的機會不妨試試。

關於默照的悟境，雖然它是修行的關鍵部分，但我們的說明也只能點到為止，因為對各位來說，目前最重要的，還是在於好好把握方法的運作。當各位把方法練習到達致統一的境界時，你可以持續保持在此境界裡，至於能不能開悟，則視乎你是否具足正見。基本且根本的正見，包括了無常、無我、空等，至於這些正見是如何建設起來的，那就必須回到理的部分。

經典一直提醒我們，修行佛法與禪法一定要有所依的標準，而經典就是這個標準。因此，我們要依經典修行學習、具足正見，如此在實際修行時，才能對正見有所體會，假如這個部分不具足，就不知道自己到底要體會些什麼了。

話頭禪

話頭法門，從公案到話頭方法的運作，包含日、韓在內的漢傳佛教系統裡，皆非常普及。此法門可上溯至達摩祖師與二祖慧可大師關於「安心」的對話，以及六祖惠能大師與惠明禪師關於「本來面目」的著名公案。話頭除了是中國禪宗的重要法門，事實上，這個方法本身就是在中國開發出來的。

達摩祖師與慧可大師論安心，其實這是後來的禪機，是日後才在禪宗公案裡被記錄下來，至於兩人之間是否真有這場對話，我們實則無從得知。因為公案多是後期才有的紀錄，像是惠能大師與惠明禪師的對話，敦煌本的《六祖壇經》即未有此記載，要到宋末明初的宗寶本，才有這一段公案故事。

話頭法門可說是中國禪宗獨有的方法，包括傳統禪法、印度禪法、南傳禪法乃至西藏禪法，都沒有這套方法，至於日本與韓國，用的則仍是公案，要到宋代才由中國禪師將公案轉為話頭。既然話頭是中國禪宗開發出來的方法，要運作得更為有力，並真正發揮效果，大家最好還是要對中國文化與中國佛教有基本的理解。但因中國文化非常博大精深，所以我們只聚焦和話頭有直接關係的觀念，即是中國人的生死觀。

中國人的生死信仰

在早期的中國文化裡，並沒有本土的宗教，所以對於人死後將往何去，也沒有一套文化或學說可以加以說明，只有一個很簡單的觀念：人死為鬼。中國人認為鬼是我們的祖先，所以我們死後也都會變成鬼，可以說鬼就是所有人的歸宿。因此中國人會拜鬼，也就是拜我們的遠祖，例如農曆七月以及清明節，家家戶戶會拜自家祖先，那其實就是在拜鬼，因為我們認為過往的祖先們，他們都是鬼。

在中國人的傳統觀念裡，鬼並不可怕，因為他們就是祖先死後，轉變成另一種生命型態。我們現在所處的這個空間，稱為陽間，人與人彼此可以看得到對方，而祖先所處的空間稱為陰間，我們看不到那個空間。中國早期所談的陰與陽，道理很簡單，也不可怕，陰間就是所有人死後所去的地方，至於現在很多人覺得鬼和陰間很可怕，那就是後期的演變了。

至於人從何而來呢？中國由於沒有宗教，所以沒有創造人的神，只有上古神話提到的女神「女媧」，她以泥土造人，塑出大量的男男女女，也因為數量很大，所以這當中就沒有誰是特別的人，也因此沒有形成一個具位格的宗教信仰，對中國人來說，女媧僅是一則神話；不過上古的中國祖先，已發展出圖騰文化，這些圖騰多與動物有關，也因此衍生出中國人是龍的傳人這樣的觀念。

早期的中國文明，重視的是現實的人生，講的都是關於生的問題，而不討論死，也因此出現了儒家此一重要的思想體系。儒家一再告訴我們的是如何做好一個人，所以中國的聖人求的不是解脫，而是如何在人間當一個修養非常高潔的人。孔子就是這麼樣的一個聖人，他不同於一般宗教所謂的聖人，或者解脫了，或者有什麼特殊的宗教體驗，這些他都沒有，也因此，中國人沒有把他當作神明來崇拜。

除了儒家，中國還有一個很重要的文化，即是道家，也就是老莊的思想。老莊思想也不談死，而是教人們怎麼延長生命、長生不老。若人能保持活著，乃至讓生命無限地延續，即稱為仙。

中國文化雖也談及神、談及天，神話中也有所謂的天庭或天宮，但其結構和人類社會是一樣的，居住其間的神也不是人類透過修行修上去的，神就跟人一樣，是平行既存的觀念，人類中唯一升上天、成為神的，大概就只有嫦娥一個。所以當佛教傳入中國，佛教的三世輪迴、因果業報等觀念，很快地就被中國人接受，除了這些都是全新的觀念，也因當時中國正處於戰亂時期，更加速讓因果觀念普遍為民間所接受。因為這是一個很簡單的道理：我之所以遭到不幸，是因為我前世沒有修，造下了惡業，所以現前遭受的惡果，也理當接受。這是從庶民信仰的層面而言。

魏晉南北朝時，身處動盪時期的文人，即使有話要說也不敢說，畢竟在政局不穩、人人自危的世道下，隨便一個言論都可能遭致殺生之禍，那該怎麼辦呢？就講些無關緊要的話，談些玄妙的道理，造成「清談」之風大盛。而佛教於此際傳入，其中論「無」、「空」等教義，正中清談之好，於是很快地為文人所接受，並融入中國文化，以致後期的中國文化，產生了儒、釋、道三學鼎立、三家共融，所以中國的佛教出家人，還是有基本的儒道思想為根柢，然後再接受佛教思想。

同樣地，禪法初傳中土，也同樣要經過此融合的過程。回溯達摩祖師將禪法引入中國，一開始其實推廣得並不順利，因為達摩祖師特重實修，而他初入中土時所在的南方，盛行的則是清談，因此達摩祖師的禪法與南方並不相應。雖然歷史考據，達摩祖師與梁武帝在時間上應該不可能見過面，但有一則流傳很廣的故事，說梁武帝與達摩初次見面便話不投機，不歡而散，這說明的其實是達摩祖師的禪法與中國南方的風氣並不相應，也因此他後來到了北方少林寺，北方注重實修的風氣，這才讓禪法找到了得以在中國生根、茁壯的沃土。直至隋朝時中國統一，促成南北兩方的文化交流，在禪宗三祖、四祖的承繼與推廣下，方使得禪法逐漸南移。

中國禪法初期是依據《楞伽經》，而後加上般若經，兩種經典思想結合為其初始的架構，基本觀念則是依如來藏思想。初期禪宗尚未有一個很完整的系統，待天台宗與華嚴宗建立，此時中國佛教系統即告完備。禪宗傳至六祖惠能時，他又將繁瑣的佛教哲學系統，簡化為可實際運作的觀念與修行方法，因此讓禪宗得以快速且廣泛地弘傳，當時許多學養豐富的知識分子與出家人，他們既能接受佛教，又能實際禪修，並且從中獲得很好的體驗，因此禪宗便在中國興旺了起來，繼而開展出

「一花開五葉」的禪門五宗榮景。

觀諸佛法於中土弘傳的整個過程，中國人特重現實的觀念始終存在。這就是為什麼中國人接受的是大乘佛教，而非小乘或部派佛教，因為印度傳統佛教，還未發展為大乘佛教之前，整個系統著重的是個人的修行與解脫；至於中國人的觀念，若處在亂世、力有未逮之時，方選擇獨善其身，但只要尚有可為，則要兼善天下，以照顧天下之人為己任。此觀念即體現了大乘佛法的氣度，故有一說，達摩祖師之所以來到中國傳法，便是因為聽其老師所說，在當時稱之為「震旦」的中國，具有大乘的氣勢，故而發願要將大乘禪法引入中國。

另一方面，中國禪師在接受禪法與修行的過程，由於接受了佛教的觀念，便了知生死是輪迴的，而修行就是要從輪迴中解脫，這就使得禪師們在既有的中國思想，融入了六道輪迴與解脫的觀念，而生死也變成很重要的事。在中國既有的學說裡，並不像一般的宗教會談及人的本源，也沒有告訴我們人生從何來死往何去，只知道死後為鬼，所以受到佛教觀念影響，中國人開始想要尋找人的本源，而生從何來死往何去，就成為我們對生命的疑情，這個疑情就是用話頭時，必不可缺的要素，也可以說，假如對生命沒有疑情，不想知道生從何來死往何去，話頭這個方法一定用得不得力。

又或者你的信仰和知識裡，對於這個問題已經有答案了，例如西方的觀念，認為人是從神那裡來，死後再回到神的身邊，所以生死的問題很簡單，都是被安排好的，若你有類似這樣的思想與信仰的背景，那麼話頭之於你，恐怕就參不下去了；但若你覺得生命的來去是一個疑情，必須將其談清楚，才能見到生命的本來面目，那麼話頭的方法就可能使得上力。

話頭的方法之所以只見諸於中國，是因為印度所有的宗教都會說明人從哪裡來，又往哪裡去，佛教便是以輪迴的觀念，做為對此疑問的交代。中國雖然接受了佛教，但中國既有的文化，對此並沒有交代，所以還是會引發中國人的疑情，也因此才有了第一個在公案中出現的話頭：「父母未生前的本來面目是誰？」若說人是從輪迴而來，然而輪迴窮究到最初始，那是什麼狀態呢？死後還要繼續輪迴，又要輪迴至何時？我們一定要找到生命的本源與其本質，才能夠徹底地解脫，為了要解決這個問題，先是出現了參公案的方法，讓我們從中看出生命的本質，之後話頭的方法便應運而生。因此，用話頭一定要對生命有疑情，方法才能得力。

參公案就是修行過程

公案的方法先於話頭，兩者的不同之處，在於公案是一個完整的故事。所謂的「案」，即是案件；公案就是古代公堂上的案件，義同於現今法院審訊的檔案。至於公案一詞何以演變成佛教的用詞，簡單來說：一個禪眾修行後有了體驗，覺得自己開悟了，便找他的老師為他做印證。當師生互動時，兩造一定會有對話與反應，公案即是這整個互動過程的紀錄。假如老師印證學生開悟了，那麼他們之間說了些什麼？何以認為學生已開悟？又或者老師沒有印證學生，反而採取否定的態度，甚至是採取激烈的行動，例如直接把學生趕走，那就表示老師認為學生沒有開悟。

老師是以何準則，判定學生開悟與否呢？這就好比古代公堂上的判官，或是現今的法院法官進行審判，他們是如何判定有罪或無罪的呢？所依據的是哪些法律條文呢？就佛教而言，是以佛法做為辨別開悟與否的依據，而禪宗師徒間的對話，就形成一則則公案，後學者參公案的過程，就是要參公案中的老師是依據哪些佛法的道理，判定學生開悟與否。因為佛法包羅了許多的理論，每一則公案，各是依據什麼道理做出判決？參公案的人，就是要參出這判決的標準。假若你判出了，明白老師為何判他的學生開悟，那就表示你跟這個判決的標準相應，那麼你就算是參破了一則公案。

這就好比法律系的學生，研究一個法庭案件，他就要深入了解法官是依據哪些法律條文，做出有罪或無罪的判決。有些案子很容易下判決，但有些案子本身曲折離奇，法官必須非常高明，才能做出正確的判決，當他做出判決後，他會將全部的資料，以及審訊的整個過程記錄下來，法律系的學生，便能將其做為學習的資料，研究法官做出判決的整個思考脈絡。

諸位在參公案的過程，若能完全明白禪師何以做出開悟與否的判定，或禪師為什麼會這麼說話，那就表示你的體驗和公案中的體驗相應了，即便是一則沒有開悟的公案，你參了之後，也能明白禪師之所以做出尚未開悟的判定，是因為他的學生還缺少什麼，或是哪裡有問題，禪師做判定的準則為何，如果你全都清楚，那就表示你已參破了這則公案。

「參」的意思，是深入地問、深入地研究。早期的參公案，必須深入一則公案的全部過程，後來有些禪師參透了公案後，便把他們的體驗，以文字記錄下來，所以後期禪宗有大量的公案相關著作，參禪者若是參不透，有的人就會拿這些書來參考，因為這些書也是祖師的著作。現在有些人用功，有了些工夫，腦子裡還有很多公案資料，當他參到一定程度，某則公案中的一句話跑出來了，他就抓住了它，還拿著去給老師看，要老師印證他開悟了，那就是拿抄襲的東西，要老師印證他是對的。這種現象在後期乃至近代禪宗屢見不鮮，很多禪眾都不是自己親自體驗、親自找出印證的標準，而是抄襲別人，卻說是自己的體驗。

因此，在參公案的過程中，首先必須要有一位好的老師，指導你技巧。因為參公案有其運作方法，假如無法掌握、善用這些技巧，方法就不可能用好，方法用不好，得出來的答案也一定是有問題、不準確的。參公案是一個必須親身體驗的修行方法，藉由一些技巧，加上自己的體會與印證，最後方能獲得開悟的體驗。

將公案轉為話頭

早期的參公案，注重的是印證整則公案的過程，至宋朝時，中國佛教將其簡化，把公案轉為話頭，觀諸整個漢傳系統的佛教，也只有中國禪宗用話頭，因為它更接近中國文化特重的一個疑情，即「生從何來，死往何去」。而首位提倡話頭方法的祖師，是大慧宗杲禪師，促成這個轉變的因緣是，宗杲禪師的老師圜悟克勤禪師，將其對許多則公案的深刻體驗，以優美的詩詞體裁，寫成了《碧巖錄》這一重要的語錄集。《碧巖錄》完成後，廣受大眾歡迎與重視，但宗杲禪師發現，此書成了很多禪修者走捷徑的一個方式，他們熟背書中的詩詞，當作自己已明白了詩詞的道理，甚至認為已經參透、開悟了，所以宗杲禪師對此深感不以為然，甚至採取行動火焚《碧巖錄》。當然他燒不了幾本書，《碧巖錄》終究仍流傳於後世，但其舉動意義多於實質運作，旨在提醒禪宗修行者，書中內容是別人參透的心得，切不可據為己有並認為自己開悟了，否則參禪必不可能有所成就，而為了避免禪修者犯了上述錯誤，他將公案方法調整為參話頭，只取公案中的重要句子，禪眾只能就那一句話不斷地參，便無法走捷徑，也不能抄襲祖師或老師的句子和心得。

由於宗杲禪師的推廣，話頭便於中國盛行了起來，但其實早在唐朝，即有祖師運用類似的方法，也就是溈山靈祐禪師。靈祐禪師的學生香嚴智閑禪師學問非常好，除了通讀經典，還能講經說法，於是靈祐禪師直接給他一個問題，也就是我們現在最常用的話頭：「父母未生前的本來面目是誰？」智閑禪師聽到問題後，一開始覺得這有何難，應該很快就能從熟讀的經典中找到答案，可是他遍尋之後，發現沒有答案，他問別人也問不出個所以然，他只好請教靈祐禪師，禪師卻告訴他：「我不可能告訴你，因為我告訴你的，是我的答案，不是你的。」智閑禪師一聽，立刻放下所有學問，真正做到了息諸緣務，從此成為一位雲遊四海的飯粥僧，除吃飯睡覺外，所有時間都在參這個話頭，最終得以破參開悟。開悟後，智閑禪師非常感謝他的老師，沒有把這句話頭說破，否則，他可能就無法參透了。

從宗杲禪師和智閑禪師的兩則例子可知，讀了再多公案，若自己沒有實際去參，那都是別人的東西，不是自己的。所以學習到最後，還是要把一切所知、學問都放下，只提起一句和生死有關的話頭，而參透之時，便能悟入禪宗所謂的「本來面目」了。

中國人原本不重視生命的本源，但自佛教傳入，以及禪宗提出「本來面目」後，中國人不但開始重視，並設法找出生命的本質，也就是弄清楚「人從哪裡來」。由於中國人沒有創造的觀念，所以生命一定有其本源，而佛教的觀念，尤其是大乘佛教，主張生命本源是內在的，而非如基督教等其他宗教，會在外在尋找本源，所以禪宗提出了「本來面目是誰？」這句話，做為我們所參的話頭，這句話就是話頭方法的重要技巧之所在。

當然，話頭不僅僅只有一句「本來面目是誰？」在此引這句話做例子，主要是讓諸位了解，話頭是公案中最重要的一個句子，擷取這句話頭，用意是引發禪修者的疑情，而通過疑情的引發，最終得以打破疑情，見到本來面目，此即話頭運作的原則。如果能了解話頭的原則，把握話頭的演變過程，接著再來學習話頭運作的技巧，這樣諸位就能把話頭方法運用得更好。

話頭相較於默照，由於方法運作更加具體，所以也更為好用，其運作方式也可見於傳統的修行方法，例如念佛。話頭一開始是「念話頭」，也就是提起一句很具體的話，用念佛的方法念它，這部分的功課比較偏止，換言之，若要用上話頭的方法，並且用得有力量，就必須達到一定程度的安定。因此，早期聖嚴師父帶話頭，也會教導禪眾「制心一處」的方法，首先數息，接著隨息，達到某種程度的安定，甚至是要達到統一心的狀態後，師父才會開始教我們用話頭；抑或是用逼拶的方法，讓禪眾的身心達到安定、統一的狀態後，方能與話頭相應，產生疑情。在禪堂內，於逼問話頭之時（尤其是聖嚴師父親自來逼問），諸位可以想見，這話頭的力量有多強，所以一相應的人，就能很快地產生疑情，接著就能往自己內心不斷地深入。總之，話頭方法的前階段，都必須先達到心一境的工夫，不論是用呼吸或用念佛，都能幫助我們達到一心的狀態，此後再接著用話頭。

話頭四個次第

早期聖嚴師父是親自在禪堂內帶領禪眾，所以逼拶的過程會產生很大的力量，幫助大家更好地把工夫用上去，但隨著禪眾愈來愈多，這種運作方式就愈來愈少見了。當年和師父學習時，禪堂很小，禪眾不到三十人，就把整個禪堂坐滿了，也因為人數少，所以師父對每位禪眾的狀況都非常清楚，甚至在封堂那一天，就能感受到禪眾們的程度，順著當時的因緣採用適當的方法。不同期次的禪七，有時師父可能整個禪期都沒什麼逼，有時觀察當期的同學都滿安定的，就很快提起話頭的方法，又或是在開示時，感覺禪眾們比較安定了，也會在這時提起方法、丟出話頭。一些坐得不錯的同學，聽到師父的開示和拋出的話頭後，覺得相應就會開始用方法。後來隨著禪眾日增，加上師父在禪堂親自帶領禪眾的時間愈來愈少，於是師父便將話頭的方法，建立起系統化的四個次第，以此取代師父直接的逼拶。這四個次第分別是：念話頭、問話頭、參話頭、看話頭，以下分別介紹。

（一）念話頭

第一個次第是念話頭。先前師父都是先教禪眾們用呼吸的方法（數、隨、止），接著再用話頭，後來師父建立的系統方法，則是直接用話頭來數、隨、止，也就是把話頭先當作一個正念來用。和念佛要念到心與佛統一的道理相同，念話頭也要念到心與話頭統一，才能更深一層地將話頭轉成一個提問。

參話頭必須要引發出內心對生命的疑情，假如對生命沒有疑情，就無法感受到話頭的力量，即使試圖透過話頭的方法，引發對生命的疑情，這樣的疑情力量仍是不夠的，只要煩惱一來，或是慣性起現行，疑情很快就會被覆蓋。話雖如此，其實每個人對生命都有疑情，都想要找到生命的本源，或至少要知道生命的去向，基於此，我們多多少少都會有對生命的疑情，不過有的人只是動一動念頭，很快就被其他的念頭所覆蓋，而有的人動了念頭後，會去找答案，淺的可從哲學切入，也就是從生活的現實層面尋找解答，深的則從宗教入手，這時會發現很多宗教在這個問題上都有答案了。

一般來說，宗教皆為智者所創立，他們幫信眾找到了生命的答案，所以接受、相信這些答案的人，便不會有疑情，只要順著信仰的宗教方法運作，就能解決死後的問題，這樣的信仰非常普及，大部分的人都能接受；但是有一些人即使得到了這類的答案，仍無法滿足，因為他們對生死還是有疑問的，或是覺得答案雖可接受，但這是別人說的，是別人的體驗，而他必須親身體驗，才能真正接受。

由此可見，每個人的心靈層次不同。然而，不論我們本身是什麼程度，一旦疑情生起，想要探索生命的本源及其來去，關鍵的問題就在於，疑情的力量是否能持續。持續的方法，有的人是靠外來的答案，有的人則必須自己去尋找答案，還有些人疑情一生起就被覆蓋不見了。假如外來的答案即能滿足我們，我們接受、相信了它，此後就不再有疑情，因為只要順著它的教導，做好一個人即可；但如果我們需要自己親身探索，方能得到答案，就會採取行動。不過，即使是行動型的人，還是會感到疑情的力量不夠，因為這種探索必須是往內的，並且必須通過禪修的方法，也就是打坐，才能把方法用上去。

這時問題又來了！很多人一坐下來，便發現妄念的力量大過疑情的力量，甚至由於妄念的干擾，導致疑情生不起來，此時必須很用力地將疑情提起來。有的方法會告訴我們，可以直接提起話頭，提起後，就要去追問話頭，藉由這個方法產生疑情；但是我們往往在過程裡會加入許多自己的妄念，製造出相似的疑情，這不是真正的疑情，反而更像是猜謎，是自己問問題、自己給答案。我們猜謎時也會有疑問的感覺，但如果是用妄念去追逐答案，雖然持續追著相似的疑情，也會得到很多答案，但這些答案都是從妄念而來的。

很多行動型的人會從禪切入，閱讀許多禪宗公案。例如《碧巖錄》裡，祖師將自己的體驗，以優美的詩句表達，你們讀過了之後，這些詩句多少都會留在心裡，而當夾雜著妄念的相似疑情生起時，各種答案都會浮現，若你覺得哪個答案比較符合你想要的，你就會抓住它。以前也有禪師是這樣運作，抓住別人的答案，當作是自己的，但其實這是抄襲，而非自己真正的體驗。現在有很多參公案、參話頭的人也有類似的狀況，他們是以相似的疑情，很猛力地參，因為他們聽說話頭的方法必須很猛力，所以就很用力地逼自己，結果在過程中，他們把所有的妄念全部翻出來，例如過往讀過的許多書籍，從中抓一個自己想要的答案，然後就要找老師印證。類似這樣的現象，在現今的禪門中仍相當普遍。

聖嚴師父對此知之甚詳，所以他早期嚴格規定禪眾，一定要用呼吸的方法，達到不亂的狀態後，方才開始用話頭。後來師父直接用話頭的方式，幫助我們直接銜接，因為早期用呼吸的方法再轉話頭，其中也有一個銜接的過程，同樣地，用念佛的方法轉話頭，也有銜接的過程。因此，直接用話頭，循著數、隨、止的次第，修到一心不亂，這樣即可省略銜接的過程，直接把念話頭轉成提問的方式，通過這樣的過程，便能引發我們內在的疑情。這個疑情不是相似的，不是外在的，不是由妄念所生，而是在我們的心完全止靜下來、所有妄念皆不生起時，再往內探索、提問而來。這樣的方法運作，次第與用功技巧都很清楚，簡單來說，就是必須先念話頭念到一心不亂，再來問話頭，這樣的提問，疑情才是真正的由內生起，才是真正地和話頭相應，然後才能持續地往內參話頭。

聖嚴師父建立起這樣一個明確的系統，禪眾不論初期用的是什麼方法，轉進話頭的關鍵都是一樣的：制心一處。所以不論是從別的方式轉入，還是以話頭直接進入，皆可持續而次第地朝著話頭的深層深入。至於師父後期提出的方法，則是直接從念話頭轉入問話頭。

從念話頭到問話頭，是一個重要的技巧運作。話頭所念的這一句話，和念佛所念的佛號一樣，都是平平的一句話而已，但藉由念這一句話，能幫助我們凝聚、統一心，如此才能進到問話頭的程度，這時的話頭就會更有力量。至於要念什麼樣的話頭呢？不同的老師會提供不同的話頭。現在較為普遍的話頭，以西方來說，以

「什麼是無？」最為常見。這句話頭背後會有一個公案、一件發生過的事，從這個公案中精鍊出「無」這個字，做為話頭的中心。因此，諸位若是要念話頭，首先就要先提一個話頭，待這個話頭與你的心統一了，然後再問話頭，這句話頭就能引發出你的疑情。

說到「什麼是無？」，「無」這個字，在中文裡的意涵非常深廣。中文以及傳統佛教，更常用的字是「空」，但禪宗則習用「無」，典出於一則著名的禪門公案「狗子有佛性無？」。有一名學僧問趙州禪師：「狗有沒有佛性？」趙州禪師當下回答：「無。」禪師的判斷，這個「無」到底是什麼意思呢？很多人就拿來參。因為這當中有一個疑情，大乘佛法說眾生皆有佛性，既然如此，趙州禪師為何回答「無」呢？這個回答符不符合佛法？這個「無」是「沒有」的意思，還是有更深層的意義？假如有更深層的意義，禪師又是依何而設此判決？

由此可知，這句話頭原本是一個完整的公案，後來的方法運作到只提出「無」這個字，為了要知道「無」究竟是什麼，便不斷地參這個字；還有的是提出一個問題：「什麼是無？」在此要釐清一點，此處所謂的「無」，不是外在的，而是內在的，也就是參話頭其實要問的是：「什麼是『本來面目』？」只是我們把這個問題，概括用一個「無」字表示，又因為這個「無」字，典出於趙州禪師公案，而趙州禪師的回答必有其深意，所以用話頭方法的禪眾，就要去了解此則公案的根本意義。因此，大慧宗杲禪師就提出「什麼是無？」這句話頭，也就是把公案轉為話頭，讓禪眾可以直接提起一句話、直接參這句話。

先前提到「父母未生前的本來面目是誰？」，這也是一句話頭。之所以特別強調「父母未生前」，主要是讓禪眾捨掉當前所知的這個「我」。假如沒有提到「父母未生前」，直接就問「本來面目是誰？」，可能很多人想到的是自己現在的樣子，或許照照鏡子，或是寫篇自傳，就能回答這個問題，為了打破慣性而加上「父母未生前」，就是要讓我們不只看到現在，而是要看到生命的本源。這是從事相上來說，若是講得更學理些，「父母未生前」其實就是「一念未生前」，還有的人若是覺得不必特別提及父母未生或一念未生，已很清楚要參究的是生命的本來面目，他也可以直接這樣提問：「本來面目是誰？」總之，「父母未生前的本來面目是誰？」、「一念未生前的本來面目是誰？」，以及「本來面目是誰？」，這些都是目前很普遍使用的話頭。

話頭的來源，通常為三種，第一種來源是老師給你的，第二種來源是自己從歷來話頭中提取一個。提起一個話頭後，先念到一心不亂再提問。第二個來源，稱為引生。以念佛為例，一個念佛工夫很好的人，念佛念到與自己的心完全一致，也就是一心不亂的程度，這時他起了一個念頭：「這個正在念佛的人是誰？」又或是打坐打得很好的人，同樣是坐到一心不亂時，生起一個念頭：「打坐的人是誰？」類似這樣的話頭，即是引生而來，也就是從別的方法轉入話頭。這句引生的話頭，由於是在很安定的狀態下生起，所以本身已含有某種程度的疑情。

至於第三種來源，則是自生。有的人打坐，並沒有特別想要轉成話頭，但坐著坐著，內心便生起一個比較深層的意念，想問自己是誰，又或有其他讓人產生疑情的念頭。若是生起這一類的念頭，最好能找有經驗的老師，由老師判斷這些念頭是否和生命的疑情有關，以致能成為一句話頭。要知道我們內心生起的疑問，未必就是生命的疑情，有很多可能是深層的妄念浮現。假若生起的是些和生命沒有什麼關係的問題，我們提起它為話頭，便無法產生作用，那麼就要放掉它，若是老師認可，就可以從這句話頭入手，由於它們是從內心自然生起，所以這類的話頭通常都會滿有力量。

（二）問話頭

禪眾不論是用念話頭，或是用修定的方法，引生或自生出話頭，接下來即進入話頭的第二個次第：問話頭。問話頭時，一般來說，疑情即會生起，並且會感到它是比較內在的，而非是從相似的妄念冒出。疑情的生起是因為心安定、統一了，這時再來問話頭，內在的疑情就會自然引發。初期疑情的力量可能不大，但禪修者自己會知道，有一種疑問的感覺在那裡，隨著持續問下去，疑情會愈來愈凝聚、愈來愈大、愈來愈強，而且愈趨向內，問到了一定程度，會發現疑情變成了一團疑問，我們稱之為「疑團」，至此即轉入第三個次第：參話頭。

（三）參話頭

相較於「問」，「參」是更深層地探問。參話頭的階段，疑情已凝聚成很有力量的疑團，當人處在疑團中，這樣的狀態甚至是連文字相、語言相都沒有。相較於念話頭，念一定有語言相，例如心裡念著「什麼是無？」，若是以文字表達，這樣的念法好比逗號，一個接著一個的「什麼是無？」，平平地念下去；當轉成問的時候，則好比問號，「什麼是無？」一個接一個地追問下去；慢慢地凝聚成疑團，至此「什麼是無？」，只剩下了一個「無」，後面則是許多的問號；甚至連「無」字都無了，所有的文字與語言相都沒有，整個人都在一團的疑情之中，只感受到一股力量強大的心理作用，就是想要知道是什麼，內心也隱隱然感到自己應該是知道的，可是卻想不起，或偏偏該知道的卻不知道。這就是進入到參話頭的狀態。

當進入這個狀態時，你可能有答案嗎？不可能的。因為疑團中，連文字、語言相都沒有了，若此時突然跑出一些文字或語言的答案來，那肯定是妄念。這就是為什麼一定要達到一心不亂，才能問話頭、參話頭，因為當我們往內用功時，若心中仍夾雜著許多妄念，或是因為用力而將各種妄念翻攪出來，就會出現許多相似的疑情，讓人以為自己有答案了，這樣用話頭肯定會有問題。因此，一定要先讓所有的妄念安頓、沉寂下來，如此一來，當你在問話頭、參話頭時，妄念就不會再來干擾你，然後當你進入疑團，此時甚至連文字、語言相都沒有了，這才是真正的疑團。

從實修的角度而言，參話頭的階段，已是住在內心很深層的狀態，所以通常只有在禪堂，或是中國佛教的叢林裡才能參話頭，因為當禪修者處於此階段，他們的主觀時空感受和客觀的時空感受，可能會有差距，即使他們仍能自理一些生活事務，但實際上已完全住在疑團中，所以比較適合在禪堂或單純的修行環境中運作；反之，處在日常生活情境下，我們也很難進入內心如此深層的狀態，平時用方法，大多只是念念話頭而已，幾乎不可能到達參的程度。能夠到達能參的程度，參的就是疑團了，疑團不是要得到什麼東西，或是一個答案，因為它完全沒有答案。參話頭最後是要「打破」疑團，打破後，就會見到「本來面目」。

所以打破疑團，不是為了得到答案，完全是一種內心的工夫。雖然有些禪師在開悟後，會以文字形容他們的體驗，但實際身處在這樣的狀態之時，那感受是任誰也無法形容的。而祖師們之所以用語言或文字形容參話頭的歷程，目的是讓後學知道，參話頭即是進入疑團，此時根本沒有要找什麼答案，只是想要見到一個我們本來就該知道，卻偏偏不知道的「本來面目」。

簡單來說，所謂的「見到」，那是修行者自己的體驗，完全沒有語言、文字可以形容，一如默照禪的開悟者，開悟後不會停留在開悟的狀態裡，而是會回到現實生活。話頭禪的開悟者，在「見到」後再回來，心裡會非常清楚，如果要告訴別人那是怎麼一回事，他會用直心說出來。至於直心所說的，並非是一個答案，而是禪修者將個人的體驗直覺地表達，他的老師一聽，就知道他是否真的「見到」了。

假若在話頭的運作中，條件尚不具足，則無法進入到參話頭乃至破參的狀態，但循著念、問、參話頭的次第而修，一定是沒有問題的。要注意的是，用功的過程中，可能不時會有很多的名相或答案跑出來，那麼諸位就要清楚，那些肯定都不對，所以不要抓住它們，也不要停留在那邊，要把它們都當作是妄念拋開，拋開了之後，繼續往內問到有疑團，把疑團打破後，你就會「見到」了。見到之時，那感受冷暖自知，只有你自己知道是怎麼回事。

見到本來面目，即是見到本性，也就是生命的本質。見到了之後，人不會一直停留其中，但通過這樣的體驗後，人的身心會有很大程度調整，甚至產生很大的質變，也就是一種本質性的變化。從前看待一件事，大多會以世俗的角度，或是以

「有我」的眼光看待，見了本來面目後，會改以出世間、無我的角度觀待。從量上來看，或許不會感覺此人有什麼大改變，因為他還是像過去一樣平凡地生活，但有了開悟體驗後，此後應對各種生活事務，必會以內心經歷過的體驗，也就是內心本性（佛性）的作用，令其直心地流露出來，而不再有一些掩蓋、扭曲的東西。由於自性本是清淨的，所以他流露出的行為及語言，也一定是清淨的。

佛陀開悟後，他所講的話、生活上的行為，必然是清淨的。同理，一些證得初果以上、解脫的聖者，他們日常生活中的言行，也是趨向清淨的。由於他們的開悟屬於頓悟，所以如果定力不夠深，悟後的現實生活中，一些過往習氣還是會流露出來，但是以往所謂的習氣現前，是在造業，因為其中有煩惱的作用在，可是對解脫的聖者們而言，那只是些習慣性的言行顯現，已沒有惡意或煩惱的成分在，也就不會造業。簡單來說，凡有開悟體驗的聖者，即是有了破我見的體驗，無論他們是否仍有些過往習氣起現行，實際上都已從煩惱解脫了。

有一種說法，凡開悟的人，不須守戒。為什麼呢？因為他們自然就不會犯戒。舉例來說，初果的聖人，有些仍是在家的身分，但初果聖者一定斷殺生的惡行，所以如果他是位農夫，他在耕地時自然就會感應到生命的存在，而在從事的過程中，就會留心不去傷害到那些生命。至於四果的聖人，有人說凡證四果一定是出家身分，也有一說在家也能證得四果，但即便是主張後者的人，也承認一件事：用在家身分證得四果者，一定斷淫欲，所以很自然就會出家，不再過在家的生活。

以上舉例是為了讓諸位清楚了解，真正達到開悟體驗、解脫的聖者，他們流露出的行為舉止和語言，都是清淨的，因為他們是從清淨的本性顯露其言行。關於這一點，在傳統的佛教觀念裡，是很明確的；但禪宗以降，所謂的開悟，即加入了大乘佛教的觀念，強調修行有很多階位、很多不同的階段，每個階段各有其開悟體驗，每個階段開悟時，也會展現出不同的狀態與表現。

簡單來說，大乘佛教的開悟，是有層次的。在初地階位之前，還有四十個階位，統稱賢位；初地之後，統稱聖位，即解脫的階位，表示登上初地後的菩薩，才算是真正達到破我見、斷我執的程度。其實傳統（聲聞）佛教也有類似說法，只是更為簡化。凡證到初果以上者，是真正證得清淨解脫者，稱為聖位；在此之前，尚有各階段的禪修次第，在此修行過程中，人的行為即已逐漸地進化、趨向清淨解脫，此階段統稱賢位。至於禪宗，也有小悟、大悟之別，所謂小疑小悟、大疑大悟，由此可知，禪宗對於開悟體驗，也有程度不同的判定。

禪宗公案，記錄的就是老師判定學生是否有開悟的體驗，如果有的話，那是什麼程度呢？所以我們參公案，參的就是老師依何標準判定學生。基本來說，判定標準都是依緣起性空的法則，但這法則又細分許多的層次與深淺不同的理論，老師是依其中哪條理論做印證的呢？他如何判定學生開悟的程度呢？這就好比法律，不是所有被判有罪的都要處以死刑，判刑一定有輕有重，而輕重一定會有相對應的法條為之做出判定的依據。

公案常常提到開悟，但開悟也有程度和層次的不同。一般我們所說的開悟，指的是比較大的開悟，也就是達到解脫生死、破我見這種程度的開悟。要達到這種開悟非常不容易。正如我們先前談到，禪修要具足許多時間與條件，方能深入禪定，而要達到解脫程度的開悟，所需具備的條件，絕不會少於禪定的層次，而禪定偏重在定，開悟體驗則偏重在慧，至於要達到斷我見的程度，諸位可以想像，這慧的力量得多麼強大！所以根據資料記載，能達到這種開悟程度者實則不多，但稍淺些的開悟體驗，或是在禪修過程中得到比較好的體驗者，那就不少了，他們體驗到的法，不單屬於定，還包含了智慧，隨著他們禪修持續得力，過程中，身心狀態亦會產生深淺不同的「量變」，甚至「質變」。

所謂量變，是對事情的看法，程度提高了。由於智慧增加，處事的手法就會更加成熟，這是禪修者都會有的受用；至於質變，則是完全改變對人生的看法，處事的手法可能完全不同於過往，因為是用全然不同的角度切入，所以不只是把事處理好，更重要的是，過程中個人完全沒有被牽入煩惱之中，不會造業。

既然禪宗講的開悟有層次之別，所以聖嚴師父帶禪修時，給學生的回應也就有所不同。例如師父會向一些禪眾道恭喜，或說些鼓勵的話，表示這些人有了些體驗，但還沒有達到更高層次的階段，這時就給他們鼓勵，但不會有很明確的印可或印證。這是很重要的過程。事實上，真正有開悟體驗的人，他們心裡其實是很清楚明白的；如果內心還有疑惑，還有些不清楚的狀態，需要外來的認可，那就是有問題。換言之，由於他本身對自己的狀態尚不清楚，所以需要一個外來的權威來認同他，以後他就能拿著這個權威，說某某老師印可我了，表示我已經開悟了。類似這樣的情形，表示這個人或許有了些體驗，但內心對於自己的程度仍沒個底，所以老師鼓勵他一下，就是要他再繼續用功，因為他的體驗還不夠透徹。

（四）看話頭

開悟後，還有第四個層次：看話頭。

看話頭的方法類似念話頭，不過在念的階段，需要不斷地將話頭提起來，至於看話頭，則是話頭一直在那裡，只要看著它即可。聖嚴師父區判出兩者的差異，其實是很有意義的，因為有些禪修者的開悟體驗，側重在定，但話頭的開悟，強調的是智慧，智慧本身具有照的作用，當中仍有某種程度的動態，所以用話頭用到有了開悟的體驗後，會更需要安定的心，因為此時的照雖已相當清楚，但仍須倚賴安定的力量，方能讓照的作用持續保持敏銳與明亮。念話頭和看話頭的差別，前者重在修定，後者的話頭則一直在那兒，只要看著它，心便能持續保持在靜定的狀態。所以參破話頭的修行人，日後若轉而修深定，由於他已有慧的基礎，很容易就能進入更深的定中。

看話頭等同於禪宗所謂的「悟後修」，也就是開悟了之後，還要繼續修行，此時修行的重點在於修定，用定的工夫讓開悟的體驗能持續地運作，這就是所謂的「定慧一體」。而開悟前後用功的偏重有所不同，所以禪宗有「不開悟不閉關，不破參不住山」的說法，要有破參開悟的體驗後，才能進入更內在的修行。

師父為話頭設立的四個層次，展現出禪宗許多重要的觀念，所以諸位學習到這樣一個用功的方法，也了解用功的整體性後，就要持續不斷地應用這個方法，過程中有了些大大小小的體驗，知道自己的修行又前進了一步，知道了就好，不要執著，不要停滯下來，要繼續用功；更不是開悟了就什麼事都不做了，不論在什麼時候，修行到什麼程度，即便開悟也是一樣，都要持續地保持用功。

修行沒有所謂的畢業，即使已達到終極的目標，還是要繼續用功。大乘佛教的修行是「盡未來際」，未來是沒有邊際的，要一直修行下去。聖嚴師父勉勵我們，用話頭有了體驗後，不論體驗深淺，都要繼續看著話頭，繼續用功，持續加深定慧的力量。

歷代祖師所呈現的都是這樣一種持續用功的狀態。我們從沒見過哪一位祖師開悟了後，就休息停止，他們還會繼續做兩件事，一是讓自己的工夫持續不斷；二是隨著我執愈來愈淺，乃至達到無我的體驗後，他們接下來做的每件事，都是為眾生而做。虛雲老和尚就是很好的例子。他在高旻寺被熱水燙到，破參了，接著他六十歲後的日子，就是到許多道場去，將那些已廢的道場重建起來。在此過程中，他仍時時保持在很深的禪定工夫裡，這是我們禪修時應有的觀念。

虛雲老和尚在六十歲到一百二十歲的年月中，持續不輟地重建道場，我們說每一個道場都是一個修行的淨土，而老和尚的行儀，完全是為眾生奉獻。他每到一個道場都只帶著一個小背包，因陋就簡地把一個個廢棄的道場重建起來，待有人接辦這些恢復勝景的中興道場時，他就拿起小背包離開，繼續到下一個道場去。他無論走到哪裡，就只是帶著一個小背包，這真是一個很好的模範。

大乘修行的階位

禪修有不同階段的體驗，菩薩道的階位一共五十二個。最初的十個階位，稱為十信位，主要修的是信心。在修成十信位之前，信心往往是進進退退，有時很有信心，有時又沒信心，我想大部分的人，都處在進進退退的階位上。

其實能處在這個階段已經很不錯了，因為十信位表示已經開始修行，只是信心尚未確定。所以很多人修行，一下子跟這個老師，一下子又跟另一個老師，一會兒修習這個宗派，一會兒又修習另個宗派。類似這樣的情況很普遍，但是至少已經開始用功了，很多人連修行都還沒開始，就遑論信心的進與退了。

修完十信位後，信心即不退轉。所謂的信不退，是指不管遇到任何困難，甚至是生命危險，對佛法、對禪修的信心都不會退轉。可能有人會認為：「我現在就是這樣，絕對不會退轉啦！」但等到醫生告訴你，你的生命差不多了，或許就不是那麼一回事了。面臨生死關頭時，如果有人說某個神明能救你，或是某個老師可以讓你度過生死關，你很可能馬上就跑過去了。這就表示你的信心還沒定下來。即使面對生死考驗，你對佛法的信心依然不退轉，這才是真正圓滿十信位的修行體驗。

十信位後，接著就進入有三十個階位的「資糧位」。這個階段信心已不退，從佛法修行的角度來說，此階段也稱「賢位」，修行的重點，在於不斷累積、凝聚本身的資糧。之所以有那麼多的階位，且要修行相當長的時間，原因在於修行要修到破我見，必須具足很好的條件與修行力度，但此階段的禪眾，雖已朝往開悟成佛的方向而去，卻可能還是會發生把持不住的狀況，導致退失工夫與功德，所以需要如此長時間的修行，持續累積資糧。修完這三十個階位後，即登初地。初地以上的階位，稱為「聖位」，此後工夫只進不退，修到八地時，連境都不會退，工夫勢如破竹直至成佛。這就是大乘佛教的修行次第與階位。

禪宗的獨特教法

有趣的是，對禪宗而言，最不重視的就是階位，認為階位會帶給人壓力，反而不利修行。所以禪宗化繁為簡，把如此繁瑣的階位，直接用開悟這樣一個字眼來運作，至於開悟到什麼程度，則交給老師印證。禪師本身的體驗愈深，他會愈清楚學生的程度與狀態，因為那都是他親身經歷過的，所以能給予很好的印證。

禪宗還有一個很有趣的現象，有時候學生的程度比老師好。當老師發現學生的程度比自己好，他是很歡喜的；還有些老師的修行體驗未必很深，但能把學生帶往更好的程度，持續進步；又有的老師，發現學生的程度高於自己，他會反過來向學生學習；還有一種老師，發現來向他學習的學生，其根基和自己的教法並不相應，他就會直接介紹別的老師給這個學生。這當中便展現了禪門師生間許多活潑有趣的互動，也看到禪師與禪師之間，彼此間同門相親的寬大胸懷。而禪師們展現的開放態度與寬大心胸，既是中國禪宗的一大特色，也呈現出禪宗的獨特教法。

禪法在實修上，是把許多階位式的次第拋開，只要不斷地用功，用功到有了體驗後，就找老師印證。但這時會發現，不管你得到什麼樣的體驗，到了老師那邊，再好的體驗都會叫你放下，繼續用功。就算修到了比老師還要高的程度，老師還是要你放下，繼續用功。由此可知，用話頭的方法用功，不論有了什麼樣體驗，話頭一定在那裡，讓你可以一直用功下去。

因此，中國禪宗的話頭法門，一個話頭可以用一輩子，用到開悟解脫，但即使開悟了，還是要繼續看話頭，繼續用功，由此可見，修行是沒有止境的。

卷四

正確的知見

覺悟空性

我們現在要介紹的是「具足正見」，將修行的正確理論建立起來，如此方能完整地修行佛法以及禪修。

「具足正見」的觀念很重要，而要具足正見，首先要具足學習的因緣。短短四十九天禪期，要把整體佛法用很系統的方式介紹給各位並不容易，不過最基本的知見，諸位還是要具備，否則的話，修行就會是茫然地走，不知道自己的方向和目標在哪裡。

默照和話頭都屬於禪宗的頓悟法門，而禪宗所謂的開悟，有程度深淺的不同，至於最究竟的開悟是什麼呢？那就是佛法最中心的部分，也就是破我見、證無我。所有的開悟，皆以此為究竟，換句話說，唯有破我見、證無我，才是真正達到生死解脫的程度；至於其他程度的悟，像是達到統一境，或是智慧上有了些成長，這些小悟都是修行過程可能有的一些體驗。

禪宗談開悟體驗，把它簡化到只有一句話：明心見性。我們知道生死輪迴是無明，「明」即智慧，而禪宗的開悟，是明白了什麼？照見了什麼呢？心。

在佛教裡，「心」這個字有很多層面的解釋，包括諸位在此用功，我們稱為調心，但其實各位調的多屬於意識的作用，真正的調心，則有更深層的作用，必須通過禪定的工夫，才能慢慢調整。禪宗所謂的心，也有淺深之別，比較淺的，諸如煩惱心、雜染心、妄念心等，而究竟的心，即是清淨心。

佛法說一切眾生皆有清淨心，換句話說，清淨心即是眾生的本性。清淨心是心最根本的作用，但我們看到的通常都是心比較表層的作用。話雖如此，但心有一個很重要的功能，我們稱為「覺悟」。人對生命生起疑情，開始往內自我覺察，會產生這樣的覺悟，是由於處在生死流轉中，或是在這期生命中遭遇了許多問題，內心會有一種覺知，覺得這些應該都不是心的本質，因為有此自覺的心理，就會生起疑情，進而努力探索，最終得到真正的覺悟。

心有了自覺，就會想要悟出生命的本質，這是心非常重要的一個作用。待覺悟之時，即能悟到生命的本質，也就是心的本性、心的本來面目。此時，人就能從生死輪迴的煩惱，以及種種被雜染纏縛的心解脫。回到現實生活，再也不會有任何事情能擾亂我們的心，這時心就得到了大自在、大解脫。

明佛心　見空性

覺知的心，佛教稱為「佛心」。「佛」這個字，是梵文Buddha直接音譯而來，佛的意思，即是覺悟；覺悟什麼呢？覺悟心的本性。人類是有情眾生，有情眾生生存於這個世界，主要有兩種功能，一是心法（心理）的功能，二是色法（生理）的功能。心理和生理的作用，各有不同的組成成分，以生理來說，是由四大和合組成，色法除了有情的生理作用外，還包括我們所依住的這個世界，稱為無情世間，又名器世間。心理的作用則包含感情、理性與意志的作用，心的總體功能，稱為識，更深度則稱為心。解釋心的名相非常多，因為現實生活中的人們太複雜了，所以要用很多的名相來分析，我們才會明白人是怎麼一回事。

生命是由心法與色法所組成。色法包含有情與無情世間，兩者皆由四大和合而成，更進一步分析，無論無情、有情，皆由心法組合而成，所有這一切的作用，在佛法通稱為「法」，而法的本性，即是空性。

佛陀覺悟到諸法的本性是空，至於心的本質，也就是法的本性，所以明心見性，所明、所見的，是心的本質，也是佛性、空性。整體修行究竟是要覺悟什麼呢？就是覺悟「空」。

空是佛教非常重要的中心觀念，一般人卻不太容易明白，更遑論將其轉入生活，成為我們的知見，並通過禪修覺悟，解脫生死。禪宗將其簡化，修行即是要明心見性，明佛心、見空性，此即解脫。其中最關鍵的，就是空這個字。

許多人一看到空字，容易誤以為空就是什麼都沒有，因為一般來說，這是空字最普遍的理解；不過，佛教的空義更為深廣，不能僅從字面去理解，而必須回到整體的佛法，把握空的究竟意思。這點對於禪修者非常重要，禪修就是要見空性、見法性，若你連空性、法性的基本意義都不懂，能見到什麼法呢？所以基本的意義一定要明白、把握好，知道為什麼要用這個空字，以及如何應用。

用文字難以傳達佛法的空義，所以從修行的角度而言，是在沒有辦法的情況下建立一個字眼，好讓禪眾能更接近這個字眼所要傳達的根本訊息，所以必須從整體佛法上理解其意義。有了這層理解，才會知道我們的方法運作，是否能貼近空義，最終達到開悟的程度，真正地見到空性。

正確了解空的意義

禪宗的修行，是用頓悟的方法，也就是直接切入到空的修行。這樣的方式，在佛法普及的時代，由於大部分的人都了解佛法，也了解空義，所以禪眾直接進入空的修行，以獲得頓悟的體驗，基本上是可行的；但若佛法並不普及，很多人只是從禪宗的道理上，得知有「空」這個字眼，很多禪修者看到後，便直接從字面上將其理解為「沒有」的意思。

之所以有這樣的誤解，可能是因學習過程不具足對佛法的完整了解，也許是因為佛法不普及而沒有機會閱讀經典或祖師們的相關著作，但是他們又從禪宗公案或禪修中得知空性的觀念，所以他們也知道用功修行就是要開悟，開悟即是見到空性。但是他們對空性沒有正確的理解，甚至根本是誤解，以為證到空就什麼都沒有。他們所理解的空，並非是佛法所要傳達的準確訊息，如果他們都以其所理解的方式來修行，或許還是會得到一些體驗，而覺得這就是空了，以為這即是開悟了。

另一種狀況是，有些人知道空，也清楚空的理論，所以他們打坐時，便開始思惟空。他們在思惟的過程覺得自己對空更有把握了，甚至覺得已經完全明白空、悟到空了。但實際上，這些往往只是他們意念中想像的空。這種現象在中國禪宗發展的過程並不罕見，尤其到後期，佛教比較衰微，以致正確的教理大多數人並不理解，很多人對空、無的概念，都是不明確、不完整的，當這些人來修行時，就可能掉入所謂的「空見」，我們稱為「斷滅空」，斷滅就是空了後什麼都沒有，因此，他們誤以為修行到開悟之時，人就像死了一樣，什麼都空了，若修行人執取這種不正確的空，即是惡取，所以「斷滅空」也稱為「惡取空」。

在中國，有些禪師會批評修默照禪法的人，原因在於默照較容易掉入無記，並把無記當作是空，認為自己已達到什麼都不用想的狀態，表示他已證空，但其實這是惡取空。此外，進入到無色界的四空定後，其中的空無邊處，很容易感到空是無邊、無限的，但其實是掉入了無記，亦即惡取空、斷滅空的狀態。所以即便是禪定工夫很深的人，若對佛法知見有不正確的理解，還是可能掉入惡取空和斷滅空。

印度佛教時期，就有這樣的現象。印度大乘佛教，是龍樹菩薩根據般若經典而建立起空的理論。很多人每天念的《心經》，講的就是空。印度佛教講空，有一套完整的系統，即中觀。中觀幫助我們理解空的道理，以及如何準確地觀空；可是很多人並不像禪師和論師們一樣，有深厚的修行基礎與對佛法完整的理解，但他們知道佛法最深、最核心的道理就是空，所以他們一學佛，就要學空，這樣的學習很容易就變成惡取空和斷滅空。

也因為當時不少人對空義有所誤解，所以印度佛教針對空，有了有相當多的辯論。之後佛教傳入中國，逐漸發展至高峰，當時佛教的教理非常普遍，經典也非常普及，很多知識分子、思想家乃至帝王都來學佛，甚至有段時間要出家還必須經過考試，通過政府核准才可出家。由於佛法的普及，當時的人們對於佛法基本的道理，基本上都知道，在這樣的環境條件下修習禪法，禪眾對於空性必然有比較準確的認識，他們知道一切法的本性是空，也能把握空究竟是什麼意思，以及空要傳達的根本訊息是什麼，所以他們的修行歷程，最終便能體驗真正的空性。

到了唐、宋後期，佛法的普及性已不若先前，使得禪修者誤解空義的現象愈來愈多，在這樣的狀態下學佛、禪修，便很容易面臨掉入惡取空、斷滅空的問題。佛教傳到西方後，誤解的現象更為普遍。許多西方人禪修，會把空這個字眼抓得很緊，因為他們知道佛法講空，也知道禪修就是要證空，但由於許多傳入西方的禪法，並沒有很系統性地介紹完整佛法，所以大家對空的認識是一知半解，但理解得並不完整，在這樣的狀態下修行，可以想見修行的方向和目標，一定是不明確的。

你們清楚知道什麼是空性嗎？法性即空性是什麼意思？假如知道得不完整、不準確，修行方向和目標一定有問題，體驗也會有問題，因為你們的體驗不是依準確的訊息和教理所建立。類似這樣的問題，現代佛教其實非常普遍，佛法已傳入上千年的中國、日本、韓國已是如此，更遑論接觸佛法時間更短的西方社會了。完整教理的建設需要充足的時間，待條件具足後，禪眾們對於佛法修持的方向和目標，就能有明確的把握，一旦有了體驗，也會很清楚地知道，這個體驗對不對。

回到根本佛教教理

由於我們是從禪法切入，探討大乘佛法的中心，而導出空的思想；但實際上，空義是從根本佛教慢慢地開展出來，所以我們要具足正見，一定要回到源頭。

根本佛教的教義，一來並沒有直接提到空，再者他們用空這個字眼時，並不像大乘佛教這樣的用法。此外，早期佛教談修行，是有系統、有方法地運作，即使後來的中國禪宗把修行方法簡化了，但不論是空的道理，乃至大乘禪法的運作，它們都必須有所本，這個本就必須回到根本佛教，去了解佛陀當時的教學，他的根本教理是什麼？又如何從這個根本道理，開展出大乘佛教的教理與禪法，也就是我們現在所學習的禪法；假如沒有回到根本佛教來認識，就無法把握之後開展出的教理，為何是如此說法，又是如何開展。這些都是我們學習上，很重要的基本認識。

但是很多修學大乘佛法與禪法的人對此往往都忽略了，以致對根本佛教的教理，缺少完整的了解，他們知道的空是不究竟的，也是有問題的，若無根本佛法做基礎，開展出的空義一定是不完整的，所以諸位一定要好好把握整體佛法的學習。

我們接下來要談的具足正見，正是以根本佛法為基礎，探討空義如何建立，清楚了這點後，諸位就能以正確且完整的空知見，做為個人修行的指引。

修證法性

禪修開悟的體驗，指的是明心見性——明佛心、見空性，這是從大乘佛教的角度來理解。空性的觀念，可說是大乘佛教最核心，也是最重要的思想，至於佛心（佛性）只在大乘佛教才特別提到。佛性指的是內在的自覺，促使人通過持續地修行，以覺悟空性。

大乘佛教有很多系統，印度有印度的系統，中國有中國的系統，這些系統歸結起來，講的都是佛性和空性。從佛法的「法」來看，談的是法性；從眾生修行的角度而言，談的則是佛性。其實，佛性既屬於法性，也屬於空性，中國禪宗的特別之處，就在於跳過種種系統性的觀念，直接談開悟、談空性。

禪宗興盛之時，中國佛教本身已建立起非常完備的系統性思想，包括天台宗、華嚴宗在內，各宗論及佛性、空性等問題，皆有一套完整的論述，而這些思想當時非常普及，當時的佛教徒基本上對佛教的道理都有完整且系統的認識，甚至對天台止觀法門這樣一種比較繁瑣的修行系統，也都有很好的理解。在這樣的基礎上，禪宗出現之時，將浩繁的系統化繁為簡，並以更直接的修行方式運作，然究其實，禪宗的「簡」，其實是以完整的佛教法理與實修理論為前提。這就是為什麼當時的禪師，雖然用的方法很直接，但他們同時也都能夠講經說法的原因了。

禪宗法門的傳授，基本上都是非常小眾的，所以達摩祖師乃至三祖，都是代代單傳，直到四祖，方有較具規模的教學。五祖開始，弟子人數漸多，教學上便有了次第的分別，視弟子根基的深淺，給予適當的指導，六祖亦然。雖然《六祖壇經》講頓悟，講自性清淨的觀念，講方法也只簡單地要人直接開悟就對了，但他在實際教學時，還是會根據弟子和一般信徒的根基之別，因材施教。六祖的弟子與禪眾大多具備佛學的知識，所以他在教學上可以單刀直入地將佛性、空性的觀念提出，大家皆能有所理解。尤其六祖之後，禪風大盛，許多禪眾四處參學，往往他們在親近老師之前，就已有很好的修行工夫。

近代的虛雲老和尚，約在二十歲左右時出家，他得到的佛法知識雖不完整，卻一心要出家。由於當時沒有人能教他，所以就修苦行。後來有人看到他修到像個野人，把他帶到寺院去，寺院的老師修的是天台宗，卻教他參話頭，此後虛雲老和尚便一直用話頭，直到五十多歲，才在高旻寺有了開悟的體驗。他整整花了三十多年的時間修行，所以當他進入禪堂之時，其實所有的條件都已具足了，他所需的只是一個禪七的因緣，來幫助他破參罷了。

由虛雲老和尚的例子可知，理論的具足、基礎方法的具備，都很重要。具足了這些，用功修行便具備了直入頓悟的條件。很多人在禪修過程中，會發生超越人類認知的神祕經驗，很多靈修者都喜歡這些經驗，但對禪宗修行者來說，一旦有了神祕經驗，要由誰來印證是否開悟呢？是由老師印證嗎？不是。究竟來說，印證的標準是「法」，由法來判別他是否真正體驗了空性。

用佛法印證空性

根本佛教不談空性，談的是無我，開悟即是破我見，這才是根本的標準。這個標準在根本佛教裡，稱為三法印：諸行無常、諸法無我、涅槃寂靜。少了三法印，不論有何體驗，都不能得到印證；至於談空的大乘佛教，把開悟的印證稱為「一實相印」，同樣是依據佛法做印證。

禪門弟子由禪師印證其是否開悟，而禪師印證的根據，即是法。禪師為何能做這樣的印證呢？因為他本身經歷過開悟的體驗，所以他明白什麼是究竟的法，所以能以法來印證學生。要知道空性是至高的究竟之理，若非對其有完整且全盤的把握，這個印證一定是不準的。

禪修的究竟證悟是空性，但修行過程的種種體驗，並非每一個都能直接印證到空性，所以要印證空性，必須對空性有完整、透徹的了解，使之成為我們的知見，方能轉化它，成為我們修行的資糧，並在實證的過程逐漸接近最究竟的體會。

空性這一究竟體會，必須要有系統的詮釋，因為不同的宗派對此有不同的詮釋。不論學的是哪個宗派，把握原理非常重要；但現在的修行人，很多都只抓住一個佛法的最高原理，就以為自己懂了全部的佛法，實則不然，因為這當中顯現不出修行的次第性。雖然修行必須先立下最高標準，每個人還是有程度之別，在未印證到最高標準之前，每個人都有其他的標準必須次第建立、落實，方能在正確方向趨向究竟的證悟，所以修行必須結合對佛法完整系統的認識，才能更好地學習、運作。

禪宗在漢地的發展，因時制宜地融入中國佛教本身具備的條件來運作，到了唐、宋的高峰，很多人都懂佛法，禪師們也都具備相當好的基礎，所以直入頓悟的法門便能很快地推展，但漸漸有愈來愈多人忽略完整教理的重要性，所以大慧宗杲禪師提倡話頭，就是因為其師的著作《碧巖錄》寫得太好了，以致許多人借用他的詩句表現自己的悟境，但實際上他們並沒有這樣的體驗，而只是抄襲。換言之，他們並不具足完整的開悟條件，於是就抄襲別人的東西，當作是自己的。修行不能走取巧的路，拿別人的東西當作自己的體驗，而必須踏實地下工夫。工夫分為兩方面，一是理的完整學習，二是實修，從止觀法門建立自己的修行，兩者結合，化繁為簡，方能直入頓悟，這才是真正的明心見性。

法的三次第

附錄二的〈具足正見〉表，說明學佛者所皈依的法，依次第分為三：一、文義法；二、意境法；三、皈依法。學佛所談的和同學們在禪期所學習的，大多歸屬在皈依法，但我們將皈依法擺在第三位，是因為若無意境法的基礎，即缺少日常生活中身心運作的基本條件，對皈依法的學習就會不完整。這也是為何每每論及修行，都要從日常生活的身心狀態談起，這部分若不具足，修行就沒了底，彷如懸空而學。由此可知，離開了日常生活，我們根本無從談修行，因為人之所以修行，主要的原因正為了解決日常生活的種種煩惱。入了佛門後，我們當然可以談論、學習各種皈依法，但這些方法怎麼建立的？為何需要建立皈依法？那就必須回到意境法上，方能了解其原理，也才知道自己為何要修行。

較意境法更基礎的，是文義法。學習媒介除了基本的語言、文字，也包含各種更細微的訊息傳達方式，例如使眼色或筆畫手勢等，這些都包含在文義法的範疇內。相較於佛陀時期，多是以語言開示教法，到了中國禪宗的興盛時期，許多語言、文字已無法傳達的體驗，則改以肢體或更細微的動作、神情表達。

佛法的最高法則，即皈依法中的真諦法。通過語言、文字的訊息傳達，我們可以知道它是怎麼一回事；但實際上，法是佛陀的真實體驗，是宇宙（法界）的法則，也是人生的運作規則。這個規則具有普遍性、必然性與安定性，也就是說，不管有沒有人發現，它都會永恆如是地運作著。

佛陀覺悟此究竟真理，梵文 dharma 稱為「達磨」，中譯為「法」。法是法則，也是次序，打個簡單的比喻：牛頓因為蘋果從樹上掉下來，打到了他，於是他開始研究，為何蘋果成熟後是往下掉，而不是往上飛，最後他發現了萬有引力，成為全世界最了不起的科學家。事實上，牛頓並沒有發明什麼東西，他只是發現，但這個發現太重要了，直至今日，仍有許多的發明與原理，是從萬有引力這個法則發展而來。稱萬有引力為法則，因為它也具有普遍性、必然性與安定性，也因此至今在科學界，牛頓依然具有無可取代的地位。

德國科學家愛因斯坦提出相對論。相對論的公式是 $E=mc^2$，這條公式即屬文義法，它涵蓋了許多重要原理，這條公式寫起來很簡單，但若要真的理解它，恐怕得通讀各種大大小小的論文不可。同理，究竟的法雖可用文義法表達，但這些語言、文字並非法的本身；反之，如果沒有通過這些語言、文字，世人也無法了解什麼是法，所以仍須以文義法表達。文義法的名相或許看似簡單，以最究竟的法來說，不脫空、無的道理，但就像有些人以為 $E = mc^2$ 就是相對論，但它實際上在說什麼呢？不知道。所以，學佛人必須對法有次第完整的認識，而非只是抓住空、無這些字眼，就以為抓住了佛陀最高的法則。

牛頓與愛因斯坦等偉大的科學家，他們所探索的領域及其發現，已是人類解釋物質理則的高峰，這些科學定律的最大作用，是讓人類得以不斷精進能源轉化的應用，而懂得能源轉化，正是人類和所有動物最大的不同。修學佛法也是如此。相較於佛法，物理學重視的是物質，其提出的法則，是物質界最高的道理；佛陀的發現側重的不是物質，而是心理，但佛法的心理，又不同一般的心理學，而是超越了心理學，進入心靈最高層次的解脫。佛陀發現了具本然性、安定性與普遍性的正法後，在弘揚的過程中，通過長期的教學，逐漸建立起完整的系統，佛陀的弟子聽其說法後，經過消化、吸收、整理，便有了日後諸多論典的出現。這就好比物理學家們基於萬有引力或相對論的法則，各自深入並擴大範圍研究，進而發現其他的定律、發明新的東西。佛法發展到大乘佛教之時，能有如此豐富的內容，建立起那麼多的系統，追根究柢，都是從最根本的法開展出來的。

最根本的法其實非常簡單，正因為簡單，所以發展空間非常地大。我們說默照是無法之法，正因為無法，所以法法皆法，所有的道理，只要能夠說明它就對了。又如《大智度論》強調，世間一切微妙善語皆是佛法，凡能幫助我們印證空性這一至高原理的，都可以是我們的法。佛法雖然有很大的開展空間，但開展之前，一定要回到佛法的中心，把握了這個中心後，我們再看其他人開展的佛法，才能夠印證它是否符合佛法最根本、最中心，也是最高的法則。

我們說佛陀發現了法，法到底是什麼呢？就是緣起。從緣起再談到三法印，然後再談心意識的觀察，這是法最根本的部分。這部分若無語言、文字傳達，我們是無法了解的，與此同時，我們的身心本身也必須能夠運作，才能體會這些文義究竟要表達什麼。就像物理學所開展的種種發現與應用，一定不能離開現實生活，換言之，不管物理公式說得多麼深，它一定是在人類的生活與生存中運作，佛法也是一樣，一定是在人世間運作，才能為人所了解。

〈具足正見〉表中的「意」，即意識。初期佛教談的是意識，爾後才開展出第七、第八識，而意識能夠知道的法，是意境法，也就是人身心的運作。了解這部分才能知曉生死輪迴的現象、原理，也才能看出生死輪迴的問題所在，知道自己為什麼要解脫。通過了意境法後，才能進入皈依法的修行，最終證得最高的法。

〈具足正見〉這張簡表，表列了佛教整個系統如何建立思想體系，其出處是印順導師所著的《佛法概論》。《佛法概論》這本書的重要性，在於它的內容，都是從原始佛教的根本經典《阿含經》而來，印順導師將之以適當的次第（即佛陀說法的次第）與結構做整理。佛陀對弟子說法，先是講意境法，也就是講苦、集，之後再談滅、道的道理，所以我們也該循此次第學習。但是現在很多人學佛直接就跳到滅，以為滅了就能修道，但為什麼要修道呢？不知道。前面基礎的部分未建立，修行的方向就不明確，甚至目標根本建立不起來。所以理解這張表很重要，從文義法談到意境法，才能整理出完整的皈依法，把握了皈依法，修行方能夠有所成就。

知苦離苦

世間現象可分為兩大類：有情世間和無情世間（器世間）。有情世間探討的是生命體與其心理功能，凡有心理功能，即有情識的作用，識含括情緒、思考等活動，統稱為心法；至於無情世間，則只有色法，即地、水、火、風四大和合現象的顯現。

佛法談有情生命，是指人和動物，植物因不具有心理作用，所以歸納在無情，佛法主張有情與無情的最大分別，即在於心識作用的有無，至於一般的自然科學，則認為植物也屬於有情的範疇。另外，佛教的有情還包含人與動物之外的生命，也就是人類肉眼看不到的眾生，這也是佛教和一般自然科學的不同之處。

我們探討有情的運作時，重點還是回到人類本身。在所有可見的生物中，人類的智慧最高，情緒也比較明顯，這是人類有別於其他有情眾生處。佛法認為有情的顯現，必須要有四大和合的色身，也就是生理的功能，才能有後續的功能和作用，但若只有四大和合，那是無情。有情與無情的不同在於多了心理的作用，必須要色與心結合，才是有情。人類屬於有情的生命體，我們比較內在的作用，是心理的作用，顯現於外的色法，實則是由心理來指揮，是一由內而外顯現的過程。

佛教有很詳細的心理分析傳統，始自佛陀時代，到佛涅槃後的部派佛教時期，對此皆有著墨。之後大乘佛教發展為若干個系統，其中以心理分析著稱的宗派，就是唯識宗。

之所以要先談有情、無情世間，要了解身心的運作，是因為學佛修行，一定要從自己的身心出發。人之所以能生存，一方面是因有生理作用，再者是因有外在的世界，外在世界很多是無情的功能，比如植物、山河大地，以及我們所依的空間，這些都屬於無情。人不能離開色法而生存，但人又有心理的功能，於是顯出複雜多樣的作用。意境法談論的這個部分，用意在於讓學佛者認知到，在整個有情界裡，包括器世間（無情界），人類究竟處於一個什麼樣的位置，再回到現實的生活、現實的身心，乃至於現實社會，觀察我們自己身心的運作，如此才能對自我建立起完整的認知。

人類對苦有敏銳感受

在所有的有情中，人類的意識作用最為活躍，所以我們在情感上，會呈現豐富的情緒作用；在理智上，會有比較深入的思考，以及記憶、意念的功能；在行動上，則會有一種意志力，對於想要做的事會設法把它做好。人類由於意識作用的活躍，所以對生命的疑情，便有自覺的能力，以及深入的思考。我們會對生命產生疑問，想要去了解生命的真相，這是人類和其他眾生的差異。

此外，人類還出現了社會結構的現象。因為在生存的過程中，人類一方面必須和大自然配合，另一方面也發揮創作能力，改善乃至改造生存的狀態與環境。由此反映出人類對於生存擁有比其他生物更敏銳的覺知，除了適應，我們還會創作、改造，也會對生活的內容有更多的探究。這就是為什麼人會感受到苦的原因。

苦是生物求生存中，所顯現的一個重要現象，但相較於人類，其它動物對此就沒有明顯的反應，動物基本上只要有食物吃、有水喝，就能生存，也不太有其他的問題，唯有在生命遇到威脅時，才會有恐懼的反應。動物不會挑三揀四，這個東西比較好吃、那個水比較好喝。人類則不然，對於生存的情境、出現的各種狀況，不但有比較明顯的情緒反應，還會思考與行動，所以對苦的敏銳度更為明顯。苦是人類生存很重要的課題，佛法對此也有直接深徹的觀察。

佛法直接切入人類最切身的問題，即我們所感受到的苦。苦這個字，一般的認知都偏向悲觀消極。人的生命態度可簡單分為兩大類，一種覺得生命充滿了悲情，認為人活著很無奈，卻又求死不得，過程中隱隱感到若是能早點死也不錯。這類的人一直往負面角度看待人生，覺得生命沒有什麼意義，即使奮鬥一生也賺了大錢，人死了就什麼都沒有，他們認為即使在社會上做了許多好事，可是死後就什麼都不知道了，既然如此，也就不需要做什麼好事。另一種人，覺得活著是很快樂的事，所以想盡辦法讓自己快樂，讓生活充滿各種樂趣。他們認為生活很美好，有很多值得追求的東西，所以努力賺錢買車子、買房子，以為只要不斷地努力就能享受更好的生活，就能過得很快樂，這類的人對生命是抱著樂觀的態度。

佛法講苦，看起來似乎消極了些，而且佛法好像不太談樂，就算講到了，佛法的樂則偏重在滅苦為樂，這又和一般人理解的樂大不相同，於是許多人對佛法產生了偏見，認為佛法講苦，人生最後的目標只是要把苦滅掉而已，但什麼是滅苦呢？不知道。這就是一般人的態度。

事實上，人不會那麼簡單地只分為樂觀、悲觀，大多都是摻雜在一起的，只是有的人樂觀的成分多一些，有的人悲觀成分多一些，至於佛法的觀，則稱為實觀，如實地還原人生的實相。我們說人生是苦，並非悲觀，只是如實把人類從生到死的整個過程呈現出來，而將其稱為苦。只是一般人使用這個「苦」字時，多偏向消極悲觀，就以為佛法也是消極悲觀，其實佛法之所以提出苦，只是很實在地告訴人們，人生就是這麼一回事，所以我們學佛，就要從佛法的角度理解苦，這樣就不會偏於兩邊，而能以不苦不樂的中道看待苦。

中文的「苦」字，是以舌頭嘗到的味道來分析生命。我們最不喜歡的味道，通常一個是辛，一個是苦，所以生命是辛苦的；若形容生命是好的，中文就會用甜、蜜這樣的字眼，因為這是人們喜歡的味道。其實回到最初的梵文和巴利文的用法，所用的字眼是 duḥkha，意義較中文的苦更為深廣。同樣地，他們稱空為 śūnya，空性就是 śūnyatā，中文譯為空和空性，其中有更多的內涵不容易傳達出來。

中文的苦，還帶有苦盡甘來的意思，好比很多人喜歡吃苦瓜，因為苦瓜的苦，吃到後來會轉為淡淡的甘甜，所以中國人的人生觀，是帶有轉苦為甘的期待，且苦與甜是相依而存的，但基本上還是給人一種較偏於消極的感受。

至於苦的英文 suffer、suffering，那是沒得回頭的苦到底了。空的英文也是如此，很容易讓人以為是什麼都沒有的空空。由於人們對文字的常識性認知，對觀念與見解的建立影響甚深，所以西方後來直接將苦譯為 dukkha，而不用 suffering，直接音譯而不意譯，才不會讓人覺得苦是悲觀、消極，苦到幾乎沒有翻身的機會，至於 dukkha 是什麼意思，則可用註解的方式解釋。

所謂的苦，中文會用煩惱、苦惱形容，也會用比較具體的感覺，例如恐懼、罣礙等字眼，描繪人的內心狀態，這樣的內心狀態，會導致心的不穩定、不平衡，以上種種形容，就以苦這個字概括。

人的內心常常會處在一種不安的狀態，這種不安是最深的苦。這種苦之所以形成，和人的迷惑有關，比如你遇到無法明白或處理的事時，會感到不安恐懼，特別是對你的生存造成威脅，更是感到害怕。

很多人對於疾病、死亡，會感到不安擔心或是不敢面對，便採用各種方法試圖延續生命，其實這就是一種苦。這種苦不是直接地受苦，而是指情緒受到干擾，心理產生許多負面的反應。所以從簡單的生、老、病、死，諸位就能明白苦是什麼了。

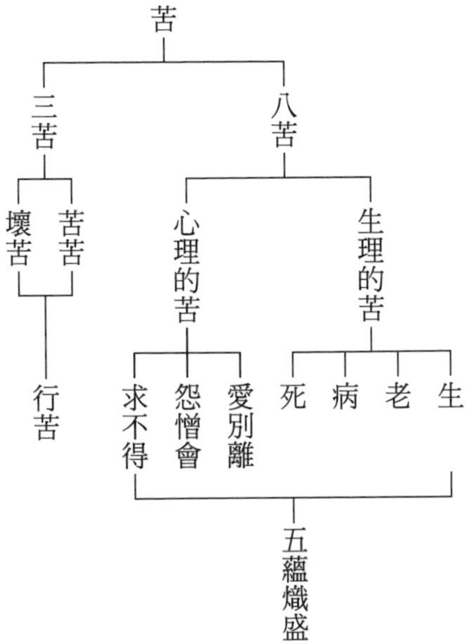

生理上的苦

有情的生命現象，可分為生理與心理兩個部分，生理上的生、老、病、死是每個人自然的生理顯現，也是必經的歷程，但是人死後是什麼樣的情形呢？我們活著的時候，可以透過意識作用，知道自己正在吃飯、睡覺或做什麼事，由於能夠把握這些事，便有某種程度的安全感，但是死亡呢？我們無法知道死亡到底是怎麼一回事。透過別人的死亡，我們會心生感觸：「這個人昨天還在跟我說話，突然間他死了，再也不能跟我說話了，生死怎麼這樣無常呢？」於是我們會發現，活著的時候，自己好像什麼都知道，儘管不能盡知，心理上對於活著是比較有把握、有安全感的；死亡則不然，我們對其一無所知，於是隱隱覺得死亡是一種威脅。

另外，通過老化的過程，我們發現很多以前能做的事，逐漸無法做到了，於是產生一種力有未逮的負面心理。病痛也是如此，當身體遭受苦痛的覺受，這些非常不舒服的觸覺，讓我們感到很難受而想排除。人們希望永遠不要生病，衰老、死亡永遠不要來，但是沒有人能永遠不死，就算把老化的過程延緩，活得久一點，但是活得久就能快樂嗎？當這些問題持續不斷糾纏我們的心，煩惱一起現行，心會受其干擾，導致人處在很不安的狀態，這就是苦。

佛陀告訴我們，這就是人的生理現象，以及人會有的反應。佛陀的說法很直接、很實際，他並沒有多加什麼成分進去，只是告訴我們，當我們面對這些問題時，會產生種種不安的反應，佛說這就是苦。佛法正是要幫助我們從這些苦中解脫出來，而這也是佛陀出家修道的重要因緣，他因為看到由生、老、病、死所引發的各種不安、各種苦，所以想通過修行的方法解決問題。

可見佛法談苦、處理苦，其實針對的是人實際面臨的狀態。所有生死解脫的人，還是得面對生、老、病、死同樣的過程，但他們的心不再受其干擾，所以心無罣礙，無罣礙故，無有恐怖，遠離顛倒夢想，這就是修行的成果。但是我們現在不是處於這樣的狀態，還有種種不安，所以仍處在苦的狀態。佛法說苦，是透過有情生命的生、老、病、死現象，投射在心理上產生的反應，而以苦字形容。這是用很直接的字眼，如實地分析我們現實面臨的問題。

心理上的苦

心理上的苦主要有三：愛別離苦、怨憎會苦、求不得苦。這三種苦和生理上的苦一樣，都具有外在的相對性，或和人與人之間的互動有關，或和人與物之間的互動有關，或和人所處的空間及社會結構有關。

（一）愛別離苦

愛別離苦從字面意義即可知是指人必須與所愛的事物分離。人最愛什麼呢？先前談到五欲，人的五根接觸到五種外境，便生起追逐的心，這種心即是愛染，也是苦的根源。人對於喜歡的東西會設法執取它，擁有了之後，又會產生更多情緒上的反應。舉例來說，人都想永遠占有喜歡的東西；但是再喜歡的東西最終還是要與之分離，臨終之時什麼也帶不走。至於人與人之間的感情也是如此，而且執著的感情愈強烈，別離的苦也愈強烈。

（二）怨憎會苦

怨憎會苦是指遇到我們不喜歡的人，卻偏偏必須聚在一起。例如現實生活中，很討厭某個人，卻每天都得見到他，甚至是共事，這時就會產生明顯的情緒反應。

（三）求不得苦

愛別離苦與怨憎會苦，皆是愛染的心所顯現的外在現象，兩者的深層，即是求不得苦。簡單來說，求不得苦就是我們想要的東西得不到，例如想和心愛的人在一起，卻偏偏得分離，因為愛的別離，所以我們感到苦；又例如我們希望不要再見到某個很討厭的人，卻偏偏得見到，這也是內心有一種求不得所產生的苦。

內在的愛染之心，會導致所求不得；顯現於外的現象，一個是愛別離，另一個是怨憎會，愛別離、怨憎會、求不得這三者，皆是人情緒上的苦受。意境法分析苦受的外在現象，因為這些苦是我們每天都會遇到的，又或是某些特殊狀況發生，例如心愛的人因生離或死別而必須離開你，這時會感到強烈的苦，苦到極處就需要發洩出來，例如大哭、吼叫等；或是一個本來你就很討厭的人，說了些惹你生氣的話，這時你的反應可能會很強烈，這就是你的情緒在波動，情緒波動就是苦。

一般人只在意和相愛的人在一起很快樂；但是佛法卻提醒我們聚在一起之後一定會別離，佛法甚至還說到怨憎會苦。你可能會說：「那我就讓自己和在西方淨土一樣，諸上善人聚會一處，就沒這個問題。」而現實的問題是，你現在是做不到的。我們每天生活中，包括走在路上，隨時都可能和怨憎會的人擦身而過。現實世界如此，網路虛擬世界亦然，許多網路影片、新聞，都會讓人看了很不舒服，產生苦受的情緒波動。

人是色、受、想、行、識的五蘊和合之身，所以在生理上必然得面臨生、老、病、死的持續變化，此即「色」法；「受」主要強調的是苦受；更內層的就是「想」，即理性、思惟的作用，於是有了愛染的心；愛染的心促使意志上產生「行」動，而色、受、想、行的作用，皆源自識的作用。由五蘊和合顯現的身心作用，就會產生生理與心理的苦，這是從人現實的身心狀態來談。我們說佛是如實觀，因為佛法是從具體的意境法切入，探討人的身心作用及其現象，我們學佛對此一定要有所認知。

分析人的身心狀態

人因為有身心的運作，而顯現出生理與心理的苦，佛法把這部分講得非常仔細且深入，包括佛陀的教學，也是不斷地透過開示，分析人身心的狀態。

五蘊熾盛（色、受、想、行、識）
- 十二處
  - 六根：眼、耳、鼻、舌、身、意
  - 六塵：色、聲、香、味、觸、法
- 六界（六大）：地、水、火、風、空、識
- 十八界
  - 六根：眼、耳、鼻、舌、身、意
  - 六塵：色、聲、香、味、觸、法
  - 六識：眼、耳、鼻、舌、身、意

佛法中關於「五蘊」、「十二處」、「十八界」的探討，即是分析人的身心狀

態，之所以分為「蘊」、「處」、「界」，是為了因應眾生不同根器，而採取不同的切入點：

（一）五蘊

五蘊即色、受、想、行、識。五蘊的結構中，只有色蘊屬於色法。色法是由地、水、火、風四大組成，說明世間所顯現的物質現象。地具堅固性，顯現為固態；水具流動性，顯現為液態；火是溫度；風是氣體。這四種作用統稱為四大，當四大和合時，即顯現出物質的性質和現象，故稱「四大所造色」，四大組合，造就了色法。

所有物質的顯現，都包含四大的作用在其中，只是比例各有不同，地大占比多的，就表現為固體的形象；水大占比多的，顯現為流動的水，但水在結冰時，也可變成固態，或是裝進容器中的水，也能保持一定的形狀，這就是地大的作用；風雖看似無形，但颱風來襲時，我們會感受到其強大的力量，所以風大中還是有地大的作用，只是在平時不會那麼直接地顯現出來。人的身體結構也是四大和合的作用。

所以身體裡有固體、液體、氣體，且有溫度，只是在不同的器官上，四大的顯現各有不同，例如骨頭，是地大的顯現最多；血液、糞尿，則以水大的作用為主。

四大本身只是一種性質，它必須通過組合才能顯現。也因此，所有的物體必然是組合而成，凡組合就會不斷地變化，人的身體也是如此。所以身體生成後（生），會維持一段看似沒有太大變化的過程（住），接著就會經歷老化、生病（異），最後死亡（滅）。

生、住、異、滅的變化歷程，是所有物體都不能避免的，不論再堅固的東西，即使它的地大作用最強，但其中必然包含水、火、風的作用。凡組合一定就會發生變化，小至一個人的身體，大到外在的物理世界，我們所依住的器世間，都是由四大和合而成。

五蘊中的「受、想、行、識」，屬於心理的範疇。「受」是感性、情感；「想」是理性的功能；「行」是意志，這三者是心理最基本的三種功能，這三種功能以人的作用最明顯，其他動物則不明顯。這三個作用以「識」做統合，所以唯識學特別強調，所有一切皆是識的顯現，識是所有功能的總體。所以地、水、火、風四大和合的色身，加上心理上的情緒作用，以及一個綜合全部作用的心識，如此便形成人的色身。

早期佛法分析識的作用，只談到六識，到了唯識學，則細分到八識。另外，唯識學的重要著作《百法明門論》，將宇宙所有現象概括於百法中，而這一百法裡，關於心理作用的分析即占有五十一個（心所法）。另一部唯識論典《廣五蘊論》，雖不若《百法明門論》涵蓋範圍擴及出世間法，而是以世間法為主，但其針對五蘊的分析多達九十六個。這一點從修行的角度看，是非常重要的，因為我們若不了解自己心裡所含有的種種善法（善心所）與惡法（惡心所），就無法處理心理的問題。要知道所有心理問題，都是煩惱的心所法所顯現的，我們有善的心所法可與之相對，所以修行要加強善的作用，減輕煩惱的作用。所謂「諸惡莫作，眾善奉行」，若要落實，就必須對心理有所了解。

（二）十二處

十二處與十八界有相通之處，但其偏重點則有不同。

十二處即是六根（眼、耳、鼻、舌、身、意），與六塵（色、聲、香、味、觸、法）。六根的前五根，皆是色法，都是透過我們這個四大和合的色身而顯現，只有意根屬於內在心識的作用；五塵也是。眼睛所緣的色塵、耳朵所緣的聲塵、鼻子所緣的香塵、舌頭所緣的味塵，以及身體所緣的觸塵，皆屬色法。至於意識所緣的法塵，即指種種意念的作用，其中包含色法與心法，唯有意根是純然屬於心法。所以十二處中，有十一個講的都是色法。

（三）十八界

十八界則是十二處加上六識（眼、耳、鼻、舌、身、意），六識的作用，則全屬於心法，所以十八界對於心法與色法的分析，在數量上較之十二處更為平均。

五蘊把重點放在心理的分析；十二處的重點在於色法；十八界則是把色法與心法平均做分析。之所以有偏重上的差異，是基於眾生的根器而設。有的人跟他談太深的心理作用，可能會覺得索然無味，那麼就可以跟他談五根緣五塵的色法分析；以及先前談到的訶五欲，這部分就是從十二處切入，說明五根緣五塵之時，會產生哪些心理作用。

佛法通常將五蘊、十二處、十八界，統稱為「蘊處界」。我們發現佛陀說法時，也常將蘊處界統合說明，佛教徒最常誦念的《心經》，其中五蘊皆空，接著眼、耳、鼻、舌、身、意，十二處也空掉，最後無眼界乃至無意識界，這是十八界，也空了，可見後期的經論，也多將三者統合說明。

佛陀根據眾生心理的偏向，而有五蘊、十二處、十八界的說法，後來的經論結集與編寫，更豐富了蘊處界的分析，我們則可根據個人的興趣與根基，選擇從哪個切點切入，但不論切點為何，大多都是以五蘊為中心。由此可知，蘊處界分析的都是身心的運作，了解身心的運作，才會知道苦從何而來，否則只知道有苦，卻不知道它為何產生，那就是只知其然，卻不知其所以然。

最後補充說明「六界」。佛陀說法時有談到六界，不過後來的經論則較少提及，之後發展到密宗，則又將六界提出。密宗稱六界又為六大，即地、水、火、風，再加上空（空間）、識。密宗非常著重身體的修行，很多方法都與身體有關，而六界中，只有識屬於心理，可見密宗從六界的角度分析身心，即是把重點放在色法上，分析色法的作用，最後才談到識。六界屬於早期的身心分析，不過後期就比較少見了，後期是以蘊處界為主。

三苦

現實生活裡，我們大部分的時間都處在五蘊熾盛的狀態裡。熾盛好似火在燒，換言之，我們的身心一直處在苦的狀態，苦即不安、恐懼，以及各種負面的情緒。

（一）苦苦

諸位在此打坐，有時坐了一、兩支好香，就會捨不得出靜，卻又非出靜不可，這就是愛別離苦；或是坐了一支不好的香，卻又非得坐著，弄得自己煩惱叢生，這是怨憎會苦，希望引磬能快點敲響，偏偏就是聽不到引磬聲，這是求不得苦；或是坐得很好，想繼續坐下去，可是吃飯時間到了，非起來不可，這也是求不得苦。可見即使是在禪修打坐的過程裡，我們還是能直接感受到身心之苦。這種苦是從五蘊和合的身心分析起，或從十二處、十八界，或從六界所組合的身心切入，而這些苦就是全部的苦嗎？不是。這是一部分的苦，這一類的苦稱為「苦苦」，指身心能直接感受到的苦。

（二）壞苦

壞苦也和我們的身體有關。比如說身體原本很健康，但逐漸地老了、病了，這就是一個「壞」的過程。一般我們說成、住、壞、空，多就物質或外在現象而言，所以壞苦可以是環境的問題，也可以是天災，或是出乎意料的意外狀況。

人都有一種心理，希望我們想要的、喜歡的東西，能恆常不變，這是一種「常見」。但若有意外狀況發生時，就會讓生活發生變化，而必須去應對它。例如天災，有些地方到了夏天就會豪雨成災，處在這樣的環境苦不苦呢？大自然的現象或突然發生的變化，很可能就會障礙我們的生活，讓日子變得不好過，這就是壞苦。

（三）行苦

不論苦苦或壞苦，壞的情況可以呈現為非常多樣的現象，至於其根本，即是「行苦」。行指的是「諸行無常」，所有事物都在不斷地變化，而這正是人內心深層的不安所在。我們現在每晚能安心睡覺，是因為知道早上會有人打板把我們叫醒；但如果你不知道睡下去後能不能醒來，你還能睡得好嗎？恐怕很多人就要睡不著了；睡不著，那就苦了。

實際上，變化一直在進行著，但未必能為我們所覺察。像這四十多天的禪期，諸位每天過著一樣的作息，早上起來打坐、吃飯、再打坐、再吃飯，然後睡覺，隔天醒來，又是一樣打坐、吃飯、睡覺，但現在禪期接近尾聲，很多同學意識到要出現變化了，想到解七後即將面對的生活，於是有人的心開始不安了。

我們所面對的變化，基本上還在一定的掌握中，如果連下一刻會變成怎樣都無法掌握，你還有安全感嗎？不會了。這就是為什麼戰亂中的人們都睡不好，那些能睡得好的人，是準備明天之後再也不用醒來，反正一個炸彈下來，人就要走了。

世間不斷地在變化著，而這些變化我們無法掌控。雖然對於變化，我們可以知道它一部分的未來可能性，因而有某種程度的安全感，但這種安全感只是相對的、部分的安定，因為生命可能的變化，有太多是超出我們的所知範圍之外。也因此，行苦才是我們最內在、最深層的不安與恐懼。所謂世間無常、無常故苦、苦故無我，此處的無我指的是不自在，因為身不由己、心不由己，所以苦。這個最根本的行苦，如果我們看不透的話，就會永遠處在苦的狀態中。

苦苦、壞苦、行苦，還有五蘊熾盛的苦，這些都能透過我們自己的身心直接感受到，即使不是發生在自己身上，例如一些災難現場，我們在電視螢幕上看到了，也會感同身受。苦苦和壞苦，大多都能直接體驗到，而行苦則比較深層。當我們體驗到行苦後，自然就會設法找出解決之道，世間有很多學問都在尋找方法以安定我們的心。例如醫學試圖延長人的壽命；中國的道家則透過道術的修練，追求長生不老；儒家雖不追求長生不老，但主張人在現世社會要有三不朽：立德、立言、立功，即使人必然一死，但身後留下的品德、言論與功業，便能讓有限的生命不朽。

至於宗教，也針對這部分給予人們希望，讓人不會害怕死亡的來臨。例如基督教在內的一神信仰，主張只要信仰了神，這期生命死後，就能進入天堂，得到永生，如此便不會再有世間各種苦苦、壞苦、行苦的現象，得享永恆的生命。

佛教基本上是從身心現象的角度分析苦，進而提出離苦之道，不過佛教也有類似永生的教理，用以安撫人心，這個教理就是淨土。佛教的淨土，沒有無常，每天過的是固定的生活方式，西方淨土「與諸上善人聚會一處」，每天都跟佛在一起修行，這是相對於世間的現象而說。世間的現象是無法掌握每天會發生什麼，可能走在路上，一輛車衝過來就把我們給撞了，甚至是好好待在家裡，飛機卻不偏不倚從自家屋頂掉下來，淨土不會有這些無常的現象，所以我們可以安心地發願往生。

為了解決人現世的各種苦，人類便開發出許多的學說、文化與文明，用意即是幫助人處理內心的不安。一神宗教告訴我們不用擔心，你可以安心地面對死亡，進入永生，因此死亡又稱安息，有這類信仰的人，他們能死得很安心，因為他們相信他們的未來是永恆的。佛教因應人心的需要，也建設了淨土，讓我們有一個可以嚮往的往生之處，到了淨土即不再有世間種種的苦，也因此很多人願意學習淨土法門。當然，也有一些人，是依循世間的學問，嘗試各種延長生命的方法。

佛法解脫苦的方法，是直接處理苦。怎麼處理呢？舉例來說，諸位打坐，如果腿痛了直接放腿，腿一放下來，就不痛了，但是再放上去，腿又痛了，所以這個方法只能短暫解決問題。

處理苦的方式有二，一是短暫解決，二是徹底根除。佛法這兩種方式都有，一個是像先到西方極樂世界隨佛修行；另一個則是找到苦的源頭，從源頭處下手。前者治標，後者治本，兩者各有其重要性。雖說治本是拔苦最重要的方法，但治標也有其即時性，例如頭痛得非常厲害，此時若還在尋找頭痛的根源，便顯得緩不濟急，還是必須先處理當下頭痛的問題。

佛法強調「諸惡莫作，眾善奉行」，凡多造一些善業，就會多一些福報，而福報就是快樂的因；另一方面，少造一些惡業，就能減輕並避免一些不必要的苦惱，這是我們在現實生活中即能運作、處理的。至於往生西方極樂世界，雖說是治標，但我們若是真能往生西方，其實就能治本。因為到了西方修行，和諸上善人聚會一處，他們許多都是證果的聖人、解脫的大菩薩，若能和他們在一起學習，我們最終也會和他們一樣，獲得究竟的解脫。

治標雖是短暫的解決，但有時我們還真的是需要。當我們了解苦的狀態與其變化的過程，就能從中找出一些方法來處理。例如生老病死，雖然無人可避免，但我們可以保健身體，不要那麼快衰老，或是老得很健康。許多八、九十歲的老人家每天一早還是能到公園運動、跳舞，所以治標還是很有用的。治標之外，若是能結合修行，那麼功效更大。很多老和尚都很長壽，如虛雲老和尚、趙州禪師都活到一百二十歲，達摩祖師的壽命也超過一百歲，他們不僅壽命長，身體還都很好，並且最後都證得了究竟解脫。他們標也治了，本也治了，關鍵是什麼？修行。

佛法雖強調治本，但治標之道也不偏廢，所以教我們要修福、布施、守戒、莫造惡業，這些都是直接從日常生活層面幫助我們減苦增樂，以此做為修出世間法的治本條件。可是有些學佛人卻把這部分排除，以為修行就是要趕快解脫，一開始就要從究竟法下手，但又不具足條件，想到深山閉關，原本打算閉個三年，結果不到三天就跑出來了，為什麼？因為他連標都沒有治好，又怎麼閉得了關呢？所以要滅苦，還是要具備一些次第的條件。知道了五蘊和合的身心，知道了苦苦、壞苦、行苦，就要在心理上化解，如此方能讓自己減少一些不必要的煩惱，一旦煩惱減少了，心就能處在比較安定的狀態。

諸位打坐時若是腿痛了，不是不能放腿，若真痛得受不了，痛到簡直快暈過去了，那就先把腿放下來。放下來的時候，你要全心全意地扶著腿，慢慢地放下，放到讓旁人都不知道你放腿了，放了一陣子後，覺得比較放鬆、舒服，心也滿安定了，再把腿盤好，繼續打坐，這時你會發現，腿痛對你沒有那麼大的干擾了。這整個過程，因為你都是在用方法，漸漸地你會發現，坐了好幾支香都不太想出靜，覺得坐得很好，也沒有感覺到腿痛，或是忘了腿痛，那就表示在用方法的過程中，身體原有的問題已經調鬆、調好了，所以你不但治了標，連本也治好了。

苦的原因

關於苦的原因，我們可以透過打坐來做了解。

禪期之初，可能很多同學會發現自己的身心很粗，那表示身體狀況不太好。到現在還是有些同學有這個問題，不是那麼安定。事實上，身體的問題不是在打坐時才發生的，那是長期沒有把身體照顧好，而在打坐時起現行。換言之，打坐時身體不舒服的原因，是因為平常沒把身體照顧好。我們知道原因了，就接受這個事實；假如不知道原因，像很多初學打坐的人，當種種身體不舒服的覺受出現時，他們就想直接解決問題，但又不知原因何在，反而干擾自己的情緒，愈坐不下去情緒就愈亂，最後只好離開了。

很多人學打坐，就是這個過程過不了，因為他們不願意了解自己身心的狀態，所以自覺很重要。自覺就是打坐時，遇到身體出現種種不適，和內心各種妄念顯現，會知道那是過往所造的業，現行為果報，一打坐就果報現前。果報現前時，如果不回頭看問題的來源，而只想從果報上直接解決它，那是不可能的。

打坐時的身體不適和心中妄念，都是過去所造的業所形成的，由此可知，所有苦的顯現，都是由過去所造的業招感而來，有了這樣的認知，就知道苦的原因從何而來。知道了就接受事實，也就是不跟以往所造的業形成對抗。因為業是我們自己造的，當然招感之時一定是回到我們自己身上，不可能自己平時身體沒照顧好，打坐時卻是別人在不舒服，也不會因為別人講兩句話就讓你坐不好。坐不好一定是自己本身的問題，所以要接受事實。

接受事實後，接著就要想辦法處理它，所以要用方法收攝心。妄念來了，不要再追逐它，因為它是一個果報，你一旦追逐，又會生起更多的妄念。腿痛了，一直搬上搬下，只是徒增更多問題，所以要接受它。如何接受呢？安忍。雖然可以稍放腿，但休息不能無止境，更重要的是要安忍，接受腿痛，知道是因為自己沒把身體照顧好，才導致腿痛，所以日後要好好照顧身體。至於現在，要安心地坐，把姿勢調好，心裡很多的妄念不再去追逐，不再造業了，只專注回到方法上，這些方法就是不讓我們造業的方法，持續不斷地用功，最後這些妄念終於不再干擾我們的心，方法就用上去了。

這是在禪堂用的方法，至於出了禪堂，回到日常生活，還能否把這套方法用上去呢？用得上的話，那就是正確的處理方式；但現實是很多人都是在禪修時，才有一點點的自覺，解七後，覺就不見了，妄念就全都跑出來，問題也接踵而來，於是又跟著這些問題和妄念打轉，持續地造業。所以保持自覺很重要，有了自覺，知道自己處在什麼樣的狀態，妄念又起了，煩惱又來了，這時就能用禪修時學到的方法，處理這些問題。

果報是業招感而來，業是我們自己造成的，所以不要抗拒它、否定它、逃避它，而要先接受它，接著再用方法，次第地處理它。諸位在此用禪修的方法，若是方法得力，可以連續好幾天身體完全沒有不舒服的覺受，心裡也沒有任何的妄念來干擾，這就是一種入定的狀態，得到入定中的快樂，稱為現法樂。達到這樣的程度，一部分的問題就能獲得解決，因為入定時稱為不動業，意指業是不動的，也就不會再造業。所以禪定以上的定，不會再造業，因為此時身心已完全處在不同的狀態，這也是一種快樂，但就佛法而言，這種快樂不是究竟的，所以還要更深一層精進用功，以達致究竟的樂。

每個人都很愛護自己的身體，為何卻沒把身體照顧好呢？原因有二。一是無知，例如孩子不太會照顧身體，所以需要大人更多的照顧；二是貪圖舒適。我們想讓身體舒服一點，有好的感受，而拉筋很痛、運動很累，所以乾脆不做，希望最好能每天都吃飽睡覺，讓自己的感官很舒服。問題是，這樣的生活長期下來，對身體就是一種傷害，所以就在打坐時，顯現為果報。當然有些人是真的不具足照顧身體的知識，這就屬於無明；還有些人是即使知道了，但為了讓身體有比較舒服的感受，而不好好照顧它，這屬於愛染。無明與愛染是造業最原始的動力，最終招感果報，苦的生成即是這樣的一個過程。

有的人打坐招感了果報，坐得很不舒服，出現很多痛的覺受，在這種狀態下，心便受其干擾，因而生起種種煩惱，此時便感到身心皆苦。更細微地分析，有的人坐得很好，捨不得出靜，便生起了貪心，此時就會感受到愛別離苦；有的人坐得不好，抗拒種種不舒服的覺受，便生起了瞋心，此時就會感受到怨憎會苦。貪心和瞋心都是染著心所生的煩惱，因為人都喜歡舒服，不喜歡不舒服，而當你面臨這種情況時，會採取什麼行動？你會不會去追究身體何以出現不舒服的覺受？有的人雖然會追究，卻是把責任推給別人，比如說是旁邊的同學干擾他；或是法師的規矩要求太多，聽得他更心煩意亂。對他們來說，坐不好的原因，都是因為別人的干擾。

如果我們看到的都是別人的問題，這不是解決問題的正確態度，仍是處在無明迷惑的狀態。把責任推給別人總是比較容易，若說是自己的問題，有的人會覺得沒面子，這就是我慢，因為染著於自己而產生的慢心，也因為染著於自己而抗拒這個不舒服。如此一來，問題沒有得到解決，也沒辦法再找到一條讓自己進步的路，因為他還是用一種愚癡、迷惑的態度，把責任推給別人。

由此歸結出煩惱的兩個作用：一是愚癡，另一個是愛染，這就是人的根本煩惱。當煩惱攪成一團，而痛還是繼續痛，只剩一個解決方法了，就是把腿搬上搬下得到暫時的舒緩。等到下回來打七，還是同樣的問題、同樣的痛、同樣搬上搬下，結果問題變成什麼？輪迴。也就是說，招感業報的同時，仍繼續迷惑，繼續讓貪、瞋、癡左右我們的情緒，於是又繼續造業了。造什麼業呢？沒有把身體調好，所以下次回來又是同樣的果報，同樣的迷惑，同樣的造業，也同樣的受苦。

惑、業、苦形成的輪迴，正是大部分的人每天所過的生活，平時或許不易覺察，但透過打坐，就能很直接地感受到。坐得不舒服時，妄念便生起，妄念生起，人就處在迷惑的狀態，妄念裡都是貪、瞋、癡、慢、疑這些煩惱攪和在一起，讓人更加煩惱，造更多的業，然後再把這些問題帶到下一次的打坐裡，結果問題完全沒有得到處理，這就是惑、業、苦。惑、業、苦以惑為原動力，人因惑而造業，造業後招感苦，苦讓我們繼續迷惑、繼續造業，如此周而復始，便形成了輪迴。

簡單來說，輪迴就是不斷重複，而這才是真正的苦。惑、業、苦不斷重複的過程，就有過去、現在、未來三段時間，故稱三世輪迴。所謂三世，並不局限在過去世、現在世、未來世，這三段時間，可以是一小時、一天、一個月，也可以長達一年、十年、上百年，不論時間長短都處在輪迴中，所以統稱三世輪迴。

三不善根與四無記根

果報顯現時，人的感受、思想和意志的運作也會同時作用，這些作用中有煩惱的心理作用，佛法稱之為煩惱心所法，或惡心所法，也稱為不善根、不善心所法。當煩惱起現行時，人常常就失去了判斷力，或是判斷力變得不敏銳，所以對於煩惱生成的原因，我們只能看到一部分，甚至根本無從得知。煩惱當中，比較強烈顯現的，是貪和瞋的作用，較不明顯的，是癡的作用，也就是無明的狀態。

貪、瞋、癡即是所謂的根本煩惱。不論是唯識學或是部派佛教，佛教的心理學一定會談到的，就是貪、瞋、癡根本煩惱，除了根本煩惱外，當然還有很多其他的煩惱，但這些煩惱必然都與根本煩惱有關，所以我們稱貪、瞋、癡是三不善根，是一切煩惱的根源。

如果再把三不善根的範圍縮小，那就是無明與愛染。無明即癡，愛染是貪和瞋，無明與愛染運作時，就會起慢心，它們是混在一起作用的，所以接下來還會談到四無記根：我癡、我愛、我慢、我見；此外，三不善根還可能延伸出另一種作用：疑。

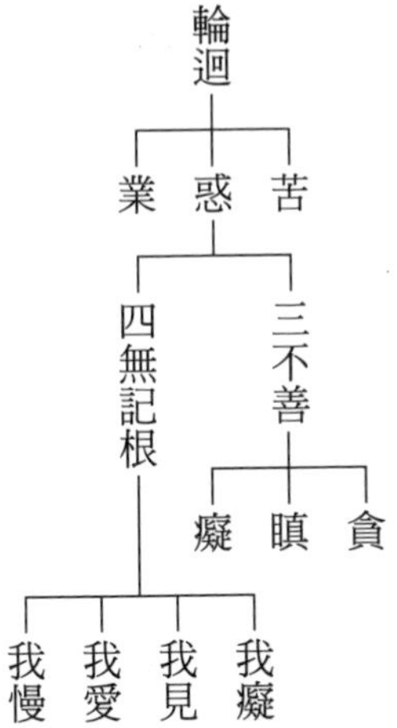

疑是懷疑。先前談到棄五蓋，談的是比較粗的五種疑惑，此處所說的則是更細、更內在的疑惑。這些作用運作時，其實是找不到它們的源頭的，雖然佛教分析緣起法，把無明放在第一位，但這不是說，生命因無明而開始，故有後續種種問題。無明指的是一種原動力，當人處在無明的狀態時，那是一種理智上的迷惑，理智上的迷惑又分兩種，一是對所處的狀態不清楚，稱為癡，也就是無明；另一種是對所處的狀態有錯誤的認知，稱為不正見。

我癡是處在一種無記、不清楚的狀態；我見是一種錯誤的認知，也就是不正見。愚癡、無知本身不是惡習，但卻很容易造成惡行，因為對事不明就裡，便很可能判斷錯誤，造成意志、行為的偏差。這就是為什麼佛教戒律中，只有一條遮戒：不飲酒戒，因為酒會麻痺人的理智。其實喝酒本身從行為上而論，無所謂好或不好，它是中性的，但喝了酒後，人很容易犯錯。平時我們的理智還能控制情緒，但酒後的情緒狀態很難控制，所以很多平常時很善良的人，會在喝了酒後犯下嚴重的過失。無明雖不算是惡心，但它很危險，很多惡行即是在無明的驅動下造作的。

至於貪、瞋，則是很明確地屬於不善的心行。或許很多人覺得有染著的心應該還好，畢竟每個人多少都有一些貪心，但做為根本煩惱的貪，往往染著的程度是過量的。人最強烈的染著，是染著「我」，所以稱「我愛」。當人染著了我愛，就會只想到自己的利益，甚至為此去侵犯別人的利益，以致造作種種惡行。而當一些不符合我們利益的情況發生時，最常顯現的心理作用是瞋心，貪與瞋其實是一體的運作，屬於感性上的迷惑。

至於慢心（我慢），屬於意志上的迷惑。人的心理主要有三個功能：感性、理性，與意志的功能，也就是五蘊中的受、想、行。受的迷惑是愛染；想的迷惑是無明；行的迷惑即我慢。慢心是一種強烈的分別心，最主要的作用就是分別高下。想把自己抬高，這就是我慢，但在抬高自己的同時，也會發現抬高自己的原因，是因為自卑的心理，也就是內心看不起自己，當有了這樣的心理時，會很容易覺得別人看不起「我」，一旦這樣的我見、我癡、我愛作用時，人會產生很強烈的執著，一定不能低過別人；或是看到別人比我們好，內心的自卑感便作祟，於是有一種不服氣的心態，無論如何也要把自己抬高。為了抬高自己，往往衍生兩種情形：一是妒嫉，二是搞破壞，結果就引發後續種種的煩惱。

一個人若是把自己放得愈高，愈是顯現出他內心的自卑。由此可知，為什麼有些人很容易侵犯別人，是因為自卑感很強；自卑感很強，不安全感也一定強。這樣的人，其實內心痛苦是很深的，而為了掩蓋內心的苦，就得把自己抬高，過程中就會出現類似欺壓、侵犯別人的行為，這反映的正是他內在的慢心。

貪、瞋、癡三不善根，佛法一般是在意識的層面上討論，唯識學則講得更深入，所以便在第七識安了四種無記根：我見、我癡、我愛、我慢，都是「我」，這就是人之所以造業的動力。不論是對三不善根的探討，或是深入到四無記根，有了這些理解，再結合現實身心的觀察，就會明白苦如何發生與其根源所在。

打坐時，特別容易發現自己的問題。在發現問題時，不要隨著狀態走，而要回到方法，如此就能層層深入。如果我們對苦不清楚，也不知其來源，那麼各位來禪修，是要解脫什麼呢？

我們面對苦的煩惱，如果只是頭痛醫頭、腳痛醫腳，那只能短暫的止痛解脫，重點要找到痛的源頭。當然，要找到源頭並不容易，也需要比較長的時間，但治好後，從此不會再痛，這個痛就滅了。滅苦也是如此，一定要找到源頭，才能究竟地滅苦。同理，如果我們對身心、對惑、業、苦的運作都不清楚，那又為什麼要修行呢？假如對修行要處理的問題是什麼、要解脫的是什麼、解脫的方法是什麼，都無法建立起完整的認知，遑論更究竟的皈依法。可是很多人基礎觀念都還沒弄清楚，就直接要修行，這樣的修行其實是沒有目標，也不知道要處理的問題是什麼，結果就變成頭痛醫頭、腳痛醫腳，或許打坐的樣子有模有樣，但不知道要解決的問題是什麼，也不清楚解決的方法，這樣的修行只能很表層地去處理一些狀態而已。所以，佛法的禪修要先認識清楚意境法，而後才能進一步談修行的部分。

以智慧破除迷惑

方才提到的三種迷惑：感性的、理性的、意志的迷惑。這三種迷惑分別依於心的三種功能，也就是五蘊中的受、想、行而來。在這當中以理性的迷惑為根本，無明（愚癡）是產生迷惑最原動的力量。無明是對事的不明白，因而產生感性上的迷惑，於是生起染著的心，體現為貪與瞋的行為造作，這個造作的過程，即是意志上的迷惑，也就是慢心（我慢）。實際上，人就是處在這樣的迷惑狀態中，深陷惑、業、苦的輪迴。這三種迷惑狀態，一般較重視的是無明與愛染，也就是理性與感性的迷惑，其中又以理性的迷惑為根本。若要解脫生死，就要從理性的迷惑下手，息滅我癡、我見，斷了「我」後，我愛與我慢也會逐漸消滅，乃至滅去。

佛教是智慧的宗教，因為佛教告訴我們，生死輪迴的原動力即是愚癡，所以要以智慧斷愚癡，如此才能發揮慈悲心，減輕貪、瞋等種種煩惱。修行解脫的聖者，是用智慧斷煩惱，也就是把我癡、我見、我愛、我慢都破了，而其中最根本的，是破無明，這是佛法的核心觀念。

只要有一個理智、清明的心，許多問題都很容易化解。佛陀住世時，常有人詆毀他，為什麼他從不跟對方辯論，也不計較這些事呢？因為是浪費時間，也不需要。這就是智慧與慈悲的運作。所以當境界現前，是理智在幫我們處理所有問題，由此可見智慧的重要。所以修行要離苦得樂，關鍵在於破無明，破了無明，即無無明，智慧即得顯發，如此貪和瞋的煩惱不再生起，慢心也不再顯現，也就不會再造業，便可從惑、業、苦的輪迴中解脫，苦及苦因便能慢慢地息滅。

三法印

我們把意境法大約做了介紹，重點在有情身心的存在，以及延續和輪迴。為何會感受到苦的果報，苦從哪裡來？如何發生的？

大部分的人感受到苦時，會找一些方法讓自己快樂起來。例如追求欲樂，來滿足空虛的身心。然而在追逐的過程中，因緣也在不斷變化。例如當我們吃東西時，吃飽就會得到滿足和快樂；如果失去食物，就會感到飢餓的苦。另外一種情況是，如果讓你一直持續不停地吃，原本是快樂的樂事，可就變成痛苦的苦事了。因此，是苦是樂，取決於外在的條件。

大多數人都是不斷追逐外在的欲樂，只有少數人會去探索人生苦的根源，以及究竟的樂。例如我們需要飲食來延續色身，飲食只是為了保持生理上的需要，滿足了就好，不要去追逐它，需要的時候再來滿足它，這樣你對苦和樂的感受就不會那麼強烈，也就不會覺得苦了。

當發覺這些苦感都是貪欲導致，假如沒有貪欲的心，追逐的情況就會慢下來，甚至消失。由此可知，以需要和想要來說，就有不同程度的滿足，需要很容易滿足，想要則是永遠無法滿足的，主要取決於你內心的貪欲，有了貪欲之心，理智會被迷惑，呈現無明的狀態，以致生起愛染的心去追逐而產生苦。如果不想受到這個苦的干擾，最簡單的方法就是找到源頭，明白飲食的意義是什麼，所以只要調和飲食，具足了就夠了。如此一來，我們就可以停止追逐。

當我們明白這道理，並且這樣做之後，你會發現那個苦就生不起來，因為我們不再追逐跟它相對的這個樂，所以每天就可以很安定的過日子，不會有苦和樂的強烈情緒反差。

了解了這個過程，有人就會開始深一層地從這個現實的經驗裡，發現它原來是有一個理的。果是從因緣聚合而成，生出這樣的果一定有一個理，也就是有一個次序在運作。

親身觀察體會，轉化成知見

這個理是什麼呢？一般人學佛直接就學理，學皈依法，在學皈依法時，你會感覺那個理是別人在講，跟你沒有什麼關係，可是若從意境法去觀察，就會發現你的苦是從業而來，業是由惑而造，然後有了這個苦。持續迷惑、造業之後，你就會看到因果的循環。果報一定是從因而生，有因才會有果。你看到了過程，看到了法則，這是你親身體驗的。佛法雖然告訴我們這個道理，但透過觀察自己的心，從心的運作過程，看到且明白了這個緣起的法則，因果法則不只是別人告訴你，還有自己親自的觀察與體驗。所以如果從意境法去了解緣起，會比較深入和完整。

佛陀曾說，不要因為我是佛陀，我講的話你們就完全相信；不要因為這個信仰是由上帝或神說的，你就相信；也不要因為這是某某權威說的，你就相信。你聽了以後，要自己去實驗並實踐，從親身體驗、實踐的過程，真正掌握真理。

雖然別人已經告訴了你道理，如果你只是依著道理來修，那是修不進去的，為什麼很多人一開始學禪、學佛法，就一直研究空性，卻始終無法悟入呢？因為體驗空性，必須要從自己的身心去體驗。

世間因果法則的理，就是緣起的理，也就是諸行無常、諸法無我、涅槃寂靜。如果我們看到這個部分的理，能延伸到皈依法的真諦法，那麼我們的理解就是完整的，而且還是親自觀察到的，因此你對真諦法的理解是比較真實，也比較深徹，不然的話我們就是聽別人說而已。別人說的道理只是知識，必須要靠你自己親身消化、觀察，然後體會，才會變成你的知見，必須從身心運作的層面去觀察緣起法，那才是你真正體驗到的，也才能轉成你的知見。而當你明白了緣起法則，它是真正的明白，因為你思惟過了、觀察過了，甚至你在某種程度上已經經驗了，所以就能很確定的知道這個真諦法，它的確是真諦。

（一）諸行無常

我們從世間因果就可直接觀察到緣起的道理，緣起其實就是佛法的核心。從緣起運作產生三個法則：第一是諸行無常；第二是諸法無我；第三是涅槃寂靜。這三個法印是有次第的。日常生活中最先觀察到的是諸行無常，這是意境法中最明顯的。所以受、想、行、識的行，除了我們心的行以外，還有世間所有在流動的現象，都屬於行。

世間沒有一樣東西不是無常的，也就是說，世間所有的東西都在變化，流動的過程絕對不會停在一個點，或是有一個不變的東西。我們看到的所有現象都在不斷改變，在不斷改變的過程裡，還是會有一種相對的安定性，那就是時間的狀態。有一些時間非常長，甚至超過千萬年，讓你覺得從未改變。就像一座山，你感覺它萬年不變，其實一直在變化不已。但是再堅固的東西，都會被破壞、改變。世界上沒有一樣東西不是在改變，這是我們直接從世間現象馬上就能明白的諸行無常。

我們要從自己的身心變化去觀察所有現象的變化，去理解什麼是無常，明白世間沒有永恆不變的事，無常才是正常的，所以所有的變化都是正常，因為它是以緣起的法則在運作。從無常不斷變化的過程，我們看到因緣生、因緣滅，有因有緣，這個果報就現出來了，等這個因緣離散了，它的果報就失去，也就滅去了。

（二）諸法無我

其實因、緣、果只是循環的現象。例如我們現在活著，這個時候是果，可是這個時候的果，是相對於過去的因；相對於未來，我們現在是因。所以因和果是不斷地在這樣一個循環交替的過程裡。在這樣過程中，所有的東西都是條件組合而成，而這個條件本身也是條件組合而成，一直細分下去，就發現找不到一個最小的單位的存在，也就沒有一個實體的存在。

沒有一個實體的話，也就沒有一個主體，沒有實體與主體的存在，就是「無我」。一般人常誤解無我，以為就是我不見了。有人修行修到很好的程度時，會說我不能再修下去了，因為證到無我的話，該怎麼辦呢？

像聖嚴師父曾有個在家弟子，禪修修得很順利，卻突然不想再修了，他告訴師父說：「我不能開悟，因為我還有女朋友。」意思就是說如果他開悟了、無我了，不知道自己還存不存在，便不能夠再去跟他女朋友談戀愛了，所以不能修到無我。

由此可知，很多人對無我的誤解，就是把這個假我無掉。不是的，無我無掉的不是假我，假我是無不掉的，為什麼呢？假我是因緣和合而現行的，它什麼時候不存在呢？你死的時候，它就不存在了，因為因緣滅了，但是實際上它一直都不存在的，因為整個過程都在變化，我們的身體裡有哪一個細胞是永遠不變的呢？沒有。我們的細胞每天都在生滅的過程，我們的心裡有哪一個點或哪一個念頭是停在那裡不變的？沒有。無我是指我們沒有實體，也沒有主體的存在，不是說去掉這個東西，而是當這個東西存在的時候，知道它不斷在變化，知道它不是一個實體，是這樣子的一個無我。

我執和我見是心裡的執著與成見，是錯誤的知見，我們要把它捨掉，而非把這個我給毀掉。所以佛陀覺悟到了這個真諦後，他無我了，但是他還活著，每天還是去吃飯、睡覺、說法，所以這個因緣和合顯現出來的這個我，我們稱為假我。假我是有的，我們執著的內在真我才是空的，才是無的。

一般人的觀念，則剛好相反，想要把這個假我捨掉，去追求內在的一個實體和主體的存在，所以我們才會繼續輪迴，因為這個我見，當你執著有一個我的時候，就會不斷地輪迴。因此，真正的問題是，當輪迴的色身顯現了以後，我們知道它只是因緣和合而成的一個個體，我們說它是我，但這個我其實是假的，這個假的我剛好是有相的，所以讓你以為它很真實的存在。

我們會執著得那麼深，認為它是真實的存在，就是因為我們內心有一個我見，有一個我執（即四無記根）抓住它，所以才會不捨。為什麼會這樣不捨呢？因為我們怕這個我不見了以後，自己就不安全了，就會很苦了，所以就緊緊抓住不放。我們在抓住它的時候，會認為有一種安全感。其實，正是因為抓住它不放，才會沒有安全感，因為你抓住它的時候，你就害怕失去它，你怕失去它的時候，安全感就不見了，如果你知道它是無我的、是空的，你還有什麼東西好抓？當你沒有什麼東西好抓的時候，你還有什麼罣礙？當你沒有罣礙的時候，心無罣礙，無有恐怖，遠離顛倒夢想。

所以問題在我們對這個我的錯覺，抓錯了東西，所謂的諸法無我，是所有一切現象顯現出來，它是沒有一個實體，也沒有一個主體的存在，一切因緣都是組合而成，而且一定是不斷在變化。因為這個條件一直不斷在改變，所以就不是一個實體，如果能夠看到這一點，我們就抓到佛法的核心——諸法無我。

（三）涅槃寂靜

能夠透徹明白諸法無我，並能夠用你自己本身的身心，在用功的過程見到、覺悟到的話，那就是涅槃寂靜，也就是說你就把所有的煩惱滅了，所有的這些生滅生滅的過程裡，生滅滅已，滅了以後，錯誤的知見滅了，你就不讓它再生，這個我的執著滅了，不再生，所以寂滅為樂。

涅槃寂靜了，它才是究竟的，這是用我們無常、無我的心去體會，自然就會捨掉所有的執著，那麼這個心還在運作的時候，它就是自在的、解脫的，這個過程叫作滅，所以滅就是所有生滅的過程。它滅了以後，便不會再衍生新的因緣果報，讓你去受苦，所以生滅滅已，寂滅為樂。

佛法的修行進入到真諦法，所以諸行無常、諸法無我與涅槃寂靜，就是我們所皈依的真理，這是從你身心的觀察過程裡去體會的。第一個覺悟到此真理的佛陀，他自己通過觀察、分析發現到的，他也是自己親身經驗了以後，覺悟到諸行無常、諸法無我的法印，接著證到涅槃寂靜，這整個就是緣起的法則。明白了以後，我們就進入到真諦法的皈依，這樣的皈依才是真實的皈依。大乘佛教直接把三法印合起來，用一個空字來涵蓋，也稱「一實相印」。

其實在《佛法概論》裡，沒有直接談到空、無自性的部分，這部分是我們所謂的真諦法，也就是皈依法的第一個重點，這個真諦法是我們從佛陀的教學、祖師們的引導而來，也就是三寶的傳承。

我們明白後，再通過自己身心的運作，包括透過禪修的方法去體會，或比較透徹明白到此道理，就會進入理性的皈依，這個皈依當然以真諦法為中心，必須要有對真諦法的理解或是體會，我們才能夠進入到皈依法裡的中道法與解脫法。

中道法實際上就是修行的方法，所以我們現在修行，如果沒有依這個緣起的法則，或依三法印的正見來修，那就不屬於中道法。必須依真諦法來修行才是中道法，才能夠證得這個解脫法。因此，真諦法、中道法和解脫法，就是我們的所皈依的三個法。

放下執著才能解脫

我們的探討範圍，已經從世間的因果，進入到出世間的因果，世間的因果在法的範圍以內，是以意境法為主，從我們身心世界及所依住的世界的各種現象，去觀察並深入了解因果運作的循環，慢慢就會明白因果法則的運作。

我們可先從比較外在的現象去觀察因果法則，再深入去了解它所依的這個理。所有的事相顯現出來都有一定的一個次序及法則，而且一定都在不斷變化，而在因和緣生滅的過程中，沒有一個實體和主體的存在。換言之，因為沒有一個實體和主體，所有的現象必然是變化的。

我們對於生命現象常會產生一些錯覺，以為有永恆不變、獨立獨在的主宰者，也因為這個錯覺，所以就會有種種執著。可以說所有輪迴的循環，都是因為我們執著有一個實體在輪迴，而執著不放。如果我們發覺這個實體也是因緣生因緣滅、和合顯現出來的暫時現象，只是保持一種相對的安定。這個相對的安定，讓我們感覺到好像什麼都沒有改變，其實還是不斷在變。

我們所執著的「自我」，也就是我們認為的一個實體，或是能夠自主的這個我，其實也是虛幻、不存在的，那只是因緣和合所顯現出來，並不是實體的存在。能看出這一點，就能明白這一個自我執著所引伸的迷惑、造業的煩惱，就是生死輪迴的根，了知生命是無我的，沒有一個實體，包括我們以為的生命的主體，實際上也是因緣生滅的過程，甚至觀察我們的心，也是無常的，即觀心無常。

當我們透過禪觀，確認心沒有一個實體的存在，就能空掉我的執著。當心理上有了迷惑，若能轉迷成悟，我們就覺悟了。覺悟之後，捨掉所有的煩惱，就能夠證得涅槃寂靜的境界，也就是解脫了對生死輪迴之苦的執著。

所有的這些苦，在我們把煩惱和迷惑捨下的時候，就不會再有苦了。舉例來說，如果我們對生、老、病、死沒有正確的認知，便會對它有一種執著，執著有一個我在生、老、病、死，如果我們發覺，生、老、病、死其實是一個生命體無常變化的過程，並沒有一個真正的實體，我們知道生命體會繼續生、老、病、死，但我們不會因為這個生、老、病、死而感到苦，若能有這樣的體會，其實就是解脫，解脫煩惱、解脫生死。這個時候，生死就不是問題，因為我們知道這一切不過是因緣和合的過程而已，就能放下內心的執著，沒有所有的這些煩惱，這才是最重要的，因為我們心裡的解脫，才是真正的解脫，身體是不可能從這個生、老、病、死中解脫的，因為生、老、病、死是必然的過程。

如果我們像一些人，從外在延長生命，或是生病時用比較好的藥醫治，或是修練讓自己比較長壽，但是最終，同樣還是要面對死亡的來臨。當死亡來臨時，你是用什麼樣的心在面對，這才是真正的解脫。

三法印中間的諸法無我，這是最重要的，因為你對諸法無我有徹底了解時，你破的就是我見，也就是理智上的迷惑，所以那個時候就解脫，證到涅槃了，所以三法印的中心是諸行無常、諸法無我。發展到大乘佛教的時候，就以這個為中心，開展出所謂諸法空無自性（無自性就是無我）這樣的一個理，因為大乘佛教把這三法印統一了之後，以空來涵蓋，但是它的中心部分就是在講諸法無我。

在大乘佛教的發展裡，中觀系統在這個理論上講的比較透徹，唯識系統講諸行無常講的比較多，但它也必須經過無我的轉化，才能夠進入到涅槃寂靜。至於禪修，重點是放在涅槃寂靜，我們直接去了解到這個果的存在，我們修行能夠證到的這個果，從這個果再回到所謂的因地來修行，這個禪修就是所謂如來藏系統的思想。

四念處觀

關於「空」這個道理，大乘佛教從三法印講到空，層次又深又廣，這個空的道理與根本佛教所講的諸法無我，是一樣的重要，都必須親身經驗。根本佛教談到修持，必須要破我見，然後才能了生死，解脫生死；同樣地，大乘佛教要見到空性，也必須破自性見（自性見就是我見），才能夠解脫，所以大乘佛教也講解脫，但是所講的更為深廣，除了個人修行求解脫，同時也要去度眾生。也因為要度眾生，所以在教理的發揮上更深廣，而稱為大乘佛教。

雖然大乘佛教的教理講的比較廣，還是需要回到三法印，以諸法無我為中心。如果根據根本佛教的修行，直接進入到諸法無我的話，有時候其實是做不到的。因為很多學佛的人都講無我、講放下，但是只能嘴上說說，如果不是透徹了解到無我的話，你根本放不下，所以每次放下的都是外在的東西，而不是內在真正的放下。一般所講的無我，都是想到要無掉這個假我，而不是真正無掉內心的我執。

佛教修持觀想，有一個很重要的方法是四念處觀。南傳佛教禪觀的方法，大部分都會用到四念處觀：觀身不淨，觀受是苦，觀心無常，觀法無我。觀法無我之所以放在最後，是因為不論觀任何一法，都可以觀到諸法無我。

觀身不淨，我們觀的是這個色身，觀受的時候，就是這個色身感覺的作用，就已經是進入到受，然後在觀到受的時候，我們就觀到心，接著觀到心的時候，再觀整體的法，所以它是一層一層觀進去的。

從五蘊的角度來看，觀受是苦的時候，所觀的是色法，觀身不淨的時候，觀的也是色法，只觀到這個階段還不夠，再深入一層，就觀到心，觀到識的部分，接著觀到無常，觀到它的因緣生、因緣滅；再更深一層，就觀到諸法無我，《心經》就是從法的部分直接談此，照見五蘊皆空，這就是《心經》直接談到的諸法的我。

《心經》第一句話的「照見五蘊皆空」，是佛法的最高思想。為什麼我們念《心經》念那麼久都沒什麼作用呢？那是因為我們直接進到最深的部分，但是每天在照見五蘊皆空的時候，都還是放不下執著，所以照見五蘊皆空對我們來說是口念，到後來有些人發現這樣還是不能夠徹底明白，便教你最簡單的方法，每天念後面那幾個咒語就好了，因為前面你做不到，就先做後面的，你念那個咒語先得到定，再來修行。因此修行次第一定要先觀身，然後觀受、觀心，最後才能夠觀法。如果直接從諸法無我的法印切入的話，一般是很難切進去的，因此需要諸行無常這個法印來幫助我們切入。

中觀以這個諸法無我為中心，提出了不管是大乘佛教還是根本佛教最中心的部分。因為它的道理深，能夠學的人不多，能夠直接觀這個空觀的人實在是很少，所以很多做空觀的人，都是妄想的空在那邊幻想，或者妄想什麼是空，所以我們必須要回到諸行無常。諸行無常在大乘佛教的唯識學講的比較多，當然唯識學也有講得很深的關於無我的道理。

唯識學講的無我有兩種，一個是人無我，一個是法無我。人無我，是指我們個人的無我，《心經》稱此為照見五蘊空，再深一層的理解到法無我的時候，就是照見五蘊皆空。這有什麼不同呢？五蘊和合的身心是空，就是五蘊合起來是空，這個便是照見五蘊空，如果你能這樣照見的話，你個人的生死就解脫了，因為你就證到人無我，也就是明白了諸法無我的道理。但這還不夠，你必須要把這個五蘊分開，然後觀察每一個蘊都是空，「照見五蘊皆空」的這個「皆」，就是都是空。五蘊空，是五蘊和合的一個體是空，五蘊皆空是每一個蘊都是空，此即是法無我。唯識學在轉化的時候，也必須經過空和無我，所以你把識轉成智慧的時候，這個是唯識學最主要的修行，也就是轉識成智。

識是什麼呢？識就是我們的六識與八識。六識與八識是雜染的，也就是說它與煩惱相應，是雜染的、無明的、愛染的，我們要把這個無明愛染的雜染轉成清淨的智慧。智是清淨的，識是雜染的，我們轉雜染的識成為清淨的智，稱為轉識成智，然後轉染成淨，這是唯識學修行的過程，在這個過程裡，最重要的中心部分就是二無我，即兩種無我，也就是人無我和法無我，如果你能夠做到人無我，那你個人就解脫了，若能做到、見到法無我的話，那就度眾生成佛道了。

所以空觀講空，就是徹底的解脫。中觀講入畢竟空，所謂的畢竟空就是心和語言全部都滅了，可是你不會停留在空裡，會回到現實的生活，所以你就出畢竟空了，就是體會和理解空了以後，你會回到現實的生活，然後就會去度眾生。

入畢竟空的過程，其實很不容易用中觀的方法，用唯識的方法，就比較有觀想、有轉化的過程，可是轉化的過程還是必須回到空，當我們用中觀或唯識的方式證到了這個空，不會停在這個空，而會回來繼續度眾生，等到證到空的時候，你就涅槃了，也就是說，你就解脫了所有的生死。解脫所有的生死以後，在出畢竟空的時候，就可以去做很多利益眾生的事，因為自己沒事了，所以可以廣度眾生。

至於唯識學，則必須要轉識成智。為什麼要轉識成智呢？因為你才有能夠度眾生的智慧，如果你用識度眾生，等於是雜染與雜染混在一起，自身都難保清明了，必須經過空的淨化之後，雜染的識才會轉成清淨的智慧，經此一轉，當你回到現實的生活，你在現實生活所做的這一切都是智慧的運行，所以它最圓滿，稱為大圓鏡智。第八識會轉成所謂的大圓鏡智，證到大圓鏡智時，你的智慧已經圓滿了，好像鏡子一樣，所以能夠度無量的眾生。

雖然中觀沒有直接講到證空以後是怎麼一回事，但是很顯然地，你證空了以後能再出來度眾生，表示你在證空的過程裡，一定具足很多的功德，所以在如來藏的系統裡，它講到涅槃的功德，就是常、樂、我、淨。

常，就是恆常不變的，就是你證到這個真理了；樂，就是究竟的樂，這裡的意思是自在；我，就是自在了，你證到這個空以後，你就徹底自在了；然後是淨，徹底的清淨。這個觀念很重要，因為當你證到涅槃的時候，這個涅槃就有這麼多的功德，這個涅槃的功德是果位上的功德，所謂果位上的功德，就是你證到涅槃，你就具有這個功德。

清淨自性本具足

如來藏思想告訴我們，一切眾生的心，都具有涅槃的功德，所以我們的本性是清淨的，我們的本性是空的，回到因地來解釋，我們本來就具有這個果的功德，這個功德不是外來的，不是我們證到了涅槃而得到這個功德，而是這個功德本來就具足在我們心裡，只不過因為我們現在還沒有證到這個果位，所以它沒有顯現出來，只要我們證到這個果位，它的果德就顯現了，所以我們在因位的時候，實際上就具足了這個功德。

如何讓這個功德能夠顯現呢?同樣要經過空，同樣要用無我來幫助我們，只要相信我們的心具足了這一切清淨的功德，再透過修行讓它顯發出來。我們本然性的作用就是定和慧，默和照，發揮出來的時候，沒有增加什麼，也沒有減少什麼，一切都是具足的，這是禪修最重要的觀念。這些功德並不是因為我們證到涅槃才有的，而是本然就具足在我們的心，證到涅槃，只是讓它顯現出來而已。

如何證到涅槃?必須要經過空的淨化。原來我們用那麼多的工夫，了解那麼多的道理，運作那麼多的方法，而證得這個涅槃。證得這個解脫，其實就是把心本然性的功能發揮出來，為了讓它發揮出來，必須清除所有的習氣與煩惱。如何清除呢?要用空。當你能夠明白到空，證到空性的法則時，你就把所有的煩惱清除了，涅槃的果德就能夠完整自然的顯現出來。

我們要建立中觀的空性思想，然後在修行過程運用唯識學的轉化過程，再通過唯識學對諸行無常的透徹解釋看到身心的問題，之後才能夠知道要清理什麼，最後明白我們的心具足了這麼多的功德，其實就是要讓它自然顯現出來，所以在修行過程中，我們就用空的本性，來清理所有的雜染，最後就能夠證得涅槃，把涅槃的功德顯發出來，這個是大乘佛教如來藏、中觀、唯識三個系統的思想。

這三個系統的思想，就是從三法印開展出來的，所以大乘佛教的思想一直都沒有離開根本佛教的思想，包括修行的方法都沒有離開，只是把它講得更深、更廣，因為要度更多的眾生，讓更多眾生接觸到佛法和禪修，然後進入到修行。完整了解真諦法，然後進入到中道法時，一切都很清楚了。

另外，我們要知道空和清淨是一體的，我們用空這個字眼時，感覺它比較消極，就好像我們講滅的時候，就滅掉所有的這些問題；講到涅槃寂滅的樂，就變成比較積極，所以清淨的意思比較積極。我們說本性空，本性清淨，其實是一體的，只是從兩個不同的角度來談。

第一個角度，我們修行的時候，假如有一個本性空的觀念，也就是無我、無自性的觀念，才能夠清除長期累積的煩惱，然後清淨的功能就會自然顯現，但是這個清淨的功能不是外來的，而是這個空性本身就是清淨的。

例如霧霾，霧霾汙染了天空，我們就看不清楚天空了。我們會說這是空氣汙染，而不會說是虛空汙染，因為這個汙染只是一種現象，它只是暫時的，也是因緣生、因緣滅的一個過程，當它過去的時候，虛空又是一片空了，那麼不管這個霧霾的來去，對虛空來說，是完全沒有影響的，有影響的只是外在的暫時現象。

空本身就是清淨的，只要讓這些霧霾消失，虛空就清淨了，但這個虛空的清淨，不是我們清理了霧霾後跑出來的，而是它本來就是清淨的，所以本性是空，本性是清淨的。為什麼說空是清淨呢？因為空的話，就不會染著，所以霧霾來霧霾去，對這個空是完全沒有作用的，不管你加多少東西，它的本性還是空，所以我們不是恢復到它本來的狀態，而是說那個狀態一直都這樣子保持著。

所有的這些現象來來去去，雜染的現象來來去去，它只是在空裡運作，它對這整個虛空是沒有任何影響，沒有干擾的。如果我們明白這個道理，知道我們的心其實就是空，就是清淨的，所有的煩惱雜染，都是來來去去而已，我們的心一直以來就是空的，一直以來就是沒有被汙染的，就是清淨的，只要這些霧霾過去了，虛空的清淨就會顯現出來，因為它本來就是在那裡。

我們修行，就是要讓這個本性清淨或者本性空的自性，自然完整地顯現出來，所以修行時不要再加東西，因為外來的東西都會雜染，必須要清理，所以修行到後期會愈來愈簡單，我們用功的時候是減法，就是不斷地減，把這些雜染一層一層地清除，清理到完就是滅了，空和清淨的作用自然會顯現出來。

從世間到出世間

我們為什麼需要修行，因為從現實生活及身心運作中，我們知道這個是種種的苦，才能引發我們想要解脫苦，為了要解脫這個苦，我們就會去探究苦的來源，明白了緣起的道理後我們皈依，以這個緣起的法則來修的法，就是中道法，如果修了以後有結果，就是證果了，那就是解脫法。

由此可以看到它有兩重的因果，一重是世間的因果，另一重是出世間的因果，也就是說，不管我們是從世間還是出世間的角度來看，都沒有離開緣起法，都是以因果來運作的，所以如果我們造的是世間的業，就會招感到世間的果報，這個果報我們認為是苦的，當果報現行的時候，並不明確原因，所以會繼續造業，迷惑之餘，再繼續造業，所以世間的因果就是一種輪迴。

我們已經不知道如此輪迴了多久，也無法追溯是從何時開始，所以只能就現實身心的運作去觀察、去探索，去找出方法，所以從世間的因果輪迴的觀念，我們已直接感受到了，接著深一層地明白到它運作的法則，就能夠通過修行的方法，依這個法則漸入，然後達到出世間的果報，這個果報就是「滅」。

五蘊熾盛的苦，會讓身心好像在火上面燒烤，息滅的意思就是沒有這個火了，所以五蘊身心正常的運作，不會再有被烤的狀態，不會再有一把火在燒著我們，所以如果我們明白了修行，那就能達到滅的體驗。

講到兩重因果的時候，都是先從果來講，從果切入會比較契合我們的理解。我們不容易明白果報，可以就從現有的身心運作往內觀察，就可以從果看到了因，因為果一定從因而生，一旦覺察到了這個因，找到了這個因的時候，我們就會發現因和果在運作的過程，一定有一個法則及次序，那就是理。

事和理都是屬於有，這個有如何運作呢？那就回到本性，也就是空，我們就能夠從這樣的一個明白裡，看到在進入修行之前，如何能夠引發這樣的一種解脫的心理，先讓我們知道這個果，找出這個因，再進一步告訴我們如果修行解脫了，它是怎麼樣的一個果，就是讓這個出世間的果，成為修行很明確的方向跟目標，這樣子我們才進入到修行。因此，出世間也是先講果，然後再講因，把這個果設立了以後，知道修行的目標在哪裡，要完成的是什麼，知道了以後再進入修行，所以都是雙重因果。

我們先講果再講因，這是佛法很重要的教學綱要，也就是苦、集、滅、道。「苦」就是世間的果，「集」就是世間的因，「滅」就是出世間的果，「道」就是出世間的因，這樣我們就很清楚整體的法的內容了，從世間到出世間的整個程序也明白了，然後進入到修行和中道的部分，這就是四聖諦，也就是佛法的綱要。

依戒、定、慧修行

修行名相最綱要的，就是戒、定、慧三學，再詳細一點就是八正道。若是大乘佛教，就是六度、六波羅蜜（六波羅蜜是布施、持戒、安忍、精進、禪定、般若）。從八正道再細分就是三十七道品，也就是除了八正道，還有二十九個道品。

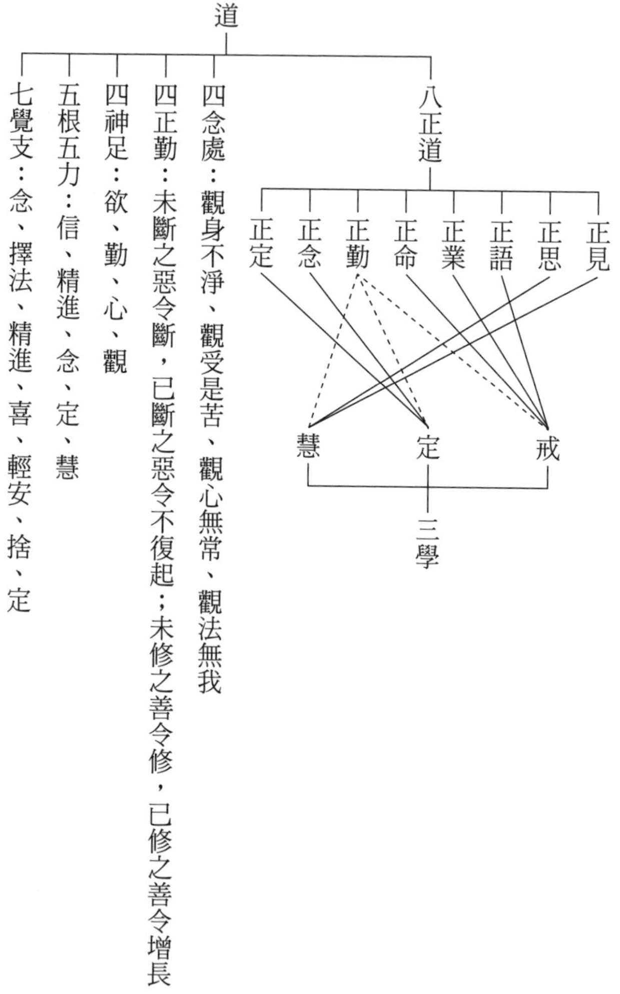

四正勤其實就是四種精進的方式：「未斷之惡令斷，已斷之惡令不復起；未修

之善令修，已修之善令增長。」意思就是你從來沒做過的壞事就不要去做，已經做的壞事發願不要再做，還沒有行的善法要去行，已經做的好事要做得更好。四正勤簡單來說，就是惡要斷，善要行，這樣也就是回到諸惡莫做，眾善奉行。

四神足就是四如意足，內容為：欲神足、勤神足、心神足、觀神足；四念處是：觀身不淨、觀受是苦、觀心無常、觀法無我；五根五力的五根包括：信根、精進根、念根、定根、慧根，五力則是由於修行五根而增長的力用。

七覺支則是：念覺支、擇法覺支、精進覺支，喜覺支、輕安覺支、捨覺支、定覺支，如果我們從四念處開始，依次第一層一層地修行，修到七覺支就是轉迷為悟的部分，接下來就是八正道，修完八正道你就解脫了，所以稱為覺支或菩提分，因為經過這個階段，你就要轉入聖道了。其實七覺支與後面的八正道都有關連，歸納到最綱要就是戒、定、慧了，七覺支的內容也是戒、定、慧，只是分得比較細一點，每個主要部分再加強一些內容。

回到定和慧，就是禪定和般若。八正道是正見、正思、正語、正業、正命、正勤、正念、正定。我們現在在禪堂裡用功的這些修行，都包含了中道法，它之所以能夠被稱為中道法，因為是依真諦法而修，如果你在修禪定，修定學，修各種禪修的法門，但都沒有依真諦法而修，那就不是屬於中道法，所以有人說所有的宗教都是相同的，都是勸人為善的，這句話是對的，但只對了一半，從佛法的角度來看，它不完整，不能歸納在中道法，因為沒有依真諦法而修，就不是中道法。這個中道的意思是依真諦而有，因此大乘佛教講中觀，就是中道的觀法，要依中道法修禪觀，才能究竟解脫。

透過〈具足正見〉表，可以幫助我們了解將教理連貫修行的方法。我們在實踐方法的同時，必須具足正見，將對正見的理解，慢慢轉化為知見，和我們的修行相結合，即事修和理觀統一，從而開發我們的智慧。

禪觀的觀想

我們已將〈禪觀修學次第簡表〉和〈具足正見〉表連貫起來，完成本次課程的教授內容，但是先前對於觀想的部分，仍需做適度補充才圓滿。因此，我們再回到〈禪觀修學次第簡表〉來看觀想，共有觀、還、淨三大部分。為了讓實修的方法能夠實際運作，我們講解了默照禪和話頭禪，默照屬於「淨觀」，話頭屬於「還觀」，但是淨觀還有一個是「念佛禪觀」，而還觀也還有一個「還源禪觀」，觀想的部分沒有完整介紹，所以現在把這些禪觀做一概略的介紹。

修觀的現觀、事觀、理觀

先講「觀」的部分。觀可以分成三類：現觀、事觀和理觀。

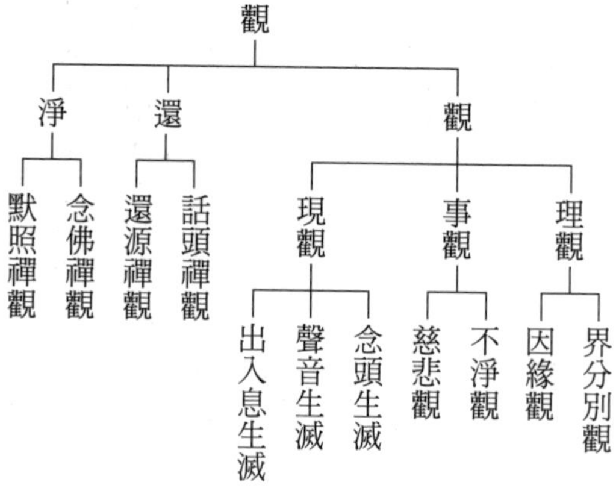

（一）現觀

所謂的現觀，例如我們用呼吸的方法，便不斷地觀這個呼吸。現觀可分為三種方法：觀出入息生滅、觀聲音生滅、觀念頭生滅。

1.觀出入息生滅

我們在修止的時候，雖然是修數息，實際上也是在觀呼吸。數息的時候，因為我們的心比較粗，用數息的方法，可以達到比較安定的隨息，隨息的時候，如果你的鼻息滿小的，可以從止轉為觀，實際上這就是內觀禪，有很多人是觀這個呼吸，像我們學的觀呼吸也是觀出入息。

還有一種方法是觀腹部的呼吸進出，這種是現觀，就是觀我們身心當時的這種功能。觀出入息，剛開始你只要知道它的進出就好，等到心比較細的時候，就會觀到出入息的生滅，例如出息的時候，入息就滅了，入息的時候，出息就滅了，一個生一個滅，一個進一個出，在觀出入息的過程時，如果你觀得很細，可能會發現每一個出入息裡，含有很多變化、很多生滅。在這樣的過程裡，你是否能體會到無常？如果你能在當下體會到無常，你現觀就能體會到無常；如果你能再從無常轉入到無我，你就有可能真的證到無我了，或是破除我見。

南傳佛教有一個系統，教導十六個特勝，也就是十六個次第的方法。剛開始觀的時候，也是觀出入息，觀出入息的長短，在觀出入息變化的過程，可以觀察到生理的變化，觀到生理變化時，慢慢地會直覺到心理也開始有體驗，他們是用這樣的方法修，修完第十六個次第時，就可以通往初果。依照這種方法，把十六特勝分開，其實就是四念處，四念處觀最重要的部分是在無常、無我觀，所以觀出入息，如果你能觀它的生滅，觀到無常、無我，你將有可能解脫，也就是證到初果。

2. 觀聲音的生滅

第二種現觀是觀聲音生滅。我們常常都會觀聲音，但是在觀的過程裡，有時候只是停駐在一個狀態裡，像默照就是停在一個狀態裡，知道聲音的進出。當身心統一的時候，把五根放開，耳根會特別敏銳，在各種聲音來來去去的過程，你能不能觀到聲音的生滅，如果能現觀聲音的生滅，你就有可能體會到無常、無我。

3. 觀念頭生滅

第三種現觀是觀念頭生滅。當我們說放下了呼吸，也可能捨掉了外在的聲音，因為修到某個程度的時候，五根接觸五塵的作用會慢慢減輕，甚至可以隔離。當修得比較內向的時候會進入隔離狀態，心便往內攝，更明顯地觀到念頭生滅，你如果能觀念頭的生滅，就有可能體會到無常、無我。

這樣的觀法其實和禪宗的方法很相似，也就是在觀的過程，不給它加上東西，不必說：「我看到呼吸生滅，這個是無常。」而是我只觀到這個呼吸的生滅，但是在觀的過程，內心能體會到原來這個生滅就是無常。這種方法其實比較偏向禪宗。

如果是比較傳統的方法，則會把無常、無我的觀念加進去，就像四念處把觀的內容加入。我這裡提到的現觀、直觀方法，就只是觀，觀念頭、聲音與呼吸的生滅過程，有沒有體會到什麼？如果你內心有體會的話，那就是內在的一種智慧。

（二）事觀

我將事觀歸納成兩類：慈悲觀和不淨觀。實際上，事觀應該分為兩種：實觀和假想觀，實觀是真正如實觀，假想觀是假想的觀法。一般都是用假想觀為多。

1. 不淨觀

不淨觀多數用假想觀。不淨觀有九種觀法，屬於假想觀：青瘀想、膿爛想、蟲噉想、膨脹想、血塗想、壞爛想、敗壞想、燒想、骨想。簡單來說，就是你坐著不動，心裡假想死亡的發生，這種觀法有時候是觀自己死了，或是觀自己最心愛的人死了，觀想屍體產生的各種變化。

除了這樣的假想觀，也可以使用實觀，去實際觀察屍體。印度在某些地區會把屍體放在曠野，這種葬法稱為風葬。葬法有地、水、火、風四種，地葬是埋在泥土裡，印度好像不是很流行，比較流行的是火葬，屍體燒了以後，就倒到河裡，所以也有水葬的成分，風葬則是讓風風乾屍體，所以印度有專門放屍體的屍林，修不淨觀的人可以去那裡觀屍體。

這種觀法現在已很少人能夠用，因為我們沒有這個條件，而且修這個觀法的人，厭離心要非常強烈才能做到，因為觀屍體的味道很臭，屍臭味會沾染到他的身體，別人來供養他的時候，距離會拉很遠，把供養放了以後就跑了，不敢留在那邊，因為那味道讓人受不了，所以現在用不淨觀，都還是用假想觀。

2. 慈悲觀

慈悲觀是常用的一種觀法，可以實觀或假想觀。假想觀的慈悲觀，就是觀想我們心愛的人，他們快樂、沒有煩惱的那個相，從那個相慢慢擴大，從我們最親愛的人，到我們所愛的人，到和我們沒有關係的人，甚至到我們所討厭的人，範圍愈來愈廣，這種慈悲觀是事觀。如果用比較實際的觀法，就是觀我們身邊的人，我們不斷地祝福他們，希望他們快樂，希望他們沒有苦惱，這個觀法比較外向，有時候我們也不容易做到，所以就會運用經典。

巴利文有一部經典名為《慈經》，馬來西亞有一個音樂家黃慧音居士，她幫《慈經》譜了曲，大家廣為唱誦。這部經典告訴我們如何擴大心量去祝福人們，這是通過念經方式，比較外向的方法。

另外，大乘佛教的《華嚴經．淨行品》裡有一百多個偈頌，把我們日常生活每天會經歷的事以偈頌呈現。當我們經歷這些事的時候，就念一個偈頌，例如飯食時：「當願眾生，禪悅為食，法喜充滿。」如此不斷地祝願眾生，這樣的觀法都屬於慈悲觀的一種。

這樣的慈悲觀是比較外向的，屬於比較用事相來用功的方式，所以事觀的部分，慈悲觀不只比較常用，而且也鼓勵在家人多用，因為你和家人相處，一定要不斷地用慈悲來祝福家裡的人，祝福身邊互動相處的人，才能夠保持關係的和諧。和諧的關係不只是重要的生活相處之道，對於修行也有很大的幫助，因為在和諧相處之下，心比較容易調和，也比較容易調到柔軟，否則剛硬地與人相處，會導致煩惱、習氣的發作，所以慈悲觀是比較外向的，比較內向的就是假想觀。這兩種觀法，都能對治瞋心與貪心的作用。

（三）理觀

理觀有兩種：因緣觀與界分別觀，這兩種的基本觀念都一樣，就是佛法的理論。佛法的理論當然是觀因緣，界分別其實就是觀十八界，如果觀十八界的分別，就可以回到觀五蘊十二處的分別，不過十八界比較細，因為分為十八個界，把身心的功能分得比較細了，用界分別觀來觀我們的身體，如果觀得比較深入的人，也會體會到無常、無我。

我們在做理觀的時候，比較屬於思惟的方式，比較沒有直覺或現觀的那種直觀的作用，所以這裡只是把它提出來。如果你有比較具體的觀法，當然可以用來觀，不過這種理觀也是不太容易，包括大乘佛教的中觀，關於理觀的部分很多，便可以成立一個非常完整的系統，幫助你說明如何觀空。

禪宗的默照法，其實就是把中觀的理觀的方式直接用到修行，所以是不斷地捨、不斷地破，不管正見還是其他的各種理論，把這些理論都當成是不正的理論來破，到最後破了所有的知見後，正觀就會現出來，中觀就會現出來。我們修默照的時候，也是一樣不斷地放鬆、不斷地放捨，把煩惱一層一層地剝落了以後，清淨的本性就自然顯現，原來默照的方法，就是實際修行中觀法門的方法。

理觀方法的運作，與觀想的觀法運作很相似，基本上可以相互貫通，所以理觀就是具有這些理論後，在深細的狀況裡做觀想。這種在傳統的禪法裡也會用，因為傳統禪法裡某些研究《阿含經》的學者，他們不認為止和觀可以雙運，都是修定了以後，從定中出來的時候就做思惟，做思惟當然屬於理觀，所以這也是一種修行的觀念，這些人在這樣的一種狀態裡，覺得心很安定，雖然不是在定中，但是以定為基礎，所以他們做因緣觀或界分別觀的時候，就能夠觀到無常、無我。

有理論的理路系統幫助修行，可以觀到最後能夠體會無常、無我，通過思惟法義，你對所知道的佛法會有比較深的理解，也比較容易消化，慢慢地就可以轉化為你自己的知見，這個是一個過程。但若更深一層的話，就必須要靠直覺去覺悟，也就是你的心本然性地覺悟到清淨，或是覺悟到無常、無我，這個是禪宗比較直覺的方法。

還觀的能觀和所觀

《六妙法門》所講的「還觀」，在現觀念頭的生滅過程中，也可以轉入還觀，還觀可以做一個比較明顯、比較粗的比喻，它的狀態是說，現在我們假定一個所謂能觀的作用，例如我現在用眼睛在看一樣東西，眼睛就叫作能觀，我所看的東西就是所觀。

有時我們講主觀和客觀，但主觀、客觀的意思沒有那麼明顯。在觀的過程裡，我看到某一個物體，經典裡常用一些變化快速的物體，藉此告訴我們無常，例如觀泡沫，泡沫一直在變化，有泡沫的時候它會破，破了又生新的出來，這樣一直變化，所以如夢幻泡影。觀泡沫的時候，我們明白到這是無常，在觀的過程中，你會醒覺到外在的觀是無常的、是空的。

而能觀的作用，你會回頭去觀這個，有一種情況就觀它無常的時候，你也發覺自己這個能觀的作用，一樣是無常，一直在變化。另外一種是你在觀這個東西的時候，你用能觀的作用在觀這個所觀的時候，慢慢發覺到為什麼我會觀這個東西，它裡面是不是還有一個能觀的東西。

你用眼睛看東西的時候，看著看著就會想到，到底是什麼指揮我的眼睛去看？它裡面一定還有更深的東西，所以這時候你的觀不看它了，你回頭觀，是不是還有一個更深的東西在觀我，例如是內在的作用，讓我去觀那個東西。這樣子回去觀的時候，發現每一回頭，都好像在能觀和所觀的作用裡，所以你每一回頭的時候，又回頭看後面是不是有東西在觀，這樣不斷回頭，才發現其實是沒有東西的。

就好像剝香蕉的莖，一層一層剝開後，到最後會發現它是空的，也就是說，你不斷地還觀，不斷地回頭看，最後發現原來裡面更裡面的那個，它的裡面還有另外一個，所以不斷地往內看的時候，發覺沒有一個真正的實體在觀，所以這個能觀和所觀的作用，其實都是相對的運作而已，它會有點像無中的這樣子去觀，觀到最後你發現，它既然沒有一個實體，也沒有一個終結，那它就是空的。

還源禪觀的方法和我們用話頭的方法很相似，因為話頭就是要問本來面目是誰，是一直不斷往內去觀，然後把這些重重的煩惱一層一層剝開，往裡面不斷地深入進去。還源禪觀和話頭方式有點不同，還觀的方法理論是能和所，在互相交替的過程不斷地往內觀。

話頭則把它簡化，只是用一個話頭讓我們生起疑情，想要知道這個疑情，而這個疑情它是往內觀的，因為他知道這個本來面目是最內在的那一層，或者最內在的那個作用，所以一定要往內觀，往外就看不到了。往外看的話，只是外在的變化，不是你內在的無常。我們把話頭的方法歸納在還觀，它比較具體，也比較實用，所以你有那個條件，工夫用得很好了，但又想要往內觀，有那種疑情，那麼話頭的方法其實是滿好的。

本性清淨的淨觀

如果從次第來修，觀、還、淨是最後的成果，也就是觀到一切法它本性是清淨，所以是淨，還觀到一切法的本性的時候，就是清淨的，所以是淨觀。

從修行的角度來看，如果你把握到空和清淨的原理來做觀想，或者用功時，就有一個很明確的目標和方向，一樣要觀到一切法的本性是空、是清淨，所以在理上的建立，或是知見上的建立就是淨觀。

默照的方法，也是建立在此事相上。話頭其實也是，只不過話頭的方法比較像具體的方法在運作，所以把它歸在還觀，因為運作的方式相似，等到真正明白了，或者是見到本性清淨的空時，就是完成淨觀了。

我們把念佛法門也歸到淨觀。我們現在提倡的念佛禪是直接進入念佛的觀，就是用這個念佛的方法來修禪。其實禪宗很早就已經在用這個方法了，禪宗四祖道信禪師便教導這個方法。

四祖的教學裡，已經談到念佛的方法了，到五祖弘忍禪師的時候也還在用，六祖惠能禪師的時候，因為他用《金剛經》，便教他們打坐之前念「摩訶般若波羅蜜」，也就是念智慧，所以念的方法，禪宗歷代祖師都有在用的。因此，有些淨土法門的祖師或提倡淨土的人會說：「你看！禪宗最後都來禪淨共修，都來念佛。」

其實禪宗祖師們很早就用念佛的方法來禪修了。

但是這個方法不一定如同淨土宗修行者所想像，因為淨土法門的重心是發願，你要發願往生西方極樂世界，這樣念佛的時候才是修淨土法門；如果你只是念佛的話，那是修念佛法門。因此，禪師是用念佛法門，大部分都不念佛往生淨土。

《六祖壇經》也提到，有人問六祖惠能，我們念佛希望往生到西方，那西方的人念佛要往生到哪裡？六祖惠能直接回說：其實念佛的人不在乎這個方位，不在乎要往生到哪個地方去，他所在意的是你的心有沒有清淨。其實還是要回到這個清淨的心，他說東方人念佛，只要有清淨的心，即使是在東方也沒有關係；西方人如果心不清淨的話，他也不算在淨土。

淨土的觀念不是外在的淨土，有方位的淨土，而是我們所謂的唯心淨土，所以淨土在哪裡？淨土就在我們的心裡，這就回到《維摩經》所講的「心淨國土淨」，所以我們把念佛法門歸納在淨的部分。

念佛工夫很好的人，會發現剛開始念佛的時候，心念比較粗，慢慢地愈念心念愈細，用一個簡單的比喻來說，我們的念頭都是組合而成的，念佛的時候，可能五十個組合起來的念頭才念一個佛，當念佛工夫愈用愈好的時候，就是四十五個組合的念頭，再念得更好的時候就四十個、三十個、二十個，最後甚至只剩一個念頭在念佛。原本我們很粗的念是五十個念頭，現在是一個念頭就能夠念佛了，所以同樣五十個念頭組合而成的時間，我們只能夠念一個佛號，可是當我們念到只有一個念頭在念佛的時候，同樣的時間我們已經念五十次佛號了，由此可以想像那個念有多細。

如果整個身心都在念佛裡，由此又可更深一層體會到，其實念佛念到一種狀態，已經沒有文字相地在念，就是所謂的念而無念，無念而念。很多人在打妄念的時候，也會說我好像有念，又好像沒有念，那個是太粗的心了，當你念到很細的時候，好像沒有在念佛，但其實佛沒有離開過你。

話頭用得很好的時候，也會有這種狀況，雖然沒有文字相，但那個念一定很清楚地在那裡，話頭的那種想要知道的疑情一定在，念佛是那個念佛的念還在，過程中你慢慢體會到，念佛的心本身就是佛，所以我們借用念佛來把心本具的佛性顯現出來，因此你能體會到心和佛是一體的，心和佛是不二的，我念的佛跟我的心是一體的，那麼你就真正悟到念佛禪。那時你也知道佛的心是清淨的，所以你就體會到本性的、清淨的自性，所以在念佛禪裡，它也是要達到這樣的一種效果。

念佛如果能夠念到這個程度，就是進入念佛三昧，所以念佛禪是可以開悟的。持續念佛念到最後，淨土在心裡發揮作用，心就清淨了，當你心一淨的時候，你會發覺周遭所有的一切都是清淨的。

用智慧轉煩惱心為慈悲心

在禪修的過程裡，我們不斷地增長智慧，增長智慧的同時，癡的煩惱會慢慢減少，癡的煩惱減少的時候就是無癡。人在起煩惱的過程裡，因為癡而引發貪和瞋的煩惱，造成理智上的無明，而有愛染的心。

其實愛染的作用是對外的染著，因為有染著的心，所以會有貪和瞋的煩惱，如果對外有一種愛的心，可是沒有染著就沒有貪和瞋。「愛」這個字，以世俗的角度來看，它一定有染著，一定有占有的觀念，然而在佛教裡面，則是用「慈悲」兩個字。當我們無貪的時候，就是能發揮「慈」的心，無瞋的時候就能發揮「悲」的心，因為慈悲的意思就是給予快樂。

貪是一種愛染的心，慈是因為你用智慧淨化了這個感情，我們無癡的時候，貪和瞋自然就無了，但它不是沒有了，就好像唯識學將八識轉染成淨，並不是沒有識，功能還在，只不過將愛染的作用轉成清淨的作用，將雜染的識轉成清淨的智，所以你把雜染的識轉成清淨的智時，智的作用就是清淨的作用。以清淨的作用來說，同樣還是要和人相處互動，所以轉成這個作用的時候，它同樣去發揮樂的這一邊，發揮樂的這一邊的時候，因為沒有染著，所以他就是給予別人快樂，然後自己的快樂增長，自己的快樂增長後，又去分享自己的快樂，這就是慈悲心。

無瞋就是你沒有了瞋，沒有了這種染著，若有染著，就會和人產生對立，而引發很多的苦。現在我們用智慧無掉了愚癡，也可以無掉我們的瞋，無掉瞋的時候，為了要淨化苦的狀態，所以就與樂拔苦，把苦消除。

在修行過程中，煩惱的心愈來愈少，智慧的功能愈來愈多，清淨的作用愈來愈發揮的時候，在情感上我們就會發覺，我們一直在和別人分享快樂。看到別人有苦，就會發自內心想要幫忙，這就是真正菩薩的慈悲，它是發自內心而來，與你的智慧一體運作。如果你做得很好，便會發現意志上的迷惑也沒有了，你沒有了我慢的心，但是那個意志力仍在，所以幫助眾生的時候，那個力度是不可思議的。所以修大願力、大奮心是非常有力量的。

佛陀講述本生故事，或提到一些菩薩怎麼修行的時候，我們會覺得自己不太可能做到，那是因為我們沒有智慧，慈悲無法從內心開展出來，意志的作用變成只是追逐自己的利益，而不是眾生的利益。當你把我慢心去除時，完全是以眾生的利益為考量，完全是為眾生的心，會發現真的可以達到菩薩發心的這種程度，登地以上的菩薩全部都靠他們的勇猛力，完全沒有保留地奉獻出去。

當我們能夠無癡、無瞋、無貪、無慢，就能把四種無記完全改變成智慧、慈悲和勇猛力。勇猛力是什麼呢？就是大願心，用菩薩道的說法就是智慧、慈悲與菩提心結合，那就完成了智慧最核心的部分，因為所有的問題都必須用智慧洗乾淨。

大乘佛法的修行，一定都要經過空的洗滌，空的清潔力量太強大，可以把你所有的雜染清淨，之後進入畢竟空，基本上就沒有任何東西的存在，所有的理論全部可以捨掉了，再出來的時候都是為了方便度眾生，那時的力量之強無法想像。

因此，我們看到佛教的歷代祖師們，甚至我們親近的聖嚴師父，他們在行菩薩道的時候，真的是沒有保留的，就是將此身心奉塵剎，將整個身心奉獻給眾生完全沒有保留，所以地藏菩薩才會發地獄不空誓不成佛那種願。

菩薩為什麼能夠做到無我的布施，其實就是因為他們已經淨化了，他們已經把本然性的佛性，清淨的功能完整地、自然地發揮出來，所以我們就知道這樣的慈悲真的是發自內心的。

我們在修學佛法時，其實是慢慢朝這個方向去用功，能夠這樣子的話，我們在行菩薩道，或是在為佛教、為眾生服務貢獻的時候，就不會有任何的心理罣礙和負擔，不會因為得不到讚美而感到委屈，如果你透過禪修來改變自己，從內而顯發出慈悲，這些問題就都不會出現了，可以勇往直前行菩薩道，直至圓滿成佛。

結語

最後做一個總結，我們的禪修和生活是一個整體，所以要把現實生活轉化為我們禪修的道場，也就是把生活和禪修結合起來，我們已透過〈禪觀修學次第簡表〉和〈具足正見〉表，將禪觀解行並重的方法做了詳細介紹，接下來的功課就要靠你們自己本身了，在禪堂裡所用的工夫，如何延伸到日常生活，這也是我們不斷在提醒的重點，這是中國禪最大的特色。中國禪宗對修行者最大的幫助，是讓我們知道生活本身就是禪修，禪修是不能離開生活的。

在中國禪修最興旺的時候，可以看到所有修行人的工夫，都在日常生活中運作。雖然因為出家人都是住在叢林裡，而在家人學了以後，就要走出寺院叢林，回到日常生活裡，我們學了中國的禪法，其實是要在日常生活中運作的，才是一個完整的修行，這是我在每次打七的時候，都一定會提醒的事，所以在總結的時候，還是再與大家做勉勵。

禪四十九結束後，你們就出靜了，從這次出靜到下次入靜的這一段時間，你們如何在生活中用功，這個很重要，如果你們都能把握到，下回你們再來入靜的時候，一定能夠很順暢地把工夫用上去。

平時有在用功的同學，一進禪堂就發覺到，真的一坐上去，工夫就來了，很多同學開始禪修時，還沒有那麼安定，過了幾個星期以後，就完全安定下來。保持這樣安定的力量，在生活中繼續用功，這是我們需要的完整禪修，希望大家回去繼續用功。走出了這個道場，回到了現實生活，是不是能夠把我們的生活空間，塑造成一個類似道場的空間呢？如果我們能時時刻刻在用功，一定能日日好日，禪修不只是禪四十九，而是禪三六五。

（二〇一八年七月十五日至九月二日波蘭禪四十九開示，講於波蘭華沙大學藝術學院）

智慧人 39

禪觀修學指引 — 漢傳禪修次第表解

Guiding Instructions for the Study of Chan Contemplation:
The Gradual and Sequential Practice for Chan Buddhism Explained in Diagrams

著者	釋繼程
出版	法鼓文化
總監	釋果賢
總編輯	陳重光
編輯	林文理
封面設計	化外設計
內頁美編	小工
地址	臺北市北投區公館路186號5樓
電話	(02)2893-4646
傳真	(02)2896-0731
網址	http://www.ddc.com.tw
E-mail	market@ddc.com.tw
讀者服務專線	(02)2896-1600
初版一刷	2021年4月
初版三刷	2023年12月
建議售價	新臺幣490元
郵撥帳號	50013371
戶名	財團法人法鼓山文教基金會—法鼓文化
北美經銷處	紐約東初禪寺 Chan Meditation Center (New York, USA) Tel: (718)592-6593 E-mail: chancenter@gmail.com

法鼓文化

國家圖書館出版品預行編目資料

禪觀修學指引：漢傳禪修次第表解 / 釋繼程著.
-- 初版. -- 臺北市：法鼓文化, 2021. 04
面；公分
ISBN 978-957-598-908-8（平裝）

1.禪宗 2.佛教修持

226.65　　110002034